21세기 신학 시리즈 ④

21세기 실천신학

최성훈

박영story

추천사 1

이영훈 박사
여의도순복음교회 위임목사

실천신학은 이론과 실천의 조화를 통해 그리스도인의 삶과 목회적 사명을 구체화하는 중요한 학문입니다. 그러한 중요성을 구현하는 본서는 단순히 시대적 흐름에 편승하는 것이 아니라 변함없는 하나님의 말씀을 중심으로 시대를 관통하며 신앙의 본질을 삶의 자리에서 구현하는 방법을 진지하게 모색하고 있습니다.

성경의 가르침이라는 변치 않는 진리 위에 서서 변화하는 시대적 도전 속에서도 신앙과 실천의 균형을 잃지 않도록 돕는 이 책은, 전통적인 실천신학의 기초와 목회 커리큘럼을 체계적으로 정리하고 점검하는 데 귀한 자료가 될 것입니다. 무엇보다 오늘날 교회와 사회가 직면한 다양한 문제들에 대해 깊이 있는 실천적 통찰을 제공하며 목회 현장에서 실제로 적용 가능한 지침을 제시한다는 점이 돋보입니다. 단순히 이론적 논의에 머무르지 않고 실천으로 이어질 수 있는 길을 함께 탐구하며 현대 교회와 목회의 미래를 고민하는 이들에게 중요한 방향을 제시합니다.

본서는 목회자와 신학생은 물론 신앙과 사명을 진지하게 고민하는 그리스도인들에게도 큰 유익을 줄 것입니다. 변화하는 세상 속에서도 변함없는 진리 안에서 신앙과 실천의 균형을 추구하려는 모든 분들께 추천드립니다.

추천사 2

정갑신 목사
예수향남교회 담임목사

　　본서는 말씀과 현장을 복음적 성찰 위에서 잇고자, 목회 현장과 관련되는 실천적 과제들을 복음적 통찰 위에서 새로운 시대에 필요한 적합한 혜안을 통해 제공합니다. 곧, 실천신학의 개념과 현대 사회의 도전, 방법론이라는 기초를 점검하고, 전통적인 실천신학의 제 분야들과 새롭게 들여다보아야 할 이슈들을 망라하되, 성경의 진리와 신학을 실제적인 삶의 차원과 연결하려는 분투를 고스란히 보여줍니다. 신학이 시대와 함께 시대를 관통해야 한다는 과제가 실천신학만큼 집요하게 요청되는 분야가 없다는 각성에 새삼 눈을 뜨게 하는 이 책이, 목회자들과 신학생들에게 실제적인 유익으로 남기를 기대하면서 이 책을 추천합니다.

추천사 3

황병준 박사
제26대, 제27대 한국실천신학회 회장
호서대학교 연합신학전문대학원 실천신학과 교수

본서는 실천신학의 개념과 학문적 성격, 그리고 그 적용 분야를 총망라한 중요한 학문적 작업의 결정체로서 신학과 실천이 어떻게 상호작용하는지에 대한 깊은 통찰을 제공합니다. 저자는 실천신학이 단순히 이론적 신학을 넘어서, 실제 신앙 공동체의 삶과 밀접하게 연관된 실천적 과제들을 어떻게 효과적으로 다룰 수 있는지에 대해 명확하고 실용적인 방향을 제시하고 있습니다.

제1부에서는 실천신학의 기초적인 이해를 돕기 위해, 이 학문이 다루는 범위와 특성, 그리고 그 방법론을 심도 있게 설명합니다. 21세기라는 현대적 맥락에서 실천신학이 당면한 도전과제들을 진지하게 탐구하며, 급변하는 사회와 문화적 환경 속에서 신학적 실천의 방향을 어떻게 설정할 것인지에 대한 깊은 성찰을 제공합니다.

제2부에서는 전통적인 실천신학의 주요 분야인 목회신학, 설교학, 예배학, 기독교교육학, 전도학과 선교학을 다루고 있으며, 각 분야가 현대 교회와 사회에서 어떻게 적용될 수 있는지에 대한 구체적인 사례와 이론을 제시합니다. 또한 실천신학이 단순히 교리적 지식을 넘어 신앙 공동체의 실제적인 삶의 변화를 이끌어 내는 도구로서 기능할 수 있음을 잘 보여줍니다.

제3부에서는 급변하는 21세기 사회에서 실천신학이 새로운 영역을 어떻게 탐구해야 하는지에 대한 논의를 이어갑니다. 영성학, 리더십과 행정, 실버목회, 다문화목회, 통일목회 등의 주제를 다루며, 각 주제는 한국교회가 직면한 구체적인 상황

과 과제를 해결하기 위한 실천적 접근을 제공합니다. 특히 다문화 사회와 통일 문제에 대해 신학적 통찰과 함께 실질적인 대응 방안을 제시하고 있어, 한국교회가 시대적 사명에 어떻게 부응할 수 있을지에 대해 중요한 방향을 제시합니다.

저자의 서문에서도 밝힌 것처럼, 실천신학은 단지 신학적 이론을 넘어서, 그리스도인의 삶과 실천을 구체적으로 다루는 중요한 학문입니다. 본서는 성경의 진리 위에 서서 시대적 상황과 소통하는 신학적 실천의 중요성을 강조하며, 그 실천이 단지 이론적인 차원에 머물지 않고, 구체적인 삶의 변화로 이어져야 함을 설파합니다. 급변하는 시대 속에서, 본서는 실천신학이 어떻게 시대적 과제에 대한 깊은 통찰을 제공하고, 교회와 사회의 실질적 변화를 이끌어 낼 수 있을지를 고민하는 모든 신학도와 목회자들에게 큰 도움이 될 것입니다.

이 책은 단지 이론적 깊이를 제공하는 것에 그치지 않고, 신앙 공동체의 실천적 과제를 다루는 데 있어 구체적이고 실용적인 지침을 제공합니다. 21세기라는 복잡한 시대적 배경 속에서 한국교회가 나아가야 할 방향을 제시하는 본서는 목회자와 신학을 공부하는 신학도들에게뿐만 아니라, 신앙의 실천을 고민하는 모든 그리스도인에게 중요한 이정표가 될 것입니다. 따라서 본서를 적극 추천하며, 특히 현대 한국교회의 신학적 사명과 실천적 과제들을 고민하는 이들에게 필독서로 권합니다.

저자 서문

　　실천신학은 신학이라는 이론적 작업에 앞서서 실천(praxis)이라는 전제가 부가된 용어로서 이론과 관련한 비판적 시각과 더불어 신앙과 목회의 실천을 담지하는 양면성을 보유하기 때문에 간단히 정의하기가 어렵다. 신학에 대한 정의 자체도 신앙적 관점에 따라 다양하게 제시될 수 있고, 실천과 관련한 개념 역시 그러하므로 양자를 동시에 정리하는 것은 개념적 복잡성을 더욱 증가시키기 때문이다. 따라서 예수 그리스도를 믿는 이에게 값없이 임하는 구원의 복음이라는 확고한 기반 위에서 상황적 양상을 반영하는 것이 신학적 과제라는 일반적인 관점 위에서 실천신학을 정의하며 이론과 실천을 조명하는 것이 오늘날 한국교회의 사명 및 그리스도인들의 신앙적 삶에 유용한 기반을 제공할 것이다.

　　기본적으로 실천신학이라는 개념이 담고 있는 신학의 실천이란 그리스도인이 개인의 삶은 물론, 가정, 교회, 사회에서 믿음의 삶을 실천하는 것을 뜻한다. 그러한 믿음의 실천을 위해서 하나님 말씀(the Text)에 굳건히 서서 시대적 상황(the Context)을 통해 들려주시는 하나님의 음성을 들으며 하나님의 뜻을 분별하여야 한다. 이는 그리스도인의 실천이 개인의 내면에 국한된 것이 아니라 삶의 상황 속에서 하나님의 뜻을 실현하는 것을 의미하며, 그러한 실현을 위하여 성경의 가르침을 따라 신학의 확고한 이론적 기초 위에 서 있어야 함을 요청한다. 급변하는 현대 사회의 흔들리는 시류만을 바라본다면 오히려 신학적 실천의 기반이 흔들릴 수밖에 없기 때문이다.

　　따라서 절대적 진리의 표준인 성경의 가르침에 굳건히 뿌리내린 실천이 요구되며, 외적으로 드러나는 결과가 아니라 출발점과 과정 역시 성경적이어야 이론적 토대도 강화되고 실천도 온전케 된다. 그러한 차원에서 3부로 구분된 본서는 1부에서 실천신학의 개념, 방법론, 의의를 점검하였고, 2부에서는 코이노니아, 케리그마,

레이투르기아, 디다케, 디아코니아 등 5대 목회 커리큘럼을 중심으로 전통적인 실천신학의 제 분야를 살펴보았으며, 3부는 21세기의 상황에서 새로이 조명해야 할 영성학 리더십과 행정, 실버목회, 다문화목회, 통일목회를 조명하였다. 본서가 하나님의 말씀이 성경의 가르침을 토대로 시대적 상황과 소통하며 지속적인 실천신학의 발전을 이루는 하나의 모퉁이돌이 되길 바란다.

2025년 2월

최 성 훈 박사

한세대학교 신학과 및 신학대학원 실천신학 교수, 영산글로벌신학연구소장

차 례

01 PART >>> 실천신학의 이해

03 PART >>> 21세기 실천신학

실천신학의 이해

그동안 실천신학은 이를 다른 신학 분야에 비하여 저평가하거나 반대로 모든 신학의 상위에 자리 잡은 것으로 보는 고평가 사이에서 갈등을 겪었고, 신학적 이론과 목회적 실천 사이에서 표류하면서 주목할 만한 학문적 발전을 이루지 못하였다.[1] 특히 교회를 중심으로 수행된 목회 사역을 경험적인 것으로 치부함에 따라 실천신학은 학문으로서 객관적으로 조명받지 못하였다.

하지만 이론신학을 다루는 교의학자인 아브라함 카이퍼(Abraham Kuyper)가 남긴 저술의 상당수가 실천신학에 관한 것이고, 그의 뒤를 이어 암스테르담 자유대학교(Vrije Universiteit Amsterdam)에서 조직신학을 가르친 헤르만 바빙크(Herman Bavinck) 역시 실천신학에 대한 20여 권의 저술을 남긴 것을 통해 이론신학을 대표하는 조직신학과 실천신학이 밀접한 관계를 가지고 발전했음을 확인할 수 있다. 이는 실천신학이 조직신학뿐만 아니라 기독교 신학의 근간이 되는 성서신학과 소통하며 발전하는 한편, 시대적 상황을 고려하여 기독교 복음의 실천적 차원을 다루어야 하는 복합적 기능을 수행해야 함을 시사한다. 21세기 현대 사회의 복잡한 상황 속에서 실천신학은 하나님으로부터 교회를 거쳐 세상을 향해 나아가고 있으며, 기독교 진리의 의미를 현대 사회의 다양한 양상 가운데 반영하기 위하여 포괄적인 접근을 필요로 하기 때문이다.

그 같은 점을 염두에 두고 1부에서는 그와 같은 소통과 교류의 측면에 중점을 두고 전개하였다. 포괄적인 실천신학의 이해를 다루는 1장은 실천신학의 개념, 학문적 성격, 범위 및 특징을 다루었고, 21세기 실천신학의 도전을 조명한 2장은 시대 정신과 한국 사회의 인구통계학적 변화, 신학의 분화 및 통합적 접근의 필요성에 대하여 소개하였다. 실천신학의 방법론과 발전을 소개한 3장은 실천신학 방법론의 의의 및 구체적인 내용, 우리나라 실천신학의 도입과 발전, 한국 실천신학의 현황과 미래를 점검하였다.

---

1 정성구, 『실천신학개론』, 수정증보판 (용인: 킹덤북스, 2021), 27–31.

참고문헌

정성구. 『실천신학개론』. 수정증보판. 용인: 킹덤북스, 2021.

01

실천신학의 이해

　실천신학(Practical Theology)이라는 용어는 1792년 독일 경건주의 신학자 아우구
스트 헤르만 니에메이어(August Hermann Niemeyer)에 의해 처음 사용되었다고 독일신
학백과사전(TRE: Theologische Realenzyklopädie)이 밝히고 있다.[1] 그러나 실천신학이라
는 단어를 처음으로 사용한 인물은 영국의 청교도 리차드 백스터(Richard Baxter)로서
그는 1673년에 출간한 자신의 저서『기독교인 생활지침서』(A Christian Directory)에서
자신의 책이 방법신학으로 신학의 실천적 부분을 다루는 실천신학이라고 소개하였
다. 한편 시워드 힐트너(Seward Hiltner)는 프리드리히 슐라이어마허(Friedrich Daniel
Ernst Schleiermacher) 이후 1837년을 기점으로 독일에서 실천신학이라 불리는 것을 발
전시킨 후에 영국과 미국에서 이를 조직적으로 받아들였다고 지적하며 실천신학이
본격적으로 발전하기 시작한 시기를 1837년 즈음으로 추정하였다.[2] 에드워드 팔리
(Edward Farley) 역시 실천신학을 성서학, 교리학, 교회사에 이은 신학의 네 번째 독
립된 분과로 보는 견해에 대하여 다수가 합의를 이루었던 19세기의 합의(the

---

[1] Gerhard Krause and Gerhard Müller (Ed.), *Theologische Realenzyklopädie* (Berlin, Germany: Walter de Gruyter, 1997), 190.
[2] Seward Hiltner, *Preface to Pastoral Theology* (Nashville, TN: Abingdon Press, 1958), 46.

Nineteenth-Century Consensus)를 실천신학 발전의 근간으로 여긴다.[3]

1 실천신학의 개념

물질주의와 기복신앙, 목회자에게 지나치게 집중된 권위와 비민주적 당회의 운영, 잘못된 은사주의와 신비주의, 지나친 개인주의와 사회적 책임에 대한 몰이해 등 한국교회의 문제들은 실천신학의 부재에 기인한 것이라는 지적이 21세기 초부터 이어졌다.[4] 그렇다면 한국교회의 문제들을 바로잡도록 하는 온전한 의미의 실천신학이란 과연 무엇인가? 초대교부들의 교의학은 신학을 탁월한 실천적 철학이라고 이해하였고, 그러한 맥락에서 가톨릭교회는 목회신학을 실천신학으로 간주하였다. 제2차 바티칸 공의회(1962-1965) 이후 칼 라너(Karl Rahner)를 중심으로 종파적 차이를 지양하는 교회일치 및 사회적 책임 수행에 대한 강조가 이어지며 사목신학의 실천적 지침이 정비되었다. 또한 평신도 사도직에 대한 결정을 통해 모든 그리스도인들은 전 지구적 그리스도의 통치를 실현하기 위한 사명을 수행해야 함을 역설하였다. 개신교 진영에서 실천신학은 슐라이어마허가 1811년 『신학연구개설』(Kurze Darstellung des theologischen Studiums zum Behuf einleitender Vorlesungen)[5]을 출간하며, 신학의 분야를 신학 연구의 뿌리가 되는 철학적 신학(조직신학), 몸체가 되는 역사적 신학(성서신학과 교회사), 그리고 그 열매로서 신학의 왕관으로 거명한 실천신학으로 구분한 데에서 주목받기 시작했다. 그는 실천신학이란 목회자가 담당해야 할 교회의 직무들과 목회의 규칙들을 모은 기술 체제의 종합, 즉 일종의 기술이라고 생각하였는데,[6] 이는 교회라는 장(場)에 국한된 목회적 실천의 이론으로 그 범위를 축소시킴으로써

---

3 Edward Farley, "Interpreting Situations: An Inquiry into the Nature of Practical Theology," in *Formation and Reflection: The Promise of Practical Theology*, eds. Lewis S. Mudge and James N. Poling (Philadelphia, PA: Fortess Press, 1987), 2.

4 이명희, "21세기 한국교회 실천신학의 전망," 「복음과 실천」 26 (2000), 87-88.

5 이는 "개론적 강의를 위한 신학적 수업의 짧은 서술"이라는 의미이다.

6 Friedrich Schleiermacher, *Brief Outline of Theology as a Field of Study*, trans. Terrence N. Tice, 3rd ed. (Louisville, KY: Westminster John Knox Press, 2011), 14.

신학의 편협화와 교직화라는 부정적 결과를 초래하였다.[7] 이는 편협한 시각일 뿐만 아니라 목회자와 평신도 사이를 구분하여 대립 구도를 고착화하는 폐해를 유발하였다.

실천신학에 대한 정의는 신학과 목회를 둘러싼 시대적 배경이라는 거시적 변수와 교회 공동체가 자리 잡은 사회적 환경이라는 미시적 변수에 따라 달라진다. 독일 할레 대학교(Martin-Luther-Universität Halle-Wittenberg)의 명예교수인 에버하르트 빈클러(Eberhard Winkler)는 실천신학이란 복음의 전달에 관한 이론이라고 간단하게 정의하며 하나님과 인간의 만남에 대한 성경적 복음 선포를 중심으로 설교학적 관점을 강조하였다.[8] 루돌프 보렌(Rudolf Bohren)은 실천신학은 교회의 실제적인 모임과 보냄을 받음을 다루며 하나님의 선교(Missio Dei)에 대한 교회의 참여를 조명한다고 정의하며 선교학적 관점을 견지하였다.[9] 이는 실천신학이 교회를 향한, 그리고 교회를 통한 하나님 말씀의 역사를 그 대상으로 삼아 하나님의 선교에 대한 교회의 참여를 다루는 것이라는 뜻이다. 현실 세계에 참여하도록 부르심을 받고 보냄을 받은 교회는 신앙공동체의 삶이라는 실천을 학문적으로 규명하는 과제를 갖기 때문에 세상의 폭넓은 일반학문과의 교류와 상호작용을 요구한다.

20세기 말부터는 신학의 공공성을 강조하는 흐름이 강화되었는데, 그러한 사조는 실천신학에 더욱 강력한 영향을 끼쳤다. 특히 돈 브라우닝(Don Browning)은 실천신학이란 기독교의 복음이 오늘을 사는 인간들에게 어떠한 의미가 있느냐를 밝히는 것이라고 설명하였는데,[10] 이는 아브라함 카이퍼(Abraham Kuyper)가 실천신학이 특정 시대에서 기독교적 실제의 모든 것을 포함한다고 말한 것과 일맥상통한다.[11] 그는 실천신학이 공적으로 납득되어야 함을 강조하며, 사회 내에서 기독교 신앙을 가지지 않은 모든 인간의 행동과 복지에 대한 규범을 제시해야 한다는 주장을 통해

---

7 김윤규, "최근 실천신학의 동향과 과제," 「세계와 선교」179 (2002), 52-53.
8 에버하르트 빈클러, 『실천신학 개론』, 김상구, 김성애, 윤화석, 최광현 역 (서울: CLC, 2004), 13.
9 Rudolf Bohren, "Praktische Theologie," in *Einführung in das Studium der Evangelischen Theologie*, hg. von dems (München, Germany: W. Kohlhammer GmbH, 1964), 9-33.
10 Don Browning, *Practical Theology* (San Franciso, CA: Harper & Row, 1983), 62.
11 Abraham Kuyper, *Encyclopaedie der Heilige Godgeleerdheid* (Amsterdam, Netherland: J. A. Wormser, 1894), 469.

신학의 보편성과 공공성을 요구하였다.[12] 한편 데이빗 트레이시(David Tracy)는 신학의 분야를 근본적 신학, 조직신학, 실천신학으로 구분하며 실천신학은 기독교 복음이 견지하며 선포하는 이론과 프락시스 및 인간 사회가 내포하고 제시하는 이론과 프락시스 사이의 비판적 상호관계를 모색하는 학문이라고 지적하였다.[13] 이는 성경의 가르침과 인간 사회의 상황 사이에서 이론과 실천의 균형을 도모하는 것이 실천신학의 역할이라고 보는 것이다. 그 같은 차원에서 트레이시는 이론과 실천 중에 한편에 치우치기보다는 실천신학이 현대 사회가 요구하는 공공성의 보증을 담보하며 확장해야 함을 강조하였다.[14]

2 실천신학의 학문적 성격

교부시대에는 신학적 이론과 실천이 통합적으로 인식되었지만 12세기 이후 스콜라주의가 등장한 이후 신학은 교리학과 윤리학 등으로 세분화되기 시작하였다. 대학 강단에서 실천신학을 이론신학으로부터 독립적으로 가르치기 시작한 것은 16세기 안드레아스 하이페리우스(Andreas Hyperius)에 의해서였고, 실천신학이 정식 명칭으로 사용되어 교수된 것은 1618년 도르트 총회(Dordrechter Synode) 이후의 일이다.[15] 18세기 말에 이르러서야 실천신학은 신학의 한 분야로 인정되어 신학교 교육과정에 처음으로 채택되었다. 특히 독일의 대학들은 신학을 성서학, 교리학, 교회사, 실천신학으로 분리되는 네 분과를 중심으로 신학이 과학임을 증명하려는 노력을 기울였는데, 이는 19세기 중반에서 시작하여 20세기에 마무리된 백과사전 운동

---

12 Don Browning, "Pastoral Theology in a Pluralistic Age," in *The Blackwell Reader in Pastoral and Practical Theology*, eds. James Wood and Stephen Pattison (Oxford, UK: Blackwell Publishing, 2000), 89-90.

13 David Tracy, *Analogical Imagination: Christian Theology and the Culture of Pluralism*(New York, NY: Crossroad, 1981), 3-46, 56.

14 David Tracy, "The Foundation of Practical Theology," in *Practical Theology*, ed. Don S. Browning (San Francisco, CA: Harper & Row, 1983), 61-62.

15 유재경, "실천신학과 영성학의 창조적 만남,"「신학과 목회」 33 (2010), 64-65.

(the Encyclopedia Movement), 즉 해당 영역을 포괄하는 백과사전의 출판 여부가 그 분야의 학문성과 객관성의 척도로 인정되었던 흐름을 반영한다. 이후 실천신학은 다른 신학 분야의 이론들을 목회 현장에 적용하는 응용학문으로 간주되어 신학교의 상급과정으로 운영되었다. 하지만 사변적인 이론 신학을 중시하는 분위기 속에서 실천신학은 목회의 경력과 소양을 체득한 목회자들의 경험론에 그치는 것으로 여겨져서 학문적 발전을 이루지 못하였다.

20세기에 실천신학은 세계 선교의 발전이라는 거시적 차원과 교회성장학의 출현이라는 미시적 차원의 양방향에서 발전하였다. 무엇보다도 서구 중심의 선교가 우리나라를 비롯한 비서구권으로 이양되며 저변이 확대되었고, 소그룹을 중심으로 성경의 가르침에 기반하여 전개된 전도 운동과 교회성장운동이 그 같은 선교적 동력을 제공하였다. 이후 21세기 실천신학 연구의 흐름은 신학의 각 분야별로 세분화되는 전문화의 경향과 전체를 포괄하여 조명하는 통합화의 경향이 공존하고 있다. 이는 급변하는 현대 사회라는 상황적 맥락을 고려하기 위한 맞춤식 전문화를 통해 균형을 유지하는 노력과 더불어 지나친 전문화로 인해 계시의 통전적 특성을 잃어버릴 우려에 대한 반작용으로서 신학의 통합적 조명 및 학제간 연구를 수용하기 때문이다. 이는 새로운 것이 아니며, 복음의 본질(the Text)과 복음 전달의 맥락인 상황(the Context) 사이의 균형에 대한 전통적인 강조점을 상기시키는 것일 뿐이다.

3 실천신학의 범위

2차 대전 이후 신학적 발전과 더불어 실천신학의 범위도 넓어졌는데, 이는 교회의 선교적 사명의 강조와 함께 교회론적 기초 및 선교학이 확장되었기 때문이다. 실천신학이 종교적 전통의 실천을 연구하는 학문으로 자리 잡으며 실천신학의 분야, 학문적 위상, 연구방법론, 규범적 배경이라는 네 가지 원리적 주제를 중심으로 논쟁이 벌어졌다. 구체적으로 기스버트 딩게만스(Gijsbert D. J. Dingemans)는 첫째, 실천신학이 다루는 연구 분야가 안수 받은 목회자의 사역에 관한 것인지, 세상 안에서 복음의 도구로서 교회 자체에 관한 것인지, 아니면 사회에서의 복음의 영향을 다루는 것인지의 논쟁, 둘째, 실천신학의 학문적 지위가 사회과학, 행위과학, 경험과학, 규범적 신학에 속하는 것인지에 관한 논쟁, 셋째, 실천신학의 연구는 양적 분석의 형태를 취해야 할지 아니면 해석적이고 질적인 방법론을 도입해야 할지에 대한 논쟁, 넷째, 20세기 후반에 들어서는 실천신학이 신학의 분과라는 것이 가지는 의미와 규범적 관점의 중요성은 무엇이며, 그러한 의미와 중요성은 어디에서 오는 것인지에 대하여 논쟁의 초점이 맞추어져 있음을 지적하였다.[16] 한편 보니 밀러-멕레모어(Bonnie J. Miller-McLemore)는 실천신학은 학자들을 위한 독립된 분과인 동시에 그리스도인들을 위해서는 믿음의 활동이며, 실천에 깃든 신학을 연구하는 방법론이며 신학교의 커리큘럼 영역 중 하나라고 지적하였다.[17]

　　20세기 중반 이후 실천신학의 내용과 범위는 목회자가 얼마나 효과적으로 교회를 설립하고 운영하는가에 초점을 맞추던 기존의 관행을 벗어나 교회와 세상을 동시에 고려하는 것으로 확장되었다.[18] 이는 실천신학이 단순히 교회를 돌보는 것을 넘어서 세상에 대한 선교적 사명을 어떻게 수행하느냐와 연결되어 교회성장학과 선교학의 발전으로 이어졌다. 또한 목회 사역에 대하여도 목회자가 단독으로 수행하는 것이 아니라, 평신도가 목회 현장에 능동적으로 참여할 것을 요구함으로써 교회가 평신도의 직분과 역할에 대하여 고민하는 모습이 부각되었다. 평신도의 참여에 대한 인식은 프랑스의 신부 이브스 콩갈(Yves M. J. Congar)이 1953년 『평신도학 서설』(*Jalons pour une théologie du laïcat*)이라는 저서를 출간하며 제기되기 시작하였고, 선교 신학자 헨드릭 크레머(Hendrik Kraemer)가 1958년 2월 영국 캠브리지(Cambridge)에서 평신도신학에 대하여 강의하며 확산되었다. 또한 실천신학은 목회와 관련이 있는 응용신학적 요소들, 즉 기독교 윤리의 사회적 적용을 다루며 발전하였다. 이는 종교적 현상을 사회적 맥락에서 다루는 종교사회학이나 기독교적 관점에서 대사회적 윤

---

16 Gijsbert D. J. Dingemans, "Practical Theology in the Academy: A Contemporary Overview," *The Journal of Religion* 76 (1996), 83.

17 Bonnie J. Miller-McLemore, *Christian Theology in Practice: Discovering a Discipline* (Grand Raids, MI: William B. Eerdmans Publishing Company, 2012), 101.

18 정성구, 『실천신학개론』, 수정증보판 (용인: 킹덤북스, 2021), 40.

리 원칙에 초점을 맞추는 기독교 사회윤리의 범위를 넘어서 급변하는 현대 사회에서 발생하는 문제들에 대한 공적인 논쟁들을 신학과의 관계 속에서 해석하며 비판적 대화를 통해 공적담론을 형성하여 문제를 해결하는 실천적 성격을 띠는 공공신학적 요소를 반영하는 것이다.[19]

실천신학의 연구 분야 또는 범위와 관련하여 실천이라는 주제는 목회자와 관련한 영적 지도력, 설교, 예전, 재정관리, 기독교교육, 목회적 돌봄, 교회와 연관이 있는 교회 발전과 활성화, 권력 분배와 다양한 기관들 사이의 상호작용 등 내적 기능 및 목회적 돌봄과 소통 및 외적 선교, 설교, 교육 등 외적인 영향, 해방적 실천, 신자 개인의 실천 등으로 구분된다.[20] 하지만 실천신학은 단순히 응용신학이나 목회적 방법론이 아니라 신학의 제 분야에 기반을 두며, 하나님의 피조물로서 하나님의 주권이 통치하시는 교회 안과 밖 모두에서 복음과 관련한 모든 일들을 포괄하는 가장 종합적 신학이다. 교회를 중심으로 하는 목회적 차원에서 실천신학은 교회가 현실 문제를 비평하며 해결하는 방안뿐만 아니라 미래의 교회를 위한 새로운 방향도 설정할 책임을 지니고 있다.[21] 그와 같은 관점에서 칼-프리츠 다이버(Karl-Fritz Daiber)는 실천신학이 관련을 맺고 있는 영역을 교회사역, 다른 신학적 영역들, 그리고 행동과학으로 소개하며 실천신학이 목회와 신학의 현장은 물론 현시대의 학문과 교류를 맺어야 함을 강조하였다.[22] 그러나 지난 20세기에 실천신학이 행동과학을 받아들이며 거룩한 실용주의로 포장한 기능주의에 치우쳐서 눈에 보이는 결과를 얻어내기 위한 목회의 비결과 전략만을 강조하다가 복음의 본질이 희석되었던 점은 반면교사로 삼아 경계해야 할 것이다.

---

19 최성훈, 『21세기 공공신학』 (서울: 박영사, 2023), 22.
20 Gijsbert D. J. Dingemans, "Practical Theology in the Academy: A Contemporary Overview," 84-87.
21 이명희, "21세기 한국교회 실천신학의 전망," 「복음과 실천」 26 (2000), 92.
22 칼-프리츠 다이버, 『실천신학서설』, 박근원 역 (서울: 대한기독교서회, 1981), 182.

4 실천신학의 특징

오늘날 실천신학의 관심과 연구의 범위가 넓어짐에 따라 현대인의 개인적 삶과 사회의 문제, 그리고 종교적 관심과 관련한 모든 것이 실천신학 연구의 주제가 되고 있다. 목회적 실천을 핵심으로 하는 실천신학이 기본적으로 목회현장에서 교회의 활동과 깊은 관련이 있음은 부정할 수 없다. 따라서 실천신학은 교회를 통해서 전개하는 목회자의 설교, 예식, 심방, 교육, 행정 등의 활동을 통해 교인의 개인적 삶을 다루는 동시에 교회의 사회적 책임을 수행하는 공적 실천을 추구한다. 그러므로 실천신학은 이론신학의 규범적 원리들을 개인, 교회, 사회 속에서 효과적으로 적용할 수 있는 다양한 방법을 보유해야 하며, 그러한 실천적 방법론은 현대 사회에서 인간 존재의 다양한 문제들에 대한 포괄적 이해를 요구한다. 하지만 실천신학은 단순히 목회의 경험을 다루거나 기술에 관한 것이 아니라 교회를 중심으로 하는 그리스도인의 삶 전체를 포함하는 것이므로 그 구체적인 방법론에는 인간 사회의 환경 및 시대적 배경에 대한 분석과 성경적 해석을 가미해야 한다. 이는 실천신학이 모든 신학적 작업의 전제인 동시에 결과라는 특징과 일맥상통하는 것으로서, 실천신학은 시대 변화에 따라 복음을 중심으로 교회를 갱신하는 책임 수행의 구심이 되어야 하기 때문이다. 그러한 책임 수행의 과정에서 기독교 복음의 핵심인 예수 그리스도를 믿음으로써 인간의 죄라는 궁극적 문제를 해결하도록 하는 기반에 확고히 뿌리를 내리는 동시에 인간 삶의 지엽적이고 구체적인 분야에서 발생하는 문제들에 대하여 신학의 범위를 넘어 일반 학문과 소통하며 복음의 원리가 투영되도록 하는 것도 실천신학이 담당해야 할 과제이다.

슐라이어마허의 단순한 분류를 따르더라도 실천신학은 철학적 신학과 역사적 신학의 토대 위에서 신학적 실천을 다루기 때문에 가장 범위가 넓으며, 따라서 가장 광범위한 연구를 필요로 한다. 이는 온전한 실천을 원활히 하기 위한 이론적 분석의 능력을 전제로 하며, 실천신학의 제 분야는 물론 신학 전반에 대한 이해를 바탕으로 현대 사회의 양상을 조명할 수 있는 역량을 갖출 것을 요청한다. 따라서 실천에 대한 문제의식을 바탕으로 이론적 토대를 점검하고, 다시 실천을 통해 이를 검증하는 순환적 사고가 요구된다. 또한 실천신학과 구분하기 위한 대비적 개념으로서의 이론신학 역시 실천적이라는 사실을 간과해서는 안 될 것이다. 실천신학이 각기 다른 지역적 전통을 반영하는 한편,[23] 사회의 다원화에 따라 실천신학 내 분과들 역시 점점 증가하는 양상을 보이므로 신학, 인접학문, 상황적 검증을 통해 실천신학의 발전을 지속해야 할 것이다.

---

[23] 일례로 영국 교회에서는 개인적 신앙의 지침을 제공하는 기독교윤리학이 실천신학의 범주로 간주되는 반면, 독일 교회는 이를 조직신학으로 받아들인다. 또한 독일 교회에서 기독교교육학은 세례와 견신례에서 비롯된 목회신학에 속하는 분야이지만, 미국 교회는 이를 교육 분야에 특화된 독자적인 학문 분야로 여긴다. 박근원, "한국 실천신학의 어제와 오늘, 그리고 내일," 「한국기독교신학논총」 50 (2007), 163.

참고문헌

김윤규. "최근 실천신학의 동향과 과제." 「세계와 선교」 179 (2002), 50−56.

박근원. "한국 실천신학의 어제와 오늘, 그리고 내일." 「한국기독교신학논총」 50 (2007), 151−173.

에버하르트 빈클러. 『실천신학 개론』. 김상구, 김성애, 윤화석, 최광현 역. 서울: CLC, 2004. (Original Work Published in 1997).

유재경. "실천신학과 영성학의 창조적 만남." 「신학과 목회」 33 (2010), 61−88.

이명희. "21세기 한국교회 실천신학의 전망." 「복음과 실천」 26 (2000), 87−125.

정성구. 『실천신학개론』. 수정증보판. 용인: 킹덤북스, 2021.

최성훈. 『21세기 공공신학』. 서울: 박영사, 2023.

칼−프리츠 다이버. 『실천신학서설』. 박근원 역. 서울: 대한기독교서회, 1981. (Original Work Published in 1977).

Bohren, Rudolf. "Praktische Theologie," in *Einführung in das Studium der Evangelischen Theologie*. München, Germany: W. Kohlhammer GmbH, 1964.

Browning, Don. "Pastoral Theology in a Pluralistic Age," in *The Blackwell Reader in Pastoral and Practical Theology*, Edited by James Wood and Stephen Pattison: 89−103. Oxford, UK: Blackwell Publishing, 2000.

_____. *Practical Theology*. San Franciso, CA: Harper & Row, 1983.

Dingemans, Gijsbert D. J. "Practical Theology in the Academy: A Contemporary Overview." *The Journal of Religion* 76 (1996), 82−96.

Farley, Edward. "Interpreting Situations: An Inquiry into the Nature of Practical Theology." In *Formation and Reflection: The Promise of Practical Theology*, Edited by Lewis S. Mudge and James N. Poling. Philadelphia, PA: Fortress Press, 1987.

Hiltner, Seward. *Preface to Pastoral Theology*. Nashville, TN: Abingdon Press, 1958.

Krause Gerhard, and Müller, Gerhard (Ed.). *Theologische Realenzyklopädie*. Berlin, Germany: Walter de Gruyter, 1997.

Kuyper, Abraham. *Encyclopaedie der Heilige Godgeleerdheid*. Amsterdam, Netherland: J. A. Wormser, 1894.

Miller—McLemore, Bonnie J. *Christian Theology in Practice: Discovering a Discipline*. Grand Raids, MI: William B. Eerdmans Publishing Company, 2012.

Schleiermacher, Friedrich. *Brief Outline of Theology as a Field of Study*, Translated by Terrence N. Tice, 3rd ed. Louisville, KY: Westminster John Knox Press, 2011. (Original Work Published in 1811).

Tracy, David. "The Foundation of Practical Theology." in *Practical Theology*, Edited by Don S. Browning: 61—83. San Francisco, CA: Harper & Row, 1983.

_____. *Analogical Imagination: Christian Theology and the Culture of Pluralism*. New York, NY: Crossroad, 1981.

02

21세기 실천신학의 도전

21세기를 맞이하여 실천신학이 직면한 도전 과제들은 지난 20세기부터 누적된 변화의 결과물로서 연속성을 지닌다. 20세기를 휩쓴 포스트모더니즘이 4차 산업혁명으로 대변되는 과학기술의 발전으로 인하여 트랜스휴머니즘의 사상으로 연결되고 있고, 이는 초복잡성사회에 내재된 위험 요인을 증가시키는 한편, 무한경쟁을 통한 승자독식으로 인해 현대인들의 피로를 유발하며 혼돈으로 몰아넣는다.1 신학계 역시 이론과 실천의 분리가 신학 연구와 교육 및 목회현장과의 괴리를 유발하고, 신학의 제 분야는 물론 실천신학 내 각종 분과들의 파편화를 초래하고 있으며, 신학교육에 있어서도 교육목적과 교육과정 및 교수와 학생 간의 세대간 단절을 낳고 있는 실정이다. 오늘날 한국교회를 둘러싼 시대적 도전들은 실천신학의 각론을 다루며 충분히 검토할 수 있기 때문에 본장은 전통적인 신학의 네 분야 및 실천신학의 분화된 영역과 관련한 거시적인 도전을 조명하였다.

---

1 한병철, 『피로사회』, 김태환 역 (서울: 문학과 지성사, 2012), 11-12.

1 시대정신의 변화

　오늘날 현대 사회는 사상적 측면에서는 포스트모더니즘, 기술적인 면에서는 4차 산업혁명의 기술지상주의와 물신주의, 종교적으로는 후기 세속사회, 그리고 사회적인 차원에서는 초복잡성사회 및 포스트 코로나 19시대의 변화라는 새로운 형태의 도전에 직면하고 있다.[2] 정치적인 차원에서는 민주화와 새로운 세대의 개인주의가, 경제적 측면에서는 신자유주의의 무한경쟁 및 양극화와 맞물리며 각박한 세태를 연출하는 상황 속에서 실천신학은 다원화된 현대 사회의 다양한 과업을 수행해야 하는 도전을 마주하고 있다.

1) 4차 산업혁명과 인공지능(AI: Artificial Intelligence)

　20세기 후반에 들어서며 과학기술의 발달 속도가 이전과는 비교되지 않을 정도로 빨라졌고, 21세기에 진입하면서 4차 산업혁명 시대가 열리며 인공지능은 물론 유전공학(Genetic Engineering), 나노기술(Nanotechnology), 로봇공학(Robotics)을 기반으로 하는 "GNR(Genetics, Nanotechnology, Robotics) 혁명"에 더하여 정보기술(Information Technology)의 머리글자를 합친 "GRIN 기술"을 바탕으로 인간이 이전에 경험하지 못한 새로운 변화에 직면하였다.[3] 이같이 4차 산업혁명 시대를 배경으로 하는 인간 이해의 새로운 도전, 즉 과학기술의 활용을 통해 인간의 인지적, 신체적, 심리적 한계를 극복함으로써 인간 진보를 실현하고, 궁극적으로는 최첨단 인공지능 기술을 통해 인간 정신을 네트워크상에 업로드하여 육체를 버리고 정신으로 영원히 존재하는 트랜스휴머니즘의 도전 앞에 인간의 존재 자체에 대한 신학적 이해 제고가 요구된다.[4]

---

2 최성훈, 『21세기 공공신학』 (서울: 박영사, 2023), 3.
3 최성훈, "호모 데우스(Homo Deus)와 이마고데이(Imago Dei): 트랜스 휴머니즘의 인간론에 대한 신학적 비판," 「영산신학저널」 63 (2023), 81-82.
4 Ibid., 87.

하지만 기독교 신앙은 참된 인간 존재의 실현이 인본적인 자기 개선과 진보가 아니라 그리스도의 복음을 통해 하나님과의 관계를 회복하는 데에 있음을 천명하며, 하나님의 형상으로 창조된 인간은 정신과 육체로 나뉘어 환원될 수 없는 통일체라는 인식을 견지한다.[5] 그럼에도 불구하고 그러한 기술지상주의의 핵심인 인공지능(AI: Artificial Intelligence)의 사용에 대해서는 하나님께서 인간에게 주신 일반은총을 발휘한다는 점에서 한국교회는 다양한 측면들을 고려하는 비판적 성찰을 통해 이를 활용해야 하며, 이에 대한 공적 논의를 통해 관리와 감독의 책임을 수행해야 한다.[6] 4차 산업혁명 시대의 디지털화에 대한 대응은 이제 선택이 아니라 한국교회의 필수적 사역이 되었기 때문이다. 과거 과학기술의 발전으로 등장한 다양한 기기와 비교할 수 없을 정도로 강력한 인공지능이 인간 사회를 풍요롭게 할지, 아니면 오히려 위해를 가할지는 이를 개발하고 활용하는 인간에게 달려 있으므로 ChatGPT와 같은 인공지능의 사용이 그리스도의 몸된 교회를 온전히 세우고 복음을 보다 효과적이고 효율적으로 전할 수 있도록 하기 위하여 한국교회는 복음의 기반을 확고히 하는 동시에 시대를 향한 통찰력을 제고하여야 한다. 또한 향후 대두할 새로운 기술과 서비스 등 사회의 변화를 주시하며 이에 대응할 수 있는 역량을 구비하여야 할 것이다.

2) 사회적 변화

개인의 주관을 강조하며 다원성을 긍정하는 포스트모더니즘은 급변하는 사회의 복잡성 속에서 사회적 주체들 간의 상호작용이 불확실하여 다수의 해석이 가능하다는 초복잡성 시대의 흐름을 통해 피로를 유발하는 한편,[7] 인간관계 파편화와 순간결집 현상 등 해체와 공유의 극단적 양면성을 드러내는 나노사회로 연결되며[8]

---

5 Ibid., 96.
6 최성훈, "인공지능과 한국교회: ChatGPT를 중심으로," 「ACTS 신학저널」 58 (2023), 187-188.
7 한병철, 『피로사회』, 11-12. Cf. Ronald Barnett, "University Knowledge in an Age of Supercomplexity," *Higher Education 40* (2000), 409-422.
8 김난도 외, 『트렌드 코리아 2022』 (서울: 미래의 창, 2021), 168-193.

신앙을 중심으로 공동체를 이루는 한국교회에 크나큰 부담을 주고 있다. 그 같은 개인주의화 및 파편화는 일찍이 로날드 바넷(Ronald Barnett)이 주장한 초복잡성 시대의 특징으로서 상호작용이 불확실하며 예측할 수 없을 정도로 급변하는 사회 속에서 양립할 수 없는 다수의 해석이 공존함을 인정할 것을 요구하며,[9] 인간을 둘러싼 공간 구조에 있어서도 수평적 평등을 요구하고 있다.[10] 더욱이 산업적 근대화로 인해 부의 분배가 아니라 오히려 위험의 분배가 문제시되는 위험사회에 진입하여 개인주의화가 가속되고, 전지구적으로 사회가 더 이상 위험을 감내할 수 없는 단계에 이르렀다는 지적이 있은 지 오래다.[11] 그러한 주장을 펼친 울리히 벡(Ulrich Beck)은 근대성의 성공으로 인해 촉발된 현대 사회의 위험에 맞설 방법으로서 이성과 과학에 대한 맹목적인 신뢰를 탈피하고 다원적이고 복합적인 시각으로 근대화의 문제와 산업사회의 원리 자체를 조명하는 성찰적 근대화를 요구하였다.[12] 이처럼 복잡한 현대적 상황에서 모든 가치의 영역들이 개인 선택의 대상이 되었고, 그로 인하여 종교의 선택은 물론 종교의 신앙와 의례마저도 개인적 결정이 되어 버린 액체 종교성으로 인하여 한국교회의 어려움이 가중되고 있다.[13]

더욱이 21세기의 다원화된 동시에 지속적으로 변화하는 사회 환경은 목회자를 중심으로 하는 교권주의의 한계를 드러냈다. 그러한 교권주의는 성직자와 평신도를 구분함으로써 상대적으로 평신도 사역의 퇴보를 유발하였고, 교회의 치리와 운영에 있어서도 목회자와 일부 시무 장로들을 중심으로 하는 당회 주도의 모습을 보이며 투명하고 민주적인 운영을 요구하는 현대 사회의 흐름과 상반된 모습을 보였다.[14] 하지만 현대 사회의 교회 사역이 다양한 분야에서 전문가를 필요로 함에 따라 오늘

---

9 Ronald Barnett, "University Knowledge in an Age of Supercomplexity," 415-416.
10 최성훈, "리좀 개념을 통해 조명한 교회의 공간 구조: 교회의 건축 양식 역사와 현대적 공간 구성을 중심으로," 「영산신학저널」 68 (2024), 101-102.
11 Ulrich Beck, "Living in the World Risk Society," *Economy and Society* 35 (2006), 331.
12 Ulrich Beck, *Risk Society: Towards a New Modernity*, trans. Mark Ritter (New York, NY: Sage Publication, 1992), 87-102.
13 노명수, "교회 생활 속에서의 여성행위성: 도시 교회의 액체 종교성을 활용하는 여성노인들을 중심으로," 「종교연구」 82 (2022), 126. Cf. Zygmunt Bauman, *Liquid Modernity* (Cambridege, UK: Polity Press, 2000).
14 최성훈, "부정적 리더십과 한국교회," 「장신논단」 55 (2023), 211-212.

날 한국교회를 둘러싼 환경은 오히려 평신도의 사역 참여와 전문성 활용을 요구한다. 특히 디지털화, 국제화, 지식정보화된 21세기의 조직은 유연한 사고와 감성, 협력적 자세라는 새로운 리더십 특성을 요구하고 있다.[15] 그러한 새로운 변화의 수용은 복음을 중심으로 하는 성경의 가르침을 기반으로 하기만 하면 세상을 품고, 세상을 섬기는 실천신학적 수용이라는 거룩한 세속화의 방안으로 기능할 수 있을 것이다.[16]

또한 다원화된 사회에서 교회의 사회적 책임에 대한 요청이 점차 많아지고 있는 상황에서 교회의 사회적 책임 수행 및 실천신학의 공공신학적 확장이 요구된다. 1974년 복음주의 진영의 로잔언약(The Lausanne Covenant)은 제5항 "기독교인의 사회적 책임"을 통해 교회가 사회적 활동에 참여해야 함을 강조하였고, 1982년 미국 그랜드래피즈(Grand Rapids) 대회 역시 사회적 활동이 복음전도의 가교이자, 동반자, 그리고 결과임을 피력하였다. 공공신학은 포괄적인 차원에서 교회의 공공성을 다루며 대화와 소통을 통해 공적담론을 형성하여 실질적으로 문제 해결에 동참한 실천적 성격을 견지한다.[17] 따라서 오늘날 실천신학은 교회의 공공성 실현을 위해 사회적 문제를 다룸에 있어서 전통적인 이론 신학의 접근방법에 더하여 실천적 방법론을 가미하는 한편, 문제를 해결하는 기반으로서 성경의 가르침을 조명하기 때문에 성서신학도 포함하는 거시적인 모습을 보인다.

2 인구통계학적 변화

1) 저출생과 고령화

통계청(www.kostat.go.kr)의 인구동향조사에 의하면 2023년 출생아의 수는 약 23

---

15 최성훈, "현대 사회와 여성 리더십: 개신교의 조직문화를 중심으로," 「장신논단」 54 (2022), 179.
16 최성훈, "포스트 코로나 19 시대와 한국교회의 공공성: 예배와 공동체성을 중심으로," 「ACTS 신학저널」 47 (2021), 71-72.
17 최성훈, 『21세기 공공신학』, 22.

만 명으로 2000년 약 64만 명을 기록한 이후 계속해서 하향 추세를 보이고 있다. 이에 대응하기 위하여 정부는 2024년 6월 저출산고령사회위원회를 개최하여 일·가정 양립, 양육, 주거 등 3대 핵심분야의 지원에 총력을 기울이는 내용의 "저출생 추세 반전을 위한 대책"을 발표하였다. 나름대로 의미가 있는 대책이지만 이미 인구감소를 넘어 인구절벽의 위기에 봉착한 사회적 상황 속에서 그 같은 대책이 얼마나 실효성이 있을지 미지수이다. 정부와 마찬가지로 교회 역시 단순히 출산 가정에 대한 금전적 지원을 통해 출산율을 높이려는 일회적이고 단편적 시도에 그칠 것이 아니라 돌봄과 양육이라는 거시적 관점 및 포괄적이고 장기적인 차원에서 지속적인 지원책을 마련해야 할 것이다. 이는 세련된 선진국 시민 세대인 30-40대 부모 세대의 눈높이를 만족시킬만한 수준의 짜임새 있는 세부 정책 및 시설과 인테리어의 편리성 등을 동시에 요구한다. 또한 기독신문(www.kidok.com)에 의하면 우리나라 청소년의 복음화율은 3%에 불과한데, 미전도종족을 가늠하는 기독교 인구 비중이 5%이므로 현재 우리나라 청소년은 미전도종족에 해당하는 셈이다. 청소년에서부터 청년에 이르는 복음 전파 사역은 과거와 달리 그들의 영적 필요에 대한 철저한 점검을 통해 세밀하고 촘촘한 사역적 대응을 요청하고 있다. 다음 세대의 복음화율이 감소한 만큼 인력과 재정의 측면에서 한국교회의 미래는 암울할 것으로 예상되므로 다음 세대 사역은 교회의 존폐를 결정하는 중요한 사역이다.

행정안전부(www.mois.go.kr)에 의하면 국내 65세 이상 고령인구는 2024년 12월 23일을 기점으로 1,024만 4,550명을 기록하여 전체 인구의 20.0%를 돌파하였다. 국제연합(UN)에 따르면 전체 인구 중 65세 이상 비중이 20%를 넘을 때 초고령화 사회로 구분되므로 우리나라는 2024년 12월부로 초고령화 사회에 진입한 것이고, 향후 고령화 추세가 지속될 것이 예상되므로 생산연령인구가 감소하는 동시에 고령화로 인해 신체 건강과 업무역량이 약화되며 생산성이 낮아질 수 있다는 우려를 낳는다. 고령화 인구 비중 확대 및 1인 가구의 부상, 외국인 유입 증가 등의 인구통계학적 변동은 또 다른 변화를 유발할 가능성이 높다. 65세 이상 인구를 15세 미만 인구로 나눈 비율인 고령화지수는 2024년 말 현재 181.2로서 통계청 조사가 시작된 1960년의 6.9에 비하여 26배 이상의 높은 수준을 나타내며, 21세기에 진입한 첫해인 지난 2000년의 34.3과 비교해도 5.3배 가량 높기 때문에 노인 인구 부양에 대한 의료비와 사회복지비 등 사회적 부담이 매우 증가한 상태이다.

한편 오늘날 한국사회가 직면하고 있는 저출생과 고령화의 문제는 한국교회에도 동일하게 적용된다. 미흡한 은퇴 준비와 제한된 고령자 재취업의 기회는 한국교회의 고령화와 더불어 재정적 압박을 가속화시키는 요인인데, 이와 관련한 정책적인 준비의 부족은 물론 고령사회의 문화도 아직 정착되지 못했기 때문이다. 교인들의 급속한 고령화는 한국교회의 지속적 발전과 성장을 견인하기 위한 교회 운영의 리더십 이양을 가속화하는 한편, 리더십을 이어받을 차세대의 복음화와 신앙교육에 총력을 기울일 것을 요구한다. 서로 가치관이 다른 세대가 한정된 자원을 나누어야 하는 사회적 상황이 교회의 운영에서도 동일하게 나타나며 갈등이 일어날 가능성이 높은데, 교회의 리더십은 상대적으로 고령층에게 부여되어 있는 상황에서 갈등을 원하지 않는 젊은 세대들이 조용히 교회를 떠나고 있는 현실을 통합적으로 조명하여 대처하도록 하는 성찰이 절실히 필요하다.

2) 1인 가구의 증가 및 개인주의의 확산

2024년 3월 행정안전부(www.mois.go.kr)의 주민등록 인구 통계에 의하면 전국의 1인 가구는 1,002만 1,413가구로 인구통계 집계 이래 처음으로 1,000만 가구를 넘어섰으며, 이는 우리나라 전체 2,400만 2,008가구 중 41.8%를 차지하는 비율이다. 연령별 1인 가구는 60대가 185만 1,705가구로 가장 많았고, 이어서 30대 168만 4,651가구, 50대 164만 482가구, 20대 152만 4,641가구 등의 순이었는데, 60세 이상 노년층은 총 383만 5,366가구로 전체 1인 가구의 약 38%를 차지함으로써 1인 가구의 증가가 고령화의 문제와 연결되어 있음을 시사한다.

혼자 식사하고, 생활하며 삶을 유지하는 1인 가구는 육체적으로 피로하거나 질병이 있는 경우 도움이 요구되며, 정신적인 측면의 외로움 해소와 영적인 필요 충족에 대한 갈급함이 있다. 따라서 1인 가구 구성의 원인으로 기능하는 인구의 수도권 집중, 여성의 경제적 지위 향상, 출산인식의 변화와 고용불안, 비혼과 만혼의 증가, 이혼과 별거로 인한 가족의 해체, 평균수명의 증가 및 급속한 고령화 등에 대한 진단을 통해 1인 가구를 대상으로 하는 사역을 전개해야 할 것이다.

예를 들어 1인 가구의 증가라는 현실이 개인의 주관성과 인권을 강조하는 포스트모더니즘과 민주화 사조와 맞물려 개인주의 심화 및 공동체 붕괴, 인간소외 현상으로 얼룩진 현실 속에서 개인이 용납되어 마음을 나눌 수 있는 소그룹 공동체는 한국교회의 매우 큰 영적, 심리적 자산으로 기능한다.[18] 제도화된 교회와 달리 초대교회가 지향하는 유기체로서의 교회를 강조하는 현대목회의 사조는 소그룹의 활성화를 요구하며, 디지털 원주민 세대로 명명되는 다음 세대의 특성을 수용하려면 기존의 일방적이고 위계적 관계를 탈피하여 상호적이며 호혜적 관계로 발전시킬 수 있는 소그룹의 활용이 효율적이기 때문이다. 따라서 성경의 가르침과 교회의 전통 및 인간의 이성과 경험을 활용하는 한편, 겸손하게 성령의 도우심을 구하며 지속적으로 한국교회의 소그룹 조직과 리더십을 점검해야 한다. 이는 단기적인 차원에서 단순히 셀 또는 구역과 같은 소그룹의 조직 형태나 제자훈련과 같은 성경 교수의 방법론에만 초점을 맞추는 것이 아니라, 장기적이고 거시적인 관점에서 투철한 복음의 기반 위에서 사람을 일으켜 세우고, 삶을 통해 신앙의 모범을 보이는 소그룹 리더들을 양성하는 과업 및 다음 세대를 복음으로 일으켜 세우기 위한 고민과 사역적 대책 마련을 지속해야 함을 요구한다.

3 신학의 분화

1) 신학의 거시적 분화

실천신학의 전통적인 과제이자 21세기에도 동일하게 요청되는 과제는 신학적 연구를 중심으로 하는 이론과 교회현장에 기반한 실천으로 단절된 현실을 타파하여

---

18 최성훈, "소그룹 운영의 리더십: 수퍼리더십과 셀프리더십을 중심으로," 「ACTS 신학저널」 56 (2023), 161.

통합을 이루는 일이다. 백과사전 운동을 통해 신학의 각 분야가 성서학, 교리학, 교회사, 실천신학으로 분류되었고, 19세기에 그러한 분류에 대한 합의가 이루어진 이후 실천신학이 다른 분야들과 동등한 위치에서 독립적으로 자리를 잡은 것은 긍정적인 부분이다. 하지만 신학이 독립된 네 개의 분야로 인식되는 과정에서 신학 분야의 분화가 성서신학, 이론신학, 실천신학으로 파편화되어 단절됨으로써 신학의 통합적 의미를 상실하고, 실천신학이 신학교에서의 목회자 양성에만 국한되는 폐해를 낳기도 하였다. 결국 19세기에 실천신학은 성직자를 양성하는 신학교에서만 교육이 이루어지는 것으로 인식되어 신학과 목회 현장의 괴리를 초래하였다.

　　미국과 캐나다의 신학대학협의회(ATS: Association of Theological Schools)가 지나치게 학문적 이론 중심의 신학교육에 대한 자성을 통해 1970년 고안하여 개설한 교역학 석사(Master of Divinity) 학위는 신학교육과 목회적 실천의 통합을 도모하였다.[19] 이는 급속한 변화로 인하여 다원화된 현대 사회에서 학부의 학업만으로는 온전히 목회자로서 사역을 수행하기 어렵다는 인식을 바탕으로 목회자의 역량 증대를 위하여 개설한 학위이다. 이후 북미의 신학교육은 학부에서 신학 전공이 종교학으로 통합되고, 집중적인 신학교육은 특수대학원인 신학대학원에서만 받도록 개편되었다. 하지만 교역학 석사 및 이후의 신학석사(Master of Theology)와 철학박사(Doctor of Philosophy) 또는 신학박사(Doctor of Theology) 학위의 교육과정이 신학의 분야를 구약학과 신약학의 성서신학, 조직신학, 교회사, 변증학, 교리학 등의 이론신학과 실천신학으로 분류함에 따라 신학의 각 분야별로 전문성이 강화된 이점도 있지만, 거시적인 복음의 차원에서 각 분야가 서로 연결되어 통전성을 산출해내는 데에는 약점을 드러냈다. 그러한 과정에서 실천신학은 실천을 강조하다가 실천의 당위성을 다루는 본질적 문제보다는 행동주의를 반영한 적극적 사고방식, 거룩한 실용주의 등 방법론에 치우침으로써 물량주의와 성장지상주의를 양산하기도 하였다. 하지만 오늘날 신학의 해석 대상은 과거의 전통에 국한된 것이 아니라 현대 사회의 상황이므로 실천신학은 성직의 사역 업무를 수행하도록 하는 차원을 넘어서 특정 상황에 대

---

19 박상진, "신학교육의 기독교교육모델로서 실천지향적 신학교육: 신학대학원(M.Div.)을 중심으로,"
「장신논단」 49 (2017), 373.

한 신학적 해석의 역량을 육성하는 것을 목적으로 삼아야 한다.[20]

2) 실천신학의 분화

신학을 네 분야로 나누는 신학의 사중 구조가 유럽에서는 19세기부터 자리를 잡았고, 미국에서는 20세기에 확산되었지만 미국 내에서 실천신학 전공 박사과정이 생성된 것은 1986년 돈 브라우닝(Don Browning)을 중심으로 이를 개설한 시카고 대학(University of Chicago)이 최초이다. 또한 북미에서 가장 큰 종교학회인 미국종교학회(AAR: the American Academy of Religion)에서 실천신학이 독립된 분과로서 자리 잡은 것은 2005년 이후이다. 이는 실천신학을 성서신학과 이론신학의 토대 위에서 실천적으로 적용하는 것으로 단정 지었던 편견에 기인하는 것이며, 그 같은 편견 및 몰이해의 결과 실천신학 분야의 발전에 대하여 신경쓰지 않았던 신학계의 태도가 반영된 것이다. 하지만 20세기 중, 후반부터 실천신학은 인문학, 사회학, 기술공학 등과의 소통과 교류를 통해 새로운 입지를 다져왔다. 이는 다원화된 21세기의 상황 속에서는 실천신학과 성서신학 및 이론신학 사이의 단절과 더불어 실천신학 내에서도 분화가 가속화되며 전체적인 신학적 통일성을 위협하는 요인으로 작용한다. 따라서 실천신학의 개념 및 의의에 대한 공감대 형성이 더욱 중요해졌으며, 이는 앞서 언급한 거시적 차원의 신학의 통합을 요구한다.

실천신학의 분화는 한편으로 실천신학의 분절을 야기하기도 하지만, 다른 한편으로는 실천신학의 전반적인 확장과 발전을 유도한다. 그러므로 실천신학의 세부 분야별로 발전을 도모하되, 거시적 차원의 통합적 시각을 유지한다면 다각화된 신학의 영역들이 상승효과를 발휘할 수 있을 것이다. 실천신학의 각론에 속하는 설교학과 기독교교육학은 비교적 이른 시기인 19세기 말에서 20세기 초부터 이미 독자적인 발전을 이루기 시작하였고, 20세기 중후반에 들어 정신분석학 및 행동주의 심

---

20 Edward Farley, "Interpreting Situations: An Inquiry into the Nature of Practical Theology," in *Formation and Reflection: The Promise of Practical Theology*, eds. Lewis S. Mudge and James N. Poling (Philadelphia, PA: Fortress Press, 1987), 1-2.

리학의 발달에 의해 목회상담학이 그 저변을 확대하며 독자적 입지를 다졌다. 우리 나라에서도 1961년 한국기독교교육학회가 출범한 후 2000년에는 과학 및 정보통신 기술(ICT: Information and Communications Technology)의 발전에 부응하기 위하여 한국 기독교교육정보학회가 창설되었다. 1982년 한국목회상담협회의 설립에 이어 2003 년 한국복음주의상담협회가 뒤를 이었다. 1982년 한국교회음악학회, 1992년 한국 선교신학회, 1994년 한국문화신학회가 설립되었고, 2005년 한국설교학회, 2010년 에는 한국복음주의선교신학회가 등장하였다.

4 통합적 접근의 필요성

실천신학은 한국교회를 둘러싼 환경의 변화 속에서 거시적으로는 신학 전 분 야와 실천신학 및 한국교회의 전반적인 목회 차원의 대응과 함께 미시적으로는 실 천신학의 각론 및 개교회 차원에서의 대응이라는 이중적 도전에 직면하고 있다. 하 지만 어느 하나도 소홀히 해서는 안 되기 때문에 통합적 접근을 통해 두 마리 토끼 를 잡아야 하는 과제를 안고 있다. 이는 단순히 투 트랙(two-track) 접근방식을 도입 하는 문제가 아니라 거시적 차원과 미시적 차원을 복음의 기반 위에서 융합하여 규 모에 따라 대응안을 달리할 것을 요구하는 것이다. 그 같은 대응은 복음의 굳건한 기반과 시대적 상황에 대한 유연한 반응 사이에서 균형감각의 유지를 전제로 한다.

4차 산업혁명시대의 인공지능 활용이 가장 큰 영향을 미치는 목회적 영역이 설교와 예배임을 고려할 때 성경 본문에 대한 주해와 더불어 설교자의 인격과 영성 을 함양하도록 하는 목회학적 지침이 제공되어야 하고, 설교의 전달 과정에서 커뮤 니케이션 이론과 수사학적 기법은 물론 예화와 이미지의 사용에 대한 포괄적인 이 해가 선행되어야 한다. 예배와 관련해서도 멀티미디어를 적재적소에 배치하고 활용 하되 하나님의 임재와 말씀 선포를 방해하는 수준의 과도한 사용을 자제하는 분별 력과 함께 기성세대에 익숙한 찬송가와 다음세대가 선호하는 CCM의 조화도 요구 된다. 이는 기독교 초기에 교회가 도입했던 방법론에 대한 비판적 성찰을 요구한다.

4세기에 들어 로마에서 기독교가 공인되고, 국교의 지위에 오른 이후 수많은 문맹자들과 로마가 야만인으로 폄하하던 다양한 민족들이 교회로 유입되었다. 당시 교회는 문자를 통해 복음을 전할 수 없는 한계로 인해 스테인드글라스 그림과 벽화, 성상의 조각물, 연극 등을 통해 복음의 내용을 전하고 교화하려는 적절한 시도를 하였다. 하지만 이미지 위주의 방법에 안주하다가 중세의 암흑기를 유발하였다는 점을 교훈 삼아 시대의 변화에 따라 끊임없는 방법적 개혁을 도모해야 한다.

오늘날 급격한 사회변화가 야기한 인간 욕구의 다양화에 따라 목회적 필요 역시 다양화 및 다원화되어 목회자 주도의 획일적이고 권위주의적 사역을 탈피하여 목회자와 평신도가 협력하는 다차원적인 동반자적 사역이 요구되고 있다. 이는 한국교회가 서구의 신학을 차용하되 유교적 권위주의라는 배경을 가진 한국적 토양에서 이를 적용하며 직분에 대한 과도한 집착과 비민주적 리더십과 같은 폐해를 낳았던 과거를 돌아볼 것을 요구한다. 민주주의 시민의식과 성경적 리더십 이론, 그리고 심리학, 사회학, 인류학, 기술공학 등의 분야와 소통하여 한국교회의 직분과 직무, 그리고 행정과 치리에 대한 보완을 통해 현대 사회의 의식수준에 부합되는 제도를 갖추어야 하는 것이다. 그 같은 사역의 기반이 되는 것은 신학교육이므로 성경적 가치관에 입각한 사역자를 육성하여 복음 전파 사역을 담당하도록 하는 신학교의 거시적 교육목표의 하위 개념에 시대적 변화상을 반영하는 한편, 교육과정의 개편을 통해 신학적 이론이 사역과 삶의 실천으로 연결되는 통합화를 병행하여야 할 것이다.

참고문헌

김난도 외. 『트렌드 코리아 2022』. 서울: 미래의 창, 2021.

노명수. "교회 생활 속에서의 여성행위성: 도시 교회의 액체 종교성을 활용하는 여성노인들을 중심으로." 「종교연구」 82 (2022), 117－161.

박상진. "신학교육의 기독교교육모델로서 실천지향적 신학교육: 신학대학원(M.Div.)을 중심으로." 「장신논단」 49 (2017), 365－397.

최성훈. "리좀 개념을 통해 조명한 교회의 공간 구조: 교회의 건축 양식 역사와 현대적 공간 구성을 중심으로." 「영산신학저널」 68 (2024), 97－124.

_____. 『21세기 공공신학』. 서울: 박영사, 2023.

_____. "인공지능과 한국교회: ChatGPT를 중심으로." 「ACTS 신학저널」 58 (2023), 165－192.

_____. "호모 데우스(Homo Deus)와 이마고데이(Imago Dei): 트랜스 휴머니즘의 인간론에 대한 신학적 비판." 「영산신학저널」 63 (2023), 79－101.

_____. "소그룹 운영의 리더십: 수퍼리더십과 셀프리더십을 중심으로." 「ACTS 신학저널」 56 (2023), 159－188.

_____. "부정적 리더십과 한국교회." 「장신논단」 55 (2023), 209－230.

_____. "현대 사회와 여성 리더십: 개신교의 조직문화를 중심으로." 「장신논단」 54 (2022), 177－201.

_____. "포스트 코로나 19 시대와 한국교회의 공공성: 예배와 공동체성을 중심으로." 「ACTS 신학저널」 47 (2021), 69－97.

한병철. 『피로사회』. 김태환 역. 서울: 문학과 지성사, 2012.

Barnett, Ronald. "University Knowledge in an Age of Supercomplexity." *Higher Education* 40 (2000): 409－422.

Bauman, Zygmunt. *Liquid Modernity*. Cambridege, UK: Polity Press, 2000.

Beck, Urlich. "Living in the World Risk Society." *Economy and Society* 35 (2006),

329－345.

_____. *Risk Society: Towards a New Modernity*, Translated by Mark Ritter. New York, NY: Sage Publication, 1992. (Original Work Published in 1986).

Farley, Edward. "Interpreting Situations: An Inquiry into the Nature of Practical Theology." In *Formation and Reflection: The Promise of Practical Theology*, Edited by Lewis S. Mudge and James N. Poling: 1－26. Philadelphia, PA: Fortess Press, 1987.

03

실천신학의 방법론과 발전

    실천신학을 기술적으로 이해한 프리드리히 슐라이어마허(Friedrich Schleiermacher) 이후 유럽에서 실천신학은 성경과 교리적 연구의 결과들을 교회에 적용하는 통일된 목회적 실천의 범주에 초점을 맞추는 경향을 보인 반면, 미국에서는 통일성보다는 다양한 교파와 지역의 배경 아래에서 사역하는 목회자들의 태도와 직무를 다루며 그 배경이 되는 사회과학과의 소통에 보다 초점을 맞추었다. 하지만 20세기 중반 이후 유럽에서도 실천 자체에 관심을 가지고 사회과학적 방법론을 활용하며 실천에서 시작하여 이론적 점검을 통해 다시 실천을 강화하는 방식의 접근방법이 제시되었다.[1] 세계적으로 실천신학의 이론 및 실천의 발전이 본격화된 1960년 이후 그같이 순환론적 성격을 지닌 방법론적 유신론의 접근 방식이 확산되었다. 실천신학의 방법론이 중요한 이유는 그것이 잘못되면 실천신학과 연관된 다른 신학의 분야가 함께 피해를 입고, 그리스도의 몸된 교회의 건강을 손상시키기 때문이다. 우리나라에서도 1970년대 초반부터 활동을 시작하여 1993년 이후 정기학술세미나를 개최하고, 1997년부터는 정기간행물인 「신학과 실천」을 출간해 온 한국실천신학회를 중

---

1 Don S. Browning, *A Fundamental Practical Theology: Descriptive and Strategic Proposals* (Minneapolis, MN: Fortress Press, 1991), 5-6.

심으로 한국교회의 건강을 담보하기 위한 실천신학의 방법론이 발전하고 있다.

① 실천신학 방법론의 의의

20세기 들어 세계 실천신학계는 1960년대 계시의 전달을 신학적 실천의 핵심으로 이해하고 이를 중심으로 실천을 추구한 에두아르드 투르나이젠(Eduard Thurneysen)의 실천신학, 1970년대 경험론의 실천신학, 1980년대 행동 패러다임의 실천신학을 넘어 1990년대 이후 예술로서의 실천신학 단계를 지나고 있다.[2] 예술로서의 실천신학은 다양한 패러다임을 통합하는 예술적 경지를 지적하는 것인데, 이는 예술을 신학으로 조명하는 신학적 미학(Theological Aesthetics)과 신학을 예술적으로 조명하는 미학적 신학(Aesthetic Theology)으로 구분할 수 있다. 신학적 미학이 상상력과 아름다움, 예술의 차원에서 계시의 신학적 가능성을 탐구하는 데 비하여, 미학적 신학은 다양한 신학적 주제들이 미학적 요소들을 어떻게 사용할 수 있을지를 다루는 보다 실천적 성격을 지닌 것이므로 예술로서의 실천신학은 미학적 신학의 영역이 더 크다고 볼 수 있다.[3] 예술과 기독교적 가르침을 통합하는 실천신학은 보수적 종교예술로 우경화하거나, 종교다원주의 차원의 예술신학으로 좌경화할 수 있는 위험을 직시하여 기독교 복음의 정체성 기반 위에서 균형 잡힌 신학적 실천을 도모하여야 할 것이다.

1993년 국제실천신학회(International Academy of Practical Theology)가 결성되며 실천신학은 실용적 측면만 강조한 응용신학으로서의 한계를 극복하고, 자체적인 정체성 확립과 함께 신학의 각 분야 및 타 학문과의 상호작용을 통해 대등한 관계를 맺으며 발전하기 시작하였다.[4] 리차드 아스머(Richard R. Osmer)는 교회에서 어떤 일이

---

2 Cf. Albrecht Grözinger, *Praktische Theologie als Kunst der Wahrnehmung* (Gütersloh, Germany: Gütersloher Verlagshaus, 1995).

3 안은찬, "실천신학 연구에 있어서 목회신학적 방법의 중요성," 「신학지남」 315 (2013), 353.

4 박관희, "실천신학의 사회과학적 연구방법론 소고: 방법론적 유신론을 중심으로," 「한국기독교신학논총」 90 (2013), 223-224.

벌어지고 있는지를 조명하는 기술적-경험적 과제(the Descriptive-Empirical Task), 왜 이런 일이 발생했는가를 다루는 해석적 과제(the Interpretive Task), 앞으로 무슨 일이 진행되어야 하는가를 확인하는 규범적 과제(the Normative Task), 그리고 향후 어떻게 반응하고 효과적으로 대처해야 하는가를 다루는 실용적 과제(the Pragmatic Task)의 4단계를 통해 그러한 교차학문적 방법론을 제시하였다.[5] 하지만 아스머가 제시한 연구 주제와 범위가 목회 및 종교현상에만 국한되어 있다는 한계로 인해 그의 접근 방법은 탐색적 단계에만 머물러 있다는 평가를 받으며, 따라서 목회 및 종교현상을 조명하는 종교사회학을 기독교적 관점에서 포괄할 수 있는 사회과학적 방법론으로의 확장을 요구하는 비판에 직면하였다.[6]

2 실천신학의 방법론

개념적 영역을 바탕으로 조명하면 실천신학의 방법론은 연구의 주제, 범위, 구체적 방법으로 분류하여 첫째, 실천신학의 영역에서 수행되는 연구의 주제를 중심으로 나누거나, 둘째, 신학과 타 학문 간의 대화 및 교류를 통해 수행할 연구범위를 중심으로 유형화하거나, 셋째, 실천신학의 연구에 있어서 우선적으로 규명해야 할 경험과 지식을 얻도록 하는 구체적 방법으로 나누기도 한다.[7] 하지만 이는 결국 연구의 방법론으로 수렴되는 것이므로 본서에서는 실천신학 연구의 시대적 흐름을 따라 변화한 셋째의 방법론, 즉 구체적인 연구의 방법론을 중심으로 설명하기로 한다.

1) 슐라이어마허의 인본적 방법론

인본주의적 개인의 경험을 중시하는 슐라이어마허는 목회기술(Technik der Pastorale)

---

5 Richard R. Osmer, *Practical Theology: An Introduction* (Grand Rapids, MI.: William B. Eerdmans Publishing Company, 2008), 4-12.
6 박관희, "실천신학의 사회과학적 연구방법론 소고: 방법론적 유신론을 중심으로," 224-225.
7 Ibid., 225-227.

을 강조하여 실천신학이란 교회를 유지하고 완전히 하는 방법이라는 다소 편협한 정의를 바탕으로 하기 때문에 그의 실천신학 방법론은 이론보다는 목회 현장을 중심으로 하는 실용적 접근법이다.[8] 19세기 미국의 목회신학은 그러한 실용적 사조를 계승하여 목회적 실천에 필요한 요령과 도움을 제공하는 것에 초점을 맞추었으며, 오늘날 일부 한국교회의 실천신학적 방법론 역시 목회적 열정만을 강조하여 목회 사역의 기반이 되는 신학적 이론을 간과하며 목회적 성공을 지향한다.[9] 하지만 실천신학은 단순한 응용 또는 기술이라는 차원에 머물 수는 없으며, 슐라이어마허가 이론신학인 교의학이 신학의 본질이고 실천신학은 이의 응용에 불과하다는 당시의 견해를 비판하며 양자가 병행해야 한다고 주장하였음에도 불구하고 그의 신학 이해는 한계를 노출한다.

그러한 약점은 슐라이어마허가 하나님의 말씀인 성경에서 신학적 진리를 도출한 것이 아니라 그리스도인의 신앙공동체적 경험이 신학의 정당한 원천이 된다는 전제를 갖고 있기 때문에 발생한다.[10] 따라서 철학과 역사를 조명하는 이론신학이 실천신학에 영향을 미치지만, 그 반대방향으로는 작용하지 않는 일방통행식 구조로 인식됨으로써 해석학적 성찰의 과정을 통해 스스로 변혁할 수 있는 기회를 박탈할 우려가 있으며, 인간의 경험을 성경의 가르침보다 우선하는 주관주의적 관점이 소위 자유주의 신학의 기반이 되어 인본주의로 변질될 위험도 노출한다. 특히 20세기 중, 후반 이후 인간의 주관적인 경험을 강조하는 포스트모더니즘의 사조에 얼룩진 현대 사회가 신학의 방법론을 인간 개인의 감정으로 고착화시켜서 극단적 신비주의를 유발하거나, 모더니즘의 인간 이성 우선주의에 대한 반작용으로 인간의 감성을 우선시하는 모습으로 연결되어 신앙의 본질을 흐릴 우려도 경계해야 할 것이다.

---

8 Friedrich Schleiermacher, *Die Praktische Theologie nach den Grundsätzen der Evangelischen Kirche im Zusammenhang dargestellt* (Berlin, Germany: De Gruyter, 2010), 25.

9 안은찬, "실천신학 연구에 있어서 목회신학적 방법의 중요성," 346.

10 정성구, 『실천신학개론』, 수정증보판 (용인: 킹덤북스, 2021), 66.

2) 신정통주의 변증법적 방법론

슐라이어마허의 영향으로 확산된 자유주의 신학에 대한 반작용으로 일어난 신정통주의 신학자들은 실천신학의 연구 방법으로서 변증법적 방법론을 제시하였다. 이는 지나치게 낙관적인 인간관에 바탕을 둔 자유주의 신학이 간과한 인간의 죄성으로 인해 발생한 1, 2차 세계대전, 경제 대공황 및 냉전 시대 돌입에 대한 반성의 결과로서 성경의 진리를 통해 신앙적 관점을 회복하려는 시도이다. 신정통주의는 독일의 신약학자인 루돌프 불트만(Rudolf Bultmann)을 필두로 하는 자유주의 신학의 견해인 성경에 기록된 그리스도의 선재, 동정녀 탄생, 이적, 부활, 승천, 재림, 최후 심판, 성령 등을 신화적 내용으로 치부하며, 이를 제거해야 한다는 인본주의적 비신화화(demythologization) 주장에 반발하여 신본주의적 입장을 회복하려 했지만, 이미 인간의 이성을 가장 우선시하는 모더니즘의 사조에 물들어 성경이 그 자체가 하나님의 말씀이 아니라 하나님의 말씀을 포함하는 것이라고 보는 왜곡된 견해를 견지한다.[11] 하지만 전적으로 인간의 기준으로 기독교 교리를 재단하려 한 근대의 자유주의적 경향에 반대하여 기독교 복음의 의미에 집중하려는 시도 자체는 높이 평가받아 마땅하다.

투르나이젠은 3부 16개 장으로 구성된 그의 저서 『목회학원론』(Die Lehre von der Seelsorge)을 통해 목회의 대상으로서 영혼을 지적하며 실천신학적 방법론에 인간을 조명하는 생물학, 철학, 심리학, 신학적 이해를 종합하려고 시도하였는데, 이는 인간의 영혼 문제를 영(靈)과 육(肉)이 합일된 전인(全人)으로 이해하였기 때문이다.[12] 인

---

11 최성훈, 『성경가이드』 (서울: CLC, 2016), 32-33.

12 인간의 구조적 본질에 대한 견해는 이분설(Dichotomism)과 삼분설(Trichotomism)로 나뉜다. 이분설은 인간이 몸(물질)과 영혼(비물질)으로 이루어졌다는 견해로서 381년 콘스탄티노플 공회 결정을 통해 가장 폭넓은 기독교적 지지를 받으며 복음주의 개신교 진영의 대표적 견해로, 그리고 교회의 보편적 신앙의 기초로 자리 잡았다. 또한 이분설은 영혼과 육체의 통일성을 강조하므로 영혼과 육체를 구분하는 이원론은 자유주의적 견해에 해당한다. 삼분설은 인간은 영(spirit), 혼(soul), 육(flesh/body)으로 구성되었다는 이해로서 보수적 개신교 진영에서 주로 받아들이는 견해이다. 이러한 삼분법적 인간관은 클레멘트와 오리겐, 닛사의 그레고리 등 알렉산드리아 교부들의 주장을 통해 뒷받침되었다. 이분설과 삼분설은 개신교 전체에서 고루 받아들여지는 견해로서 양자를 구분하는 것에 큰 의미를 둘 필요는 없으며, 인간을 영혼과 육체 또는 영, 혼, 육의 통일체로서 전인적으로 받아들이는 것이 중요하다. 최성훈, 『성경으로 본 이단이야기』, 수정재판 (서울: CLC, 2022),

간학적 연구를 긍정적으로 평가한 그는 우선순위의 중요성을 강조하며 복음주의 목회가 심리학을 보조적으로 활용하는 것은 긍정하지만 그 반대의 경우에 대하여는 경계하였고, 기독교 복음이 세상의 모든 영역에 영향을 끼쳐야 함을 강조하며 현대 목회에 있어서 제도화된 사회 구조적인 악을 추방하는 사회적 과제를 포함할 것을 요청하였다.[13] 그러한 맥락에서 폴 틸리히(Paul Tillich) 역시 하나님과 인간 사이의 상관관계가 기독교 복음과 세상과의 관계로 확장되어야 함을 강조하였다.[14]

3) 과학적 방법론

시워드 힐트너(Seward Hiltner)의 실천신학 방법론은 조망적(Perspective) 접근으로서 신정통주의가 인간학적 연구를 긍정하며 심리학을 일부 활용한 것과 달리 과학적 연구의 접근을 전적으로 중시한다. 힐트너는 조망에 대하여 설명하며, 교회와 세상을 포괄하는 실천신학적 프락시스를 복음 전달 중심, 인간화 중심, 그리고 조직 훈련 중심의 조망으로 나누어 생각할 수 있다고 보았다. 그는 행동주의 심리학의 과학적 관점이 목회신학을 포함한 신학적 규율과 통합될 수 있으리라는 확신을 기반으로 목회상담에 있어서 사례연구를 폭넓게 활용함으로써 실제적인 인간 경험을 신학에 연결하기를 도모하는 한편, 심리학을 신학에 병합시키는 것이 이상적인 방법론이라고 보았다. 구체적으로 힐트너는 자신의 저서 『목회신학원론』(Preface to Pastoral Theology) 제3부에서 목회신학의 내용을 치료, 지탱, 인도하는 일로 나누고 우선 임상목회교육이 시급하다고 지적하였다.[15] 결국 그는 사회학, 정신분석학, 행동주의 심리학, 임상심리학 등에서 얻은 프락시스를 실천신학적 프락시스로 바꾸는 방법을 차용함으로써 행동주의 과학의 관점을 반영한 실천신학의 방법론을 제시한 것이다.[16]

42-43.

[13] Cf. Eduard Thurneysen, *Die Lehre von der Seelsorge* (Zürich, Switzerland: TVZ Theologischer Verlag, 1994).

[14] Paul Tillich, *Systematic Theology, Vol. 1.* (Chicago, IL: The University of Chicago Press, 1951), 110-127.

[15] Cf. Seward Hiltner, *Preface to Pastoral Theology* (Nashville, TN: Abingdon Press, 1958).

[16] 정성구, 『실천신학개론』, 78-79.

1970년대의 대표적인 독일 신학자인 헤이제 파버(Heije Faber), 디트리히 스톨버그(Dietrich Stollberg), 죠아킴 샤펜버(Joachim Scharfenber)는 힐트너와 같이 심리학을 본격적으로 도입한 실천신학적 방법론을 받아들인 대표적인 인물들이다. 파버는 칼로저스(Carl R. Rogers)의 비지시적 요법(Non-Directive Therapy)을 목회심리학에 과감히 도입하여 피상담자를 객체(objekt)가 아닌, 주체(subjekt)로서 진지하게 받아들여야 함을 강조하였는데, 그 같은 입장의 기반으로서 기독교적 사랑에 입각한 개방성과 신뢰를 제시하였다. 스톨버그는 파버보다 더 강하게 심층심리학의 치유적 체험들을 목회에 적용할 것을 제안하며 분석심리학, 사회심리학, 그룹역학 등의 기법을 도입하였다. 샤펜버 역시 신학과 치유적 방법과의 만남을 추구하는 동시에 그러한 인간학적 방법이 성경적 인간론에 부합하는지 점검할 것을 촉구하였다.

4) 칼빈주의적 방법론

신정통주의의 인본적 계시론과 과학적 방법론에 반발한 칼빈주의 계열의 복음주의 신학자들은 실천신학의 근거를 성경 중심의 개혁주의에 두고 실천신학의 방법론을 제시하였다. 특히 미국 웨스트민스터 신학교(Westminster Theological Seminary)의 조직신학 교수 출신 세 사람, 1930-1933년에 칼빈 대학교(Calvin College)의 총장을 역임한 리엔크 카이퍼(Rienk B. Kuiper), 제이 아담스(Jay E. Adams), 그리고 에드먼드 클라우니(Edmund P. Clowney)는 성경적 가치관의 확고한 기반 위에서 하나님 앞에 (Coram Deo) 선 인간을 조명하는 데에 집중하였다. 카이퍼는 교회와 관련하여 일어나는 모든 프락시스에 대하여 인간의 경험이나 학문적 분석 이전에 성경의 가르침을 강조하였다.[17] 일례로 실천신학의 각론인 전도에 있어서도 전도의 창시자는 삼위일체 하나님이며 전도는 하나님의 은혜언약이자 그리스도의 주권에 대한 보편적 인식이라는 복음주의 신학의 견해를 피력하였고,[18] 설교에 대하여는 인간의 감정과 경험이 부각되지 않도록 하기 위하여 오직 하나님의 말씀만을 선포해야 하며, 하나

---

[17] Rienk B. Kuiper, *The Glorious Body of Christ: A Scriptural Appreciation of the One Holy Church* (Grand Rapids, MI: Wm B. Eerdams Publishing Company, 1960), 13.

[18] Rienk B. Kuiper, *God-Centered Evangelism* (Carlisle, PA: Banner of Truth, 1981), 23, 46-58.

님 말씀 전부, 즉 성경 전체를 선포해야 한다는 두 가지 근본 원리를 제시하였다.[19]

아담스는 심리학적 기법에 기반한 인본주의적 비지시적 상담이나 내담자 중심의 상담을 지양하고, 성경적 가르침을 따른 권면적 상담(Nouthetic Counseling)의 원리를 개발하는 한편, 목회상담에 있어서 성령의 역사를 중시하였다.[20] 클라우니는 설교학이 수사학과 커뮤니케이션 기술의 방법론에 치우치는 것을 탈피하기 위하여 그리스도의 십자가 죽음과 부활을 증거하는 기독론적이며 성경신학적 접근을 활용할 것을 강조하였다.[21] 이들 외에도 교회와 세상에서 발생하는 모든 프락시스를 하나님의 말씀과 하나님의 주권 아래에서 조명하는 전체적 관점을 통해 기독교 복음을 강조하는 칼빈주의 방법론을 주장하는 학자들로는 그러한 견해를 설교학을 통해 피력한 코넬리스 베인호프(Cornelis Veenhof), 목회적 실천에 적용한 제이콥 피렛(Jacob Firet), 칼빈주의 교육론을 전개한 얀 바터링크(Jan Waterink), 성경적 원리를 통해 기독교적 윤리를 제시한 브릴렌버그 부르트(Brielenberg Wurth) 등이 있다.

5) 비판적 상관관계 방법론

틸리히의 상관관계 방법은 주로 시카고 대학(University of Chicago)의 교수진을 통해 상호비판적 상관관계 방법론으로 발전하였다. 데이빗 트레이시(David Tracy)는 신학과 일반학문과의 대화에 깊은 관심을 가졌던 틸리히의 상관관계 방법을 협력적 상호대화의 방법론으로 발전시켰다. 그는 현대 사회의 상황을 조명하는 이론과 실천 및 기독교 신앙의 해석된 이론과 실천은 상호 비평적 상관관계라고 주장하며 상호비판적 상관관계(Mutually Critical Correlation) 방법을 제시하였다.[22] 트레이시는 현재

---

19 Rienk B. Kuiper, *To Be or Not To Be Reformed* (Grand Rapids, MI: Zondervan, 1959), 143-152.

20 Jay E. Adams, *Competent to Counsel: Introduction to Nouthetic Counseling* (Grand Rapids, MI: Zondervan, 2009), 20-25.

21 Cf. Edmund P. Clowney, *Preaching and Biblical Theology* (Phillipsburg, NJ: Presbyterian & Reformed Publishing Co., 1961).

22 David Tracy, "Theological Method," in *Christian Theology: An Introduction to Its Traditions and Tasks*, ed. Peter C. Hodgson and Robert H. King, 2nd ed. (Philadelphia, PA: Fortress Press, 1989), 36.

적 상황에 대한 일반학문을 통한 조명이 신학을 향한 질문에 그치는 것이 아니라 해답을 제시하는 데에도 공헌할 수 있다고 보고, 현대 사회의 상황을 분석하는 과정에서 기독교 신학과 일반학문의 상호비평적인 상관관계를 규명하는 것이 실천신학의 과제라고 믿었다. 이는 신정통주의가 신앙의 회복을 기치로 내걸었기 때문에 사회 및 일반학문 분야와의 소통에 있어서 드러낸 한계를 극복하기 위한 시도이다.

한편 돈 브라우닝(Don S. Browning)은 실천신학이란 개인과 사회의 변화를 위하여 교회가 다른 경험과 해석을 가진 공동체와 나누는 비판적 성찰의 사명을 가지고 있다고 설명하며, 지속적 해석의 순환 과정을 통해 이해가 언제나 수정되고 확장되어야 한다고 주장하였다.[23] 브라우닝의 비평적 상관관계 방법론은 비평적 관점에서 인간의 실천과 상황 속에 담긴 비기독교적이고 비윤리적인 요소들을 찾아서 이를 수정하는 해석학적 윤리학을 활용하고, 실천과 상황의 문제를 분석하는 과정에서 일반학문의 이론을 무분별하게 수용하는 것이 아니라 신중한 비평적 태도를 견지할 것을 요청하였으며, 비판적 상관관계의 방법론을 적용함에 있어서 어떤 현상에 대해 상세히 기술하는 기술적 신학(descriptive theology), 성경의 가르침을 통해 이론이 담지한 실천을 교회의 역사와 전통의 맥락에서 해석하는 역사적 신학(historical theology), 이를 기독교 교리와 사상의 관점에서 비평적으로 검증하는 조직적 신학(systematic theology), 그리고 신학적 작업을 통해 분석한 결과를 다시 문제의 상황 및 실천에 적용하여 해결하는 전략적 신학(strategic theology)의 단계로 구체화하여 제시하였다.[24]

이후 비평적 상관관계 방법론은 크리스 슬라우(Chris R. Schlauch)를 통해 다양한 학제간 비평적 대화를 통한 종교심리학 연구로 이어졌고, 존 스윈톤(John Swinton)과 해리엇 모왓(Harriet Mowatt)은 브라우닝의 네 단계를 차용하여 질적연구를 통해 세상의 실천과 상호작용하는 교회의 실천을 성찰하였다. 그들은 장애와 정신질환으로 고통을 당하는 이들이 교회와 현실의 삶에서 경험하는 다양한 문제들을 다룸에 있

---

23 Don S. Browning, *A Fundamental Practical Theology: Descriptive and Strategic Proposals*, 36-40.

24 Ibid., 47-58.

어서 첫째, 일상적 주의를 가지고 현재의 실천과 상황을 살피며 신학적 고찰이 필요한 문제를 발견하고, 둘째, 질적 연구를 통해 문제에 대하여 심층적으로 묘사하며, 셋째, 기술적 과정을 통해 발견한 문제에 대하여 성경, 신학, 교회의 전통의 관점에서 비평적인 신학적 성찰을 수행하고, 넷째, 신학적 성찰을 통해 도출한 이해를 기반으로 교회의 실천과 상황을 변화시킬 것을 당부하였다.[25] 리차드 아스머(Richard Osmer)는 실천신학이 교회 공동체의 경계를 넘어 공적 영역의 문제까지 다루어야 함을 지적하며 실천신학의 방법론이란 상황의 문제를 이해, 분별, 개혁하기 위해 수행하는 신학적 해석의 과정이라고 주장하였다.[26] 오늘날 실천신학은 비평적 상관관계 방법론이 지향하는 방법, 즉 인간의 경험이 드러나는 삶의 현장을 중시하며, 그로부터 출발하여 이론적 점검을 거쳐 다시금 실천이 적용되는 삶의 현장을 복음으로 변화시키고 개혁하는 실천, 이론, 실천으로 연결되는 해석학적 순환을 기본적으로 활용한다.

6) 현대적 방법론

20세기 중, 후반 이후 실천신학은 인간 사회의 여러 가지 현상들을 조명하는 사회과학의 다양한 연구방법을 도입하여 활용하고 있다. 특히 가설을 수립하여 엄격한 표본추출과 조사를 통해 객관적인 자료를 얻어 통계를 활용하여 분석하는 양적 연구와 개인의 인생을 탐색하는 내러티브 연구, 사회현상을 조명하는 현상학적 연구, 면접을 통해 얻은 현장의 경험을 분석하는 근거이론, 특정 문화를 공유하는 집단을 조사하는 문화기술지, 단일 사례 또는 다양한 사례에 대한 심층적 기술과 분석을 전개하는 사례연구 등의 질적 연구를 수행하거나, 양자를 병행함으로써 양적 연구와 질적 연구의 보완적 관계를 통해 연구의 질을 높이는 시도가 일반적이다. 하지만 종교적 체험을 연구하는 방법론에 있어서 학문적 중립성을 지키기 위해

---

25 John Swinton and Harriet Mowatt, *Practical Theology and Qualitative Research*, 2nd ed. (Norfolk, UK: SCM Press, 2016), 235-259.
26 Richard R. Osmer, *Practical Theology: An Introduction*, 1-29.

사람들의 종교경험의 실재성 및 그들이 경험했다고 고백하는 신의 존재를 부정하는 방법론적 무신론(methodological atheism)[27]과 종교경험을 사회적 산물로 환원시키기 때문에 신을 의미 있는 타자로 진지하게 경험하지 못하게 하는 방법론적 무신론의 한계를 지적하며 초자연적 존재를 인정하는 신앙적 요소를 포괄하는 방법론적 불가지론(methodological agnosticism)[28]의 문제를 극복하기 위하여 성경의 진리에 입각한 방법론적 유신론(methodological theism)이 대두하였다. 방법론적 무신론은 사회과학으로부터 신학적 해석을 이끌어 내는 다학문적(multi-disciplinary) 접근을 도입하고, 방법론적 불가지론은 사회과학에서 신학을 거쳐 신학적 해석에 이르는 간학문적(inter-disciplinary) 접근 방법을 활용하는 데 비하여 방법론적 유신론은 신학에서 출발하여 사회과학을 거쳐 신학적 해석에 이르는 전학문적(across-disciplinary) 접근을 지향한다.[29]

한편 게르벤 헤이팅크(Gerben Heitink)는 실천신학의 연구 방법으로서 규범-연역적 흐름(The Normative-Deductive Current), 해석-중재적 흐름(The Hermeneutical-Mediative Current), 경험-분석적 흐름(The Empirical-Analytical Current), 정치-비판적 흐름(The Political-Critical Current), 목회-신학적 흐름(The Pastoral-Theological Current)을 제시하였다.[30] 규범-연역적 흐름은 규범적이고 신학적 이론 위에서 실천적 행동을 서술하지만 해석적이며 경험적 분석이 결여되어 있고, 해석-중재적 흐름은 경험-분석적 흐름을 비판하며 행동의 기저에 깔린 언어, 사상, 관념, 가치관, 관습 등을 분석한다. 경험-분석적 흐름은 인간 삶의 현상을 보다 과학적인 방법을 통해 규명하려고 시도하고, 정치-비판적 흐름은 칼 막스(Karl Marx)의 비판이론을 신학적 실천으로 적용하며, 목회-신학적 흐름은 목양의 전통과 신학의 기반을 통해 목회자의 전문적 활동과 지위 및 사역을 탐구한다. 일부 실천신학자는 2차 세계대전 이후 근대 유럽의 식민

---

27 Peter L. Berger, *The Sacred Canopy: Elements of a Sociological Theory of Religion* (Garden City, NY: Doubleday, 1967), 100.

28 Douglas V. Porpora, "Methodological Atheism, Methodological Agnosticism and Religious Experience," *Journal of the Theory of Social Behavior* 36 (2006), 57.

29 박관희, "실천신학의 사회과학적 연구방법론 소고: 방법론적 유신론을 중심으로," 237.

30 Gerben Heitink, *Practical Theology: History, Theory, Action Domains*, trans. Reider Bruinsma (Grand Rapids, MI: Eerdmans, 1999), 171-177.

주의의 폭력과 경제적 착취에 대한 저항으로 태동된 흑인신학, 해방신학, 여성신학, 민중신학 등을 비판이론으로 통합하여 하나의 흐름으로 정리하기도 한다.[31] 하지만 실천신학의 개념 자체가 이론과 실천을 통전적으로 조명하기 때문에 본서에서는 현대적 방법론의 세부 영역에 속하는 것으로 정리하였다.

또한 기스버트 딩게만스(Gijsbert D. J. Dingemans)는 실천신학 연구의 흐름이 성직자의 사역에 초점을 맞추던 전통에서 20세기 후반에는 교회의 내, 외적 사역으로 확장되었고, 이후 남미를 중심으로 해방의 패러다임 대두로 연결되었음을 지적하며 실천신학 연구의 방법을 경험-분석적 방법(Empirical-Analytical Discipline), 해석학적 방법(Hermeneutical Enterprise), 해방신학적 방법(Liberation Theology)으로 분류하였다.[32] 경험-분석적 방법은 교인들의 개인적 신앙생활과 사회생활에 있어서 구원과 악의 경험을 교회와 신학이 제공하는 자료와 관련하여 탐구하는 것을 목적으로 하기 때문에 사회과학적 도구를 활용하고, 인간의 경험을 구체적인 신학적 문제와 연관 짓기 때문에 귀납적 방법을 활용하며, 정신분석학과 심리학 등 인접 학문과의 통합에 큰 가치를 부여한다. 해석학적 방법은 종교적 실재를 날카롭게 조명한다기보다는 교회와 교회 구성원들의 역사와 배경을 통해 규범과 가치를 밝히는 데에 주력하며, 해방신학적 방법은 공정하고 의로운 사회 수립을 위하여 신학적 성찰 개발을 통해 계몽되도록 하는 것을 도모한다.[33] 그러나 해방신학적 방법은 복음이 인간 사회의 가난과 억압의 문제를 조명하는 것에는 공헌하였지만, 인간 삶의 실존으로부터 복음을 향해 시선을 돌리도록 하는 반대 방향의 균형을 잡는 데에는 부족함을 드러냈다는 비판을 받는다.[34]

21세기의 현대적 상황에서 실천신학의 방법론은 그리스도인과 교회의 실천이 성경적 진리의 기준에 부합되도록 돕는 신학적 성찰의 과정이므로 인간 삶의 상황에서 경험되는 보편적 지식을 조명하는 일반학문은 물론 다른 신학의 분야들과 비

---

31 장신근, "20세기 실천신학의 3가지 유형에 대한 비교 연구,"「장신논단」 54 (2022), 166-167.

32 Gijsbert D. J. Dingemans, "Practical Theology in the Academy: A Contemporary Overview," *The Journal of Religion* 76 (1996), 84-91.

33 Ibid., 87-91.

34 Gerben Heitink, *Practical Theology: History, Theory, Action Domains*, 175.

평적이고 건설적인 대화를 통해 발전을 도모하여야 한다.[35] 특히 21세기 들어서 4차 산업혁명 시대의 방대한 정보의 유입 및 학제간 교류 활성화와 더불어 신학을 포괄하는 종교학 분야 역시 다학제적 특성이 강화되었는데, 모든 신학적 실천의 상황이 단순히 우연하게 발생한 것이 아니라, 과거로부터 형성된 의미와 가치가 반영된 것이기 때문에 그러한 복잡한 요소들을 조명하기 위해서는 신학뿐만 아니라 다양한 학문의 관점을 요구한다.[36] 이는 실천과 연관된 문제 상황, 이를 점검하기 위한 성경과 신학의 전통, 그리고 일반학문의 지식 사이에서의 비평적 대화와 성찰로 이어져야 하며, 그 과정에서 열린 마음을 유지하는 한편, 실천신학의 온전한 신학적 정체성 유지를 위하여 성경적 가르침에 확고히 뿌리 내린 주도성을 견지해야 할 것이다.

3 우리나라의 실천신학 도입과 발전

1920년 그리스도의 복음이 전파되는 과정에서 외국 선교사들의 서투른 번역과 통역에 의해서 말씀이 선포되었고, 교회가 세워짐에 따라 목회자를 양성하는 신학교가 설립되었는데, 이후 평양신학교에서 설교학과 목회학을 가르친 곽안련(Charles Allen Clark) 선교사의 강의노트가 『설교학』과 『목회학』 저서로 출간되며 한국교회의 실천신학이 태동하였다. 하지만 두 교과서는 신학적 내용을 담은 것이라기보다는 설교와 목회의 쉬운 방법론을 제시한 것으로서 당시 고등성경학교의 교안 수준에 머물렀다.[37] 이후 해방 및 한국전쟁을 전후하여 한국교회가 성장하고 교단별로 신학교육기관이 설립됨에 따라 신학교 교장이나 교단 지도자들이 일본 개신교와 미국 교단들의 교재들을 번역한 교재를 사용하여 "교회헌법", "설교학", "목회학" 등의 과목을 가르치면서 한국교회의 실천신학이 본격적으로 발전하기 시작하였다. 특히

---

35 강천구, "현대 실천신학 방법론적 흐름과 개혁주의 실천신학 방법론에 대한 소고," 「개혁논총」 55 (2021), 161.
36 최성훈, "현대 종교학의 흐름과 목회적 대응," 「신학과 실천」 87 (2023), 760.
37 박근원, "한국 실천신학의 어제와 오늘, 그리고 내일," 「한국기독교신학논총」 50 (2007), 152.

1973년 한국실천신학회가 출범하여 우리나라의 실천신학 발전을 견인하였고, 1997년 출범한 한국복음주의실천신학회가 그 뒤를 이었다.[38]

1) 실천신학 운동의 전개

1960년대에 접어들면서 신학교육을 담당하는 기관들이 정비되며 자연스럽게 교회현장 및 실천신학에 대한 관심이 증대되었다. 따라서 예배, 설교, 기독교교육, 신앙윤리, 농촌선교 등의 주제를 가지고 구체적으로 토론하는 그룹이 생겼고, 1960년대 후반에 김소영(영남신), 홍현설(감신), 안희국(한신), 허경삼(서울신), 신현철(삼육신) 등 실천신학자들이 모여 매년 서울, 부산, 대구, 광주, 인천, 청주, 춘천 등지를 다니는 지방순회강연을 벌이며 실천신학 운동이 확산되었다. 또한 세계교회협의회(WCC: World Council of Churches)의 신학교육기금(Theological Education Fund)을 받아 전국신학대학협의회(KAATS: Korea Association of Accredited Theological Schools)와 한국교회 신학자들의 공동학회로서 각 신학 분과 학회의 모(母) 학회인 한국기독교학회(KACS: Korean Association of Christian Studies)가 태동하였다. 이후 전개된 실천신학 운동은 교회 내적인 목회의 원활한 수행뿐만 아니라 교회의 외적인 대사회적인 역할에 대하여 강조하며 균형 잡힌 신학적 발전을 추구하였다.

2) 한국실천신학회의 태동 및 발전

한국실천신학회(https://praxis.or.kr)는 1972년부터 활동을 시작하다가 1973년 공동학회라는 통합학회적 성격으로 출발한 한국기독교학회의 창립 회원으로 참여하여 본격적으로 활동을 전개하였다. 1970년대에는 외국 유학을 마치고 귀국한 정용섭(중앙신), 박근원(한신), 염필형(감신), 이기춘(감신), 천병욱(서울신) 등이 앞서 지방순

---

38 한국복음주의실천신학회는 1997년 10월 24일 침례신학대학교에서 정기총회를 갖고 한국복음주의신학회 회장 성기호 박사의 각 신학 분과학회를 구성하여 분과학회의 활성화를 도모하자는 제안이 통과됨에 따라 처음으로 실천신학 분과학회의 제1대 임원을 선출함으로써 시작되었다. 본서는 상대적으로 역사가 길어서 내용이 많은 한국실천신학회를 중심으로 기술하였다.

회강연을 통해 실천신학의 운동을 이끈 한국교회 실천신학의 제1세대들과 합류하였다. 이후 랄프 턴불(Ralph Turnbull)의 실천신학사(전 3권)와 장자크 폰 알멘(Jean-Jacques von Allmen)의 예배학원론 등 실천신학의 다양한 분야를 망라하는 교재의 번역이 활발히 이루어졌다. 1980년대에는 이정희(침신), 정장복(장신), 오성춘(장신), 김외식(감신), 최희범(서울신), 백천기(서울신), 정태기(한신), 박은규(목원), 강영선(한신) 등 제2세대 실천신학자들이 실천신학 각론의 전공 분야에 고루 배치되어 한국실천신학회를 중심으로 실천신학의 저서들과 논문들을 출간하였다.

1990년대에 들어서는 실천신학의 세부 분야별로 분립 요구가 제기되어 1992년 선교학회, 1997년 목회상담학회가 분립되었고, 1987년 여성신학회, 1993년 교회음악학회, 1994년에는 문화신학회가 새로이 태동하여 독자학회로 출발하였다. 또한 1993년 이후 정기학술세미나를 개최하고, 1997년부터는 정기간행물인 「신학과 실천」을 출간하여 2007년 한국학술진흥재단 등재후보지를 거쳐 2010년에는 등재학술지로 선정되었다. 한편 2004년 4월 14일에는 사단법인 한국학술단체연합회의 가입인증을 받았다. 2024년 현재 「신학과 실천」은 2월(봄), 5월(여름), 7월(외국어), 9월(가을), 11월(겨울) 등 매년 5회 발행된다. 한국실천신학회의 기틀을 다지는 데에 공헌한 제3세대 실천신학자들로는 위형윤(안양), 김윤규(한신), 차명호(호서), 허정갑(연세), 주승중(장신), 박노권(목원), 김순환(성서), 조기연(서울신), 나형석(협성), 김세광(서울장신), 김한옥(서울신), 김운용(장신), 조재국(연세), 황영훈(서울여), 이광주(목원), 김금용(호남신), 문상기(침신), 한재의(천안), 안선희(이화여), 박해정(감신), 이명희(침신) 등이 있다.[39]

오늘날 한국실천신학회 내에는 설교학, 예배학, 목회학, 기독교교육학, 영성학 등 실천신학의 세부 분야의 전공자들이 있고, 분립한 학회 내에서도 한국실천신학회 회원을 겸직하는 학자들이 있기 때문에 실천신학의 통전성을 공감하는 분위기가 확산되고 있다. 한국실천신학회는 21세기를 맞아 자체의 학문적인 발전은 물론 한국교회 전반에 기여할 수 있는 기회를 모색하고 있으며, 동시에 세계화의 물결을

---

39 박근원, "한국 실천신학의 어제와 오늘, 그리고 내일," 158.

반영하여 세계교회와 학문적인 교류를 하고 특히 실천신학적인 정보기술(ICT: Information and Communication Technology)의 나눔에도 기여할 수 있어야 한다는 과제를 천명하였다. 한국실천신학회는 21세기의 구체적인 과업으로서 첫째, 학회의 학문적인 내실에 주력하는 한편, 세부적인 각론의 전공분야도 심화할 뿐만 아니라 인접 실천분야와의 대화도 과감하게 발전시켜야 한다고 주장한다. 특히 실천적 분야끼리의 학문적이고 방법론적인 교류를 진작시켜 실천신학의 학문적 공동 기반 구축을 강화해야 하며, 분야별 각론도 중요하지만 실천 분야의 공동 기반 구축을 위한 신학적 실천의 새로운 지반을 조성할 것이라고 천명한다. 둘째, 학회의 태동기에는 학문과 현장의 만남에서 그 원동력을 체험한 바 있지만 최근에는 학자들 간의 학술적 토론과 저서의 출판에만 치중한 것을 반성하며, 현장과의 대화 기회를 확장하도록 노력할 것을 다짐하였다. 셋째, 세계적이면서도 동시에 지역문화의 표현을 담은 학문으로서 발전시켜 나가야 하는 시대를 맞이하여 자매학회인 선교신학회와 목회상담학회가 국제적인 유대를 모색하는 것처럼 실천신학의 모학회로서 그러한 국제적인 유대의 길을 찾도록 힘쓸 것을 선언하였다. 특히 한국실천신학회는 하나의 국가를 대표하는 학회로서 국제실천신학회(IAPT: International Academy of Practical Theology)와 공식적인 연계를 맺기 위하여 노력하고 있다.

4 한국 실천신학의 현황과 미래

일찍이 힐트너는 실천신학에 대하여 목자가 양떼를 돌보는 자세로 청중을 돌보는 데에 초점을 맞추는 목양의 관점, 올바른 복음의 진리를 전하고 있는가를 중시하는 교육과 복음의 관점, 그리고 그리스도인들을 믿음의 공동체인 교회에 소속하게 하여 교회의 지도를 받고 그리스도의 지체로서 자신의 사명을 수행하도록 하는 에클레시아의 관점을 통해 조명하였다.[40] 목양의 관점이 개인의 치유, 지탱, 인

---

[40] Seward Hiltner, *Preface to Pastoral Theology*, 217-221.

도를 강조하는 반면, 에클레시아의 관점은 공동체로서의 교회의 사명을 중시하기 때문에 양자의 균형이 필요하다. 그동안 한국교회는 복음과 진리를 어떻게 설교하고 교육할 것인지 그리고 전도와 선교의 방법론 등, 교육과 복음의 관점에 지나치게 집중함으로써 실천신학을 편향되게 이해하고 적용하였다는 지적을 받았기 때문이다.41

또한 오늘날 한국교회가 실천신학 정립의 부재로 인하여 방법론에서부터 적용에 이르기까지 성경의 본래적 의미에서 이탈한 각종 폐해를 낳고 있다는 지적은 실천신학의 프락시스에 대한 기초적 점검을 요구한다.42 기독교 복음에 근거한 실천신학이 교회를 통해서 이 세상 가운데 구원의 역사를 이루시는 하나님의 뜻을 반영하기 때문이다.43 이를 위하여 실천신학의 성경적 기반을 재점검하는 한편, 현실적 문제에 대한 비판적 조명과 함께 미래를 향한 새로운 방향 설정이 병행되어야 한다. 교회의 역사 속에서 실천신학은 오랜 세월 동안 목사의 과제와 이론, 방법론 등을 다루며 교역자 중심의 기능적 분야로 간주되었지만, 교역자 중심의 패러다임이 교회 공동체 중심의 패러다임으로, 더 나아가서는 하나님 나라 중심의 패러다임으로의 전환이 일어나고 있다.44 이는 목회자 중심의 사역이 아니라 평신도를 포함한 교회 공동체의 실천을 요구하는 시대적 변화를 반영하는 것이다. 21세기 한국교회와 관련한 실천신학은 선진 대한민국의 배경하에서 편리한 최첨단의 시설과 다양한 프로그램을 구비하도록 하는 실용주의의 필요성도 인정해야 하지만, 그 기저에서 원리로서 작용하는 복음의 실천성에 먼저 초점을 맞추어야 한다. 자칫하면 개인의 주관과 감성을 중시하는 포스트모던 사회에서 목회 사역 프로그램이 영혼을 일으켜 세우는 복음의 실천보다는 순간적인 감정적 필요의 충족과 쾌락적 욕구에 부응하는 오락성 유희로 전락할 우려가 있기 때문이다.

---

41 오성춘, "실천신학의 미래 전망,"「장신논단」 16 (2000), 525-526.
42 정성구, 『실천신학개론』, 51.
43 Ibid., 52.
44 박근원, "한국 실천신학의 어제와 오늘, 그리고 내일," 169.

참고문헌

강천구. "현대 실천신학 방법론적 흐름과 개혁주의 실천신학 방법론에 대한 소고."「개혁논총」 55 (2021), 143–176.

박관희. "실천신학의 사회과학적 연구방법론 소고: 방법론적 유신론을 중심으로."「한국기독교신학논총」 90 (2013), 223–253.

박근원. "한국 실천신학의 어제와 오늘, 그리고 내일."「한국기독교신학논총」 50 (2007), 151–173.

안은찬. "실천신학 연구에 있어서 목회신학적 방법의 중요성."「신학지남」 315 (2013), 338–364.

오성춘. "실천신학의 미래 전망."「장신논단」 16 (2000), 515–543.

장신근. "20세기 실천신학의 3가지 유형에 대한 비교 연구."「장신논단」 54 (2022), 155–182.

정성구.『실천신학개론』. 수정증보판. 용인: 킹덤북스, 2021.

최성훈. "현대 종교학의 흐름과 목회적 대응."「신학과 실천」 87 (2023), 753–775.

_____.『성경으로 본 이단이야기』. 수정재판. 서울: CLC, 2022.

_____.『성경가이드』. 서울: CLC, 2016.

Adams, Jay E. *Competent to Counsel: Introduction to Nouthetic Counseling*. Grand Rapids, MI: Zondervan, 2009. (Original Work Published in 1970).

Berger, Peter L. *The Sacred Canopy: Elements of a Sociological Theory of Religion*. Garden City, NY: Doubleday, 1967.

Browning, Don S. *A Fundamental Practical Theology: Descriptive and Strategic Proposals*. Minneapolis, MN: Fortress Press, 1991.

Clowney, Edmund P. *Preaching and Biblical Theology*. Phillipsburg, NJ: Presbyterian & Reformed Publishing Co., 1961.

Dingemans, Gijsbert D. J. "Practical Theology in the Academy: A Contemporary

Overview." *The Journal of Religion* 76 (1996), 82−96.

Grözinger, Albrecht. *Praktische Theologie als Kunst der Wahrnehmung*. Gütersloh, Germany: Gütersloher Verlagshaus, 1995.

Heitink, Gerben. *Practical Theology: History, Theory, Action Domains*, Translated by Reider Bruinsma. Grand Rapids, MI: Eerdmans, 1999. (Original Work Published in 1993).

Hiltner, Seward. *Preface to Pastoral Theology*. Nashville, TN: Abingdon Press, 1958.

Kuiper, Rienk B. *God−Centered Evangelism*. Carlisle, PA: Banner of Truth, 1981.

_____. *The Glorious Body of Christ: A Scriptural Appreciation of the One Holy Church*. Grand Rapids, MI: Wm B. Eerdams Publishing Company, 1960.

_____. *To Be or Not To Be Reformed*. Grand Rapids, MI: Zondervan, 1959.

Osmer, Richard R. *Practical Theology: An Introduction*. Grand Rapids, MI.: William B. Eerdmans Publishing Company, 2008.

Porpora, Douglas V. "Methodological Atheism, Methodological Agnosticism and Religious Experience." *Journal of the Theory of Social Behavior* 36 (2006), 57−75.

Schleiermacher, Friedrich. *Die Praktische Theologie nach den Grundsätzen der Evangelischen Kirche im Zusammenhang dargestellt*. Berlin, Germany: De Gruyter, 2010. (Original Work Published in 1850).

Swinton, John, and Mowatt, Harriet. *Practical Theology and Qualitative Research*. 2nd ed. Norfolk, UK: SCM Press, 2016.

Thurneysen, Eduard. *Die Lehre von der Seelsorge*. Zürich, Switzerland: TVZ Theologischer Verlag, 1994. (Original Work Published in 1946).

Tillich, Paul. *Systematic Theology, Vol. 1*. Chicago, IL: The University of Chicago Press, 1951.

Tracy, David. "Theological Method." in *Christian Theology: An Introduction to Its Traditions and Tasks*. Edited by Peter C. Hodgson and Robert H. King, 2nd ed. Philadelphia, PA: Fortress Press, 1989.

전통적 실천신학

　본서의 2부는 초대 교회의 공동체 안에 나타난 기독교의 다섯 가지 모습이 교육목회적 커리큘럼으로 기능함을 주장하며, 교회라는 공동체는 목회적 소명과 교육적 소명을 지닌 공동체로서 그리스도인 삶의 모든 과정이 바로 커리큘럼이라고 주장한 마리아 해리스(Maria Harris)가 제시한 케리그마(κήρυγμα), 디다케(διδαχή), 코이노니아(κοινωνία), 레이투르기아(λειτουργία), 그리고 디아코니아(διακονία)라는 5대 커리큘럼을 중심으로 전통적인 실천신학의 영역을 조명하였다.[1]

　목회적 커리큘럼의 전반적인 차원에서 4장 목회신학은 목회자의 소명과 평신도신학, 교회개척론, 목회학과 목회신학, 목회적 돌봄과 목회상담학에 대하여 소개하였고, 케리그마 선포의 관점에서 설교학을 조명한 5장에서는 설교의 개념과 형식, 성경 본문의 주해와 예화의 사용, 설교 원고의 작성 등 설교의 준비, 청중의 분석, 스피치와 커뮤니케이션, 설교자의 인격과 영성 등 설교의 전달, 청중의 반응과 설교자의 자기평가, 진단 방법론 등 설교의 평가에 대하여 다룬다. 레이투르기아의 측면에서 예배학을 조명한 6장은 예배의 개념, 성경적 배경과 역사 등 예배의 이해, 세례와 성만찬 등 예배와 성례전, 교회력의 역사와 성서일과의 사용 및 주요 절기 등과 관련한 교회력과 절기, 교회 건축의 성경적 배경, 종축형 교회와 중앙집중형 교회의 비교 및 한국교회의 공간 구조를 통해 조명한 예배의 공간에 대하여 살펴보았다. 7장 기독교교육학은 디다케의 관점에서 기독교교육의 개념과 목적을 통해 그 의미를 조명하고, 철학과 심리학적 기초 및 기독교적 교육과정과 교수학습법 등 기독교교육의 이론, 소그룹의 역사와 발전, 제자훈련, 기독교교육의 평가를 통해 점검하였다. 8장 전도학과 선교학은 케리그마와 디아코니아의 측면에서 복음의 개념과 복음전도의 역사, 과거와 현재의 전도 방법론, 선교의 개념과 선교학 용어, 선교학의 역사와 발전, 한국교회의 선교와 선교학적 과제 등을 통해 정리하였다.

---

1 Maria Harris, *Fashion Me a People: Curriculum in the Church* (Louisville, KY: John Knox Press, 1989), 75-166.

참고문헌

Harris, Maria. *Fashion Me a People: Curriculum in the Church*. Louisville, KY: John
　　Knox Press, 1989.

04

목회신학

실천신학이 학문적으로 자리 잡기 전에는 목회신학이라는 용어가 실천신학의 개념을 포괄적으로 대표하였다.[1] 하지만 목회신학 역시 학문적 차원에서 신학적으로 본격적인 논의의 대상이 되지 못하였다가 독일의 신학자 크리스토퍼 자이델(Christoph Timotheus Seidel)이 1749년 『목회신학』(Pastorale Theologie)이라는 제목의 저서를 출간하며 최초로 목회신학이라는 용어가 소개되었다.[2] 이후 크라우스 하름스(Claus Harms)가 1830년 『목회신학』(Pastoraltheologie)을 저술한 이후 목회신학이 신학의 한 분과로서 본격적으로 자리를 잡기 시작하였다. 이처럼 목회신학은 목회를 어떻게 이해하느냐에 따라 그 의미가 달라지는데, 제임스 랩슬리(James N. Lapsley)는 목회신학이란 신학의 다른 분과들과 밀접한 관계 속에서 교회 내 모든 이들을 돌보는 모든 측면들을 신학적 탐구의 맥락에서 연구하는 것이라고 정의

---

1 이명희, "21세기 한국교회 실천신학의 전망," 「복음과 실천」 26 (2000), 88.
2 목회신학이라는 용어의 출발에 대하여는 학자마다 의견이 다소 다르다. 에드워드 팔리(Edward Farley)는 1724년 크리스토프 패프(Christoph M. Pfaff)가 『신학의 문학적 역사 입문』 (Introduction to the Literary History fo Theology)이라는 저서를 통해 신학의 문헌들을 주해, 교리, 논증법, 교회역사, 목회신학의 다섯 종류로 나누며 목회신학이라는 표현을 처음으로 사용했다고 지적하였다. Edward Farley, *Theologia: The Fragmentation and Unity of Theological Education* (Eugene, OR: Wipf and Stock Publishers, 2001), 77.

하였다.[3]

1 목회자의 소명과 평신도신학

1) 목회자의 개념과 소명의식

급변하는 현대 사회에서 요구되는 다양한 사역적 요구 앞에서 목회의 본질적 개념부터 새롭게 정리할 필요가 있다. 기존의 목회신학적 방법론으로는 현대 사회의 방대한 사역적 요구를 충족하기 어렵기 때문이다. 목회를 목회자가 담당하는 목양으로만 규정하는 좁은 견해와 목회자가 수행하는 모든 사역으로 규정하는 넓은 견해 사이에서 목회의 목적, 주체, 현장, 도구 등을 종합적으로 살피며 개념을 정의해야 할 것이다. 목사는 "양떼를 먹이고 돌본다"는 의미의 헬라어 "포이멘"(ποιήμεν)을 어원으로 하는 개념으로서 문자적으로 "목자"(shepherd)를 뜻한다(엡 4:11). 따라서 목회의 목적은 하나님께서 독생자 그리스도의 피값으로 사신, 그리스도를 머리로 하는 몸된 교회의 구성원인 양 떼를 감독하고 보살피는 것이다(행 20:28; 엡 1:22-23). 그러한 목양을 통해 그리스도인들은 복음의 빛을 비추고 소금처럼 세상에 선한 영향력을 행사하여 하나님께 영광을 돌린다(마 5:13-16).

목회자는 영적인 목자, 설교자, 전도자로서 교회를 섬기는데, 20세기에 심리학이 목회학에 영향을 끼치며 목회상담학적 상담치료사의 이미지가 주입되기도 했고, 21세기의 보다 현대적 이미지로는 치료사뿐만 아니라, 설교자, 봉사자, 관리자, 방송인, 정치적 협상가, 지역기반 활동가 등으로 그 개념이 확장되고 있다.[4] 목회자가 사역을 전개하는 목회현장에 대하여 에드워드 트루나이젠(Edward Thurneysen)처럼

---

3 James N. Lapsley, "Pastoral Theology," in *The New Shape of Pastoral Theology: Essays in Honor of Seward Hiltner*, ed. William B. Oglesby Jr. (Nashville, TN: Abingdon Press, 1969), 43.

4 William H. Willimon, *Pastor: The Theory and Practice of Ordained Ministry* (Nashville, TN: Abingdon Press, 2002), 56-68.

교회로 국한하는 견해도 있지만, 종교개혁자 마틴 부쳐(Martin Bucer)와 같이 모든 사람들이 살고 있는 세상으로 보는 확장적 견해가 더 바람직할 것이다. 목회의 도구는 기본적으로 하나님께 받은 소명의식에 기인한 경건한 삶, 말씀과 기도를 통해 유지하는 하나님과의 친밀한 관계, 그리고 세상에 대한 이해 등 통합적인 것이어야 한다. 또한 목회사역의 기본적인 원리는 사역의 기초가 예수 그리스도이고(고전 3:10-11), 본질은 섬김이며(막 10:45), 동기는 사랑이고(고후 5:14-15), 대가는 희생이며(요 11:24), 목적은 하나님의 영광(고전 10:31), 도구는 말씀과 기도(행 6:4), 능력은 성령의 역사(롬 15:18), 그리고 열매는 그리스도인들로 하여금 그리스도 안에서 성숙케 하는 것이라는(골 1:28-29) 신념이다.[5] 복음 선포를 핵심으로 하는 하나님 말씀(the Text)과 시대적 문화와 일반은총 영역의 지식 등의 세상에 대한 이해(the Context) 사이에서 균형을 유지하되, 우선순위는 항상 복음이 세상에 앞서야 온전한 목회사역을 수행할 수 있다.

목회자에게 있어서 가장 중요한 기본기로서 소명의식의 점검이 모든 목회 사역의 수행에 있어서 필수적인데, 확고한 소명의식이 온전한 목회사역의 수행을 답보하기 때문이다. 소명이란 하나님의 결정적 부르심에 대한 전인적인 응답이며, "내가 너를 지명하여 불렀나니"(사 43:1)라는 말씀처럼 소명에 대하여는 부르신 분과 그 부르심의 목적이 있기 때문에 이는 본질상 관계적이다.[6] 소명은 모든 그리스도인이 복음의 은혜를 누리며 그 은혜를 나누는 삶을 사는 기본적 소명인 1차적 소명과 특별한 직무를 수행하기 위하여 은사와 재능을 부여받고 부르심을 받은 2차적 소명으로 분류할 수 있다. 목회자로서 2차적 소명을 이루는 사역을 수행하는 중에 특정 교회 또는 특별한 분야의 목회 사역에 대하여 자신만이 그 사역에 가장 적합한 이라는 확신이 있는 경우 기성교회 또는 해당 분야에서 사역을 담당하여야 하며, 특별히 새로운 교회를 세워서 자신과 지역 공동체가 이루어야 할 새로운 소명을 발견할 때에야 비로소 교회 개척이라는 다음 단계로 나아갈 수 있을 것이다. 소명은 하

---

5 Waren W. Wiersbe and Davie Wiersbe, *Making Sense of the Ministry* (Chicago, IL: Moody Press, 1983), 31-46.

6 최성훈, 『21세기 기독교교육』 (서울: CLC, 2023), 289.

나님의 말씀 또는 기도 중의 부르심, 환경의 인도, 은사와 능력, 관심과 내면적 느낌 등을 통해 확인할 수 있으며, 반드시 말씀을 통해 확인하는 절차를 거쳐야 한다.7 인격적인 하나님께서 계속해서 묻는다 하더라도 동일하게 대답하실 것이기 때문이다(시 32:8; 암 3:7).

2) 평신도신학

평신도신학은 평신도를 목회자가 아닌 사람 또는 전문가가 아닌 사람이라는 기존의 개념 정의와 달리 성경에 나타난 평신도를 지칭하는 개념인 헬라어 "라오스"(λαός)를 하나님 나라의 백성으로 정의한다. 평신도신학은 종교개혁자 마틴 루터(Martin Luther)의 만인제사장설을 근거로 성직자와 평신도 모두가 같은 하나님의 백성으로서 하나님 앞에서 분명한 소명을 가지고 있다는 인식에 기인한다. 만인제사장설은 기독교인이 되는 외적 관문인 세례와 내적 증거인 믿음을 가진 모든 신자들은 이미 왕같은 제사장이 되었다는(출 19:6; 벧전 2:9) 의미를 강조하기 때문이다. 프랑스의 가톨릭 성 도미니크 수도회 소속 신학자인 이브스 콩갈(Yves M. J. Congar)이 1953년 『평신도학 서설』(Jalons pour une théologie du laïcat)을 출간한 이후8 1962년 10월부터 1965년 12월까지 열린 제2차 바티칸 공의회(Concilium Vaticanum Secundum) 역시 교회를 하나님의 백성으로 정의하며 하나님 백성 전체가 교역에로 부르심을 받았다고 선언하였다. 한편 1954년 세계교회협의회(WCC: World Council of Churches) 제2차 에반스톤(Evanston) 총회에서 평신도는 교회와 세상 사이를 연결하는 선교적 책임을 지니고 있다는 "평신도 신학"을 강조한 이후 선교신학자 헨드릭 크레머(Hendrik Kraemer)가 1960년 『평신도신학』(Het vergeten ambt in de kerk, plaats en roeping van het gewone gemeentelid)을 출간하면서 평신도신학이 전문적인 용어로 사용되며 발

---

7 Henry Blackaby, Richard Blackaby, and Claude V. King, *Experiencing God: Knowing & Doing the Will of God* (Nashville, TN: B&H Publishing, 2021), 87–110.

8 콩갈은 사제 없이는 교회가 없다는 기존의 사제주의 또는 성직자 교권주의에 대항하여 하나님의 부르심을 받은 모든 성도가 교회의 본질이라는 총체적 교회론을 주장하였다. Yves M. J. Congar, *Lay People in the Church: A Study for a Theology of the Laity*, trans Donald Attwater (Westminster, MD: Newman Press, 1957), 13.

전하기 시작하였다. 평신도신학은 기존의 교회론이 성직자 중심의 신학으로서 성직자들이 제도적 교회를 구축하고 관리하며 보존하는 데 초점을 맞춘 것에 반발하여 성직자와 동등한 하나님의 백성인 평신도가 교회 공동체의 사역에 참여하도록 하는 시도였다.

20세기 세계 교회는 동일한 하나님의 백성이지만 안수 교역자와 구분되는 개념으로서 평신도의 지도력과 사역에 눈을 떴으며, 21세기에는 어떤 방식으로 평신도의 교역 참여를 활용하는지에 따라 세계 교회의 미래가 결정될 것이다.9 안수 받은 목회자와 평신도가 연합하여 질서 있게 그리스도의 몸된 교회 사역을 담당함으로써 이 땅에서 하나님 나라의 확장을 온전히 이루어야 할 것이며, 따라서 목회자와 평신도의 사역에 있어서 우열의 차이를 두어서는 안 되지만 목회자의 사역적 실천에 대표적 의미가 있다는 점을 간과해서도 안 된다. 분명한 것은 목회자는 지역 사회에 자리 잡은 교회가 복음전파의 사역을 담당하기 위한 방향성, 즉 비전과 전략을 제시하여야 하는 1차적 책임을 지닌다는 점이다. 그러므로 목회자와 더불어 평신도 역시 사역자로서 부르심을 받은 소명자이며, 교회를 섬기기 위한 은사를 부여받은 존재로서 교육과 훈련이 필요하다는 인식을 바탕으로 협력하는 자세가 필요하다.

2 교회개척론

한국교회가 쇠퇴하는 흐름을 보이기는 하지만 가나안 교인의 증가와 이단들의 지속적 성장은 현대인들이 여전히 영적 필요를 느끼고 있음을 반증한다. 따라서 아직 복음을 깊이 있게 접하지 못한 도시인들, 특히 복음화율이 낮은 다음 세대와 돌봄을 필요로 하는 독거노인 등에 대한 사명을 담당하는 지역교회로서의 개척은 지속되

---

9 그러한 관점에서 개혁주의 목회상담학자인 오성춘은 가톨릭교회는 안수식을 성례로 인정하기 때문에 안수 받은 교역자를 성직자라고 부르지만, 한국 장로교는 안수식을 특별한 역할과 기능을 위임하는 의식으로 삼기 때문에 안수 받은 목회자라 하더라도 성직자라 부르는 것은 타당하지 않다고 지적하였다. 오성춘, "실천신학의 미래 전망,"「장신논단」16 (2000), 534.

어야 한다. 하지만 급변하는 사회의 현실 속에서 한국교회는 더 이상 과거의 개척 방법을 답습하여 적용해서는 안 되며, 교회의 정체성에 대한 뚜렷한 이해를 기반으로 시대와 소통하며 지역사회를 섬기는 차원에서 개척을 고민해야 할 것이다.[10]

1) 교회론과 목회철학

개척교회는 바른 교회론과 목회철학을 정립하여 새로운 시도를 선도할 수 있는 무한한 가능성을 가지고 있다. 관건은 얼마나 건전한 신학의 기초 위에 교회를 건강하게 세우느냐 하는 것이므로 교회에 대한 정의와 이해를 성경을 통해 재조명함으로써 교회의 본질적 토대를 확고히 하고, 현대 사회 및 지역사회와 소통하기 위한 기반이 되는 목회철학을 탄탄히 구비해야 한다.[11] 그러한 목회철학은 뚜렷한 소명의식에서 출발해야 하는데, 만약 확고한 개척목회에 대한 소명의식이 없다면 기성교회에 비하여 열악한 환경적 어려움을 극복하지 못할 가능성이 높기 때문이다.[12] 개척을 꿈꾸는 목회자는 소명의식을 바탕으로 동기부여가 충분히 되어 있어야 다른 동역자들도 동기부여할 수 있고, 개척 목회의 과정에서 만나는 어려움을 극복할 수 있다.

교회의 명칭과 목회철학, 그리고 비전 등은 개척목회자의 굳건한 소명의식에 기인해야 하지만, 개척준비 모임에서 개척멤버들과의 토의를 거쳐서 이를 결정하는 편이 좋다. 개인의 인권과 사회적 참여를 중시하는 현대 사회에서 교인들의 민주적 절차에 대한 요구를 충족시키는 한편, 의사결정에 참여한 멤버들의 주인의식과 책임감을 제고할 수 있기 때문이다. 특히 교회의 명칭은 교회의 비전과 목회철학, 향후 전개할 사역의 방향 등을 제시하며, 교회의 이미지를 전달하는 가장 중요한 수단이므로 교회의 목회철학을 반영하는 한편, 새로운 이미지를 제고하여 현대인들에게 어필하는 참신한 이름을 붙여야 한다. 교회의 정관은 일종의 내규로서 교단법과

---

10 최성훈, "현대적 교회개척의 방법론: 소명모델을 중심으로," 「신학과 실천」 72 (2020), 652-653.
11 최성훈, 『교회개척 매뉴얼』 (서울: CLC, 2019), 28-29.
12 최성훈, "현대적 교회개척의 방법론: 소명모델을 중심으로," 671.

더불어 교회를 치리하는 기반이 되며, 교회의 목회철학을 반영하는 기본적인 지침이므로, 가능하면 정관을 작성하여 원만한 교회의 운영을 위한 기준으로 삼으면 매우 유용할 것이다.

목회철학은 개척 목회자와 교인들이 합의한, 그리스도의 몸 된 교회를 이루어가는 기본적인 지침이자, 유한한 가용자원을 활용하여 지향할 사역 목표를 제시하므로 개척교회의 가장 중요한 토대이다. 목회철학에 따라 교회의 비전과 목표, 이에 따른 사역의 방향과 제직들의 구성 등이 결정되기 때문이다. 따라서 확고한 목회철학이 정립되지 않았다면 아직 교회 개척을 위한 준비가 마무리되지 않은 것이며, 개척멤버들과 목회철학에 대하여 충분히 공감하지 않은 것 역시 아직 교회 개척의 때가 이르지 않았음을 의미하므로 좀 더 논의가 필요하다. 개척교회의 사역적 방향성을 제시하는 목회철학은 교회가 특별히 성취하려는 목표, 즉 사역을 통해 달성하고자 하는 비전과 이를 향한 구체적인 사역의 내용을 담은 사명선언문의 기초가 된다. 비전과 사명선언문은 목회철학에 기인하며, 목회철학은 목회자의 소명과 밀접한 관계를 지니므로 개척목회자의 소명이 개척멤버들과 충분히 공유되어야 적절한 비전과 사역 방향이 결정된다.

예수께서 제자들을 세상으로 보내실 때 마치 양을 이리 가운데로 보냄과 같다며, "뱀같이 지혜롭고 비둘기같이 순결하라"(마 10:16)라고 말씀하셨는데, 이는 악한 세상에서 무모하게 사역하지 말고 악에 대항하여 지혜롭게 승리를 거두라는 뜻이다. 또한 예수님은 망대를 세울 때에 그 비용을 먼저 계산해야 하며, 어떤 임금이 다른 임금과 싸우러 갈 때에도 먼저 앉아 오는 자를 대적할 수 있을지를 가늠한 후에 이길 가능성이 있는 전쟁만 해야 하고, 그렇지 못하다면 상대방이 아직 멀리 있을 때에 사신을 보내어 화친을 해야 한다고 말씀하셨다(눅 14:28-32). 이를 교회 개척에 적용하면 교회를 개척하려는 후보 지역에 대한 연구와 이를 놓고 하나님의 뜻을 구하는 기도의 과정이 필수적이다.[13] 교회가 자리 잡은 지역사회에 대한 연구는 지역사회의 영적 필요를 간파하여 목회철학을 정교히 함으로써 복음을 효과적으로

---

13 지역사회의 연구와 관련한 자료 수집, 인구통계학적 분석, 영적 토양 및 필요의 분석 등 자세한 사항은 최성훈, 『교회개척 매뉴얼』(서울: CLC, 2019), 75-86를 참조하라.

전할 수 있는 기반이 되기 때문이다.

2) 교회의 운영 및 관리

개척교회는 교인들의 수가 많지 않기 때문에 조직을 세우는 데에 관심을 기울일 여유가 없다. 그러나 교회의 비전과 목회철학, 그리고 사명에 따라 미리 조직을 구상하지 않으면 향후 성장과 부흥의 기회가 도래했을 때에 이에 대응할 수 없다. 개척교회 목회자는 장기적인 관점에서 조직을 구성하되 개척 초기에는 우선 교회 상황을 고려하여 정비 가능한 조직부터 세워 나가면 된다. 교회가 성장함에 따라 교인들의 필요를 채우고 교회의 사명을 수행하는 데 필요한 조직들을 부가하면서 조직 간 역할을 재조정하면 무리 없이 교회를 운영할 수 있다. 개척을 준비함에 있어서는 재정후원팀과 중보기도팀을 확보하되, 사람의 계획보다는 하나님의 인도하심을 따라야 무리가 없다. 실제 개척교회에 참여할 개척멤버가 확보되면 교회 개척을 위한 예비모임을 통해 구체적인 개척의 과정을 체계적으로 준비하여야 한다.

교회 개척의 형태와 인적 및 물적 자원의 구비, 개척멤버들의 개인적 사정들을 감안하여 모임의 횟수 및 시기를 결정하여야 하는데, 최소한 주 1회 이상 모여서 의견을 교환하고 함께 기도함으로써 영적인 토대를 확충하는 것이 바람직하다. 주 1회 미만으로 모일 때에는 문자나 SNS(Social Networking Service)를 통하여 기도제목 및 논의사항을 미리 공지하여 준비하도록 중간 점검 절차를 두어야 한다. 개척교회는 사람이 부족하기 때문에 적절한 검증 절차 없이 교회를 섬기겠다는 의향을 드러낸 사람을 성급히 세우는 경우가 많다. 이는 자칫하면 성급히 세운 직분자로 인하여 교회가 어려움을 겪는 부메랑 효과를 유발하기도 한다. 따라서 최소한의 기준을 세우고 세부요건들을 구성하는 것은 그러한 오류를 방지하고 시행착오를 줄이는 길이다.

교회 개척은 사람을 필요로 하지만, 동시에 재정도 요구하는 과업이다. 예수 그리스도를 머리로 하는 몸 된 교회를 온전히 세우기 위해서 하나님의 뜻을 구하는 것이 가장 중요한 선행과제이지만, 철저한 계획과 준비를 통해 탄탄히 개척을 진행하는 것 역시 교회를 통해 하나님께 영광을 돌리는 길이다. 그저 믿음으로 기도만

한다며 철저한 준비를 등한시하는 것은 오히려 교회와 하나님의 이름을 욕되게 하고, 가족을 포함한 주변인들에게 부담을 지우는 우를 범할 수 있다. 교회 개척을 준비하는 목회자는 교회를 설립하면 당장이라도 수많은 사람들이 몰려들 것이라는 착각도 버려야 하지만, 처음부터 모든 준비를 다 갖추려는 욕심도 버려야 한다. 차분히 장기적인 비전을 가지고 한정된 가용자원을 효율적으로 활용하여 교회를 개척한 후에 목회 비전을 상황에 맞추어 확장시키는 데에 초점을 맞추어야 할 것이다.

오늘날 민주적인 의사결정과 투명한 목회를 선호하는 현대인들의 성향 및 원만한 운영의 효율성을 고려할 때에 교회의 재정은 한 사람이 담당하도록 해서는 안 되며, 서로 점검하며 하나님 나라를 위하여 드린 헌금을 지혜롭게 사용하도록 노력해야 한다. 개척교회는 가능한 빠른 시일 내에 재정담당자를 선임하되, 교회로부터 급여를 받는 사람은 결코 재정을 담당할 수 없도록 하는 원칙을 수립해야 불미스러운 일을 미연에 방지할 수 있다. 헌금과 헌물을 관리하는 담당자는 최소한 두 사람 이상을 세우되, 수입과 지출에 대하여 정기적인 보고를 받고, 감사를 통해 운영을 점검해야 한다. 재정담당자는 기본적인 회계와 재무에 대한 식견을 갖추고 있어야 하는데, 만약 그렇지 못하다면 교육을 통해서라도 이를 갖추도록 지원해야 한다. 교회의 재정은 교인들이 하나님께 드리는 헌신을 통해 주로 충당되므로 교회의 자산 및 운영은 하나님 앞에, 그리고 모든 등록교인들에게 투명하게 공개하여야 한다. 교회의 목회철학과 비전에 따라 재정 운영의 원칙을 정해 놓고 이에 맞추어 규모 있게 사역을 전개하는 것이 재정 운영의 투명성 확보를 위한 첫걸음이다. 그저 투명하게 재정 내역을 공개한다고 해서 능사가 아니라 편성된 재정을 교회의 사명을 온전히 수행하는 곳에 사용해야 교회의 존재 이유가 납득이 되기 때문이다.

교회가 소재할 장소를 정하는 것은 지역을 결정하는 것과 맞물려 있기 때문에 교회 개척을 준비하는 단계에서 절대적인 의미를 지닌다. 교회의 소재지가 새로운 교회의 발전을 촉진할 수도 있고, 저해할 수도 있기 때문이다. 또한 교회가 자리 잡은 위치, 특히 건물은 예배 공간이자 모임의 물리적 구심이라는 점에서 매우 중요한 의미를 지닌다. 따라서 너무 성급하게, 그리고 크게 목회를 시작하려는 욕심을 경계하며 임시 예배 장소를 준비하여 이를 효율적으로 사용함으로써 규모 있는 초

기 사역을 전개하여야 한다. 다만 초기에 모이는 인원의 수와 특성, 교회의 비전과
의 조화, 접근성 등을 고려하여 예배 장소를 결정해야 한다.

예배당이 소재한 건물 또는 장소는 지역사회 내에서 좋은 평판을 가진 지역에
위치하는 것이 좋으며, 최소한 부정적인 이미지가 없는 곳이어야 한다. 또한 향후
장기적으로 자리 잡을 전략적인 후보지에서 가까우면 가까울수록 향후 불편함이 없
을 것이다. 예배 장소와 더불어 소그룹의 모임과 친교 및 행정 처리를 위한 장소를
확보한다면 보다 역동적인 사역을 수행할 수 있을 것이다. 예배의 활성화와 향후
확장된 사역을 무리 없이 전개하기 위하여 교회는 특정한 지역에 자리 잡은 예배
장소를 확보하는 편이 좋다. 그러나 장소 확보를 위한 재정 투여가 교회의 재정적
능력을 넘어서는 것이 되면 곤란하다. 장소가 예배와 선교 등 교회사역을 위한 효
과적인 기반이 되고, 신앙공동체의 소중한 기억을 제공하되, 교회 재정에 무리한 부
담을 주지 않는 범위 내에서 지혜로운 의사결정을 통해 이를 확보하여야 할 것이
다. 시설 및 인테리어, 인터넷과 모바일 홈페이지의 구성 역시 교회의 상황에 맞추
어 구비하면 된다.

3 목회학과 목회신학

목회학(Pastoral Studies)은 목회적 과제와 관련하여 교회를 둘러싼 사회와 환경
등 컨텍스트(the Context)를 중심으로 신학적 비평과 반성을 통해 지식을 개발하는
학문이며,14 목회신학(Pastoral Theology)은 성경의 가르침(the Text)에 입각하여 목회자
를 중심으로 목회적 실천을 위한 신학적 통찰력을 제공하는 학문 분야이다. 따라서
사회에 초점을 맞추는 목회학과 목회자에게 초점을 맞추는 목회신학은 연구방법론
에 있어서 차이가 있다. 사회의 다양한 양상을 고려해야 하는 목회학은 신학뿐만
아니라 통찰력을 제공하는 다양한 방법들을 수용하여 개인, 교회, 사회와 관련한 질

---

14 Stephen Pattison, *The Challenge of Practical Theology* (London, UK: Jessica Kingsley Publishers, 2007), 251.

문들을 끊임없이 제기하기 때문에 세속적 학문의 이론과 방법 및 경험들을 반영한다. 이와는 대조적으로 목회신학은 교회의 목양적 전통과 신학적 방법을 주로 활용하여 교회 성직의 특별한 형식으로서 목회자의 사역을 탐구하는 실천신학적 접근방식을 도입한다. 목회신학은 광범위한 신학의 여러 분야와 실질적인 연관을 맺고 있을 뿐만 아니라,[15] 현대 사회의 다양한 목회적 과제를 수행하기 위하여 다양한 방법들을 비판적으로 수용해야 한다.

목회학이 사회에 초점을 맞추는 데 비하여 목회신학은 보다 목회자 중심의 목회사역을 강조한다. 앞서 언급한 것처럼 목사의 어원이 "양떼를 먹이고 돌본다"는 의미의 헬라어 "포이멘"($\pi o \iota \mu \varepsilon \nu$)이므로 18세기 이후 목회학은 "목회를 연구하다"라는 의미의 "포이메닉스"(Poimenics)라는 용어로 자리 잡았다. 구약 성경에서 하나님은 이스라엘의 목자(시 80:1)로서 양들에게 부족함이 없도록 돌보시는 분으로 나타나며(시 23:1), 신약 성경에서 예수 그리스도는 자신이 양으로 하여금 생명을 얻게 하고 더 풍성히 얻게 하며, 양을 위하여 목숨을 버리는 선한 목자임을 밝혔다(요 10:1-18). 목회란 이 같은 목자의 개념에서 파생된 것으로서 종교개혁 이후에 목회라는 용어가 폭넓게 사용되기 시작하였고, 목회신학(Pastoral Theology)이 교회에서 처음 사용된 것은 본장의 서두에서 언급한 바와 같이 자이델이 『목회신학』(Pastoral Theologie)을 출간한 1749년 이후인 18세기 중엽 무렵부터이다. 이후 목회신학은 설교학과 목회학으로 구분되어 발전하였는데, 20세기에 들어서며 심리학, 특히 정신분석학을 활용한 목회적 돌봄이 강조되며 목회상담학의 요소들이 유입되기 시작하였다. 오늘날 목회신학은 교회를 잘 운영하는 데에 초점을 맞춘 전통적 시각을 벗어나 세상에서 선교적 사명을 수행하는 것을 강조하며, 에큐메니컬 선교학의 영향으로 인해 평신도를 훈련시켜서 선교의 동력으로 삼는 하나님의 선교(Missio Dei)에도 주력하고 있다.

현대 실천신학은 전통적인 실천신학의 이론들이 목회자를 위한 목회론에 한정되고 있음을 비판하며, 오늘날 실천신학의 연구들이 목회 기술론이 아니라 교회를

---

15 토마스 오덴, 『목회신학: 목회의 본질』, 이기춘 역 (서울: 한국신학연구소, 1986), 17.

중심으로 파생하는 그리스도인의 삶의 모든 영역을 포함하는 방법론을 전개할 것을 요구하고 있다.[16] 더욱이 목회신학적 목사론의 기반이 약한 상태에서 평신도 신학이 현대 목회현장에서 차지하는 비중이 점차 커지고 있기 때문에 단순히 목회학의 차원이 아니라 목회신학적 분석을 요청한다. 오늘날 서구의 실천신학 분야의 연구 동향은 목회신학을 실천신학 내에 포함하여 조명하는 것인데, 이는 단순히 목회신학을 기존처럼 가톨릭교회의 사목신학이라는 구원론적 사제주의로 축소하는 것이 되어서는 안 되며 신학적 실천을 목회현장에서 적용하는 데 초점을 맞출 것을 요구한다.

　목회신학이라는 용어가 처음 사용되었을 때에는 이를 신학의 독립된 분과를 가리키기보다는 목회에서 일어나는 전반적 활동을 지칭하는 포괄적 개념으로 간주하였다. 특히 독일에서 목회신학은 학문 분야로 인정받기에는 미흡하므로 다른 신학의 분과에서 생산한 지식을 적용하는 것으로 취급되었고, 그로 인해 영국과 미국에서는 목회신학을 응용신학(Applied Theology)이라고 인식하는 경향이 확산되었다.[17] 하지만 시워드 힐트너(Seward Hiltner)는 목양을 위해서는 목회신학이 필요하고, 의사소통을 위해서는 교육과 복음적 신학이 필요하며, 조직을 위해서는 교회신학이 요구된다고 지적하며 목회신학이 단순히 응용신학이 아니라는 견해를 피력하였다.[18] 한편 보니 밀러-맥레모어(Bonnie J. Miller-McLemore)는 실천신학과 목회신학의 구분을 통해 양자가 각기 독립된 분과로 자리 잡은 것이 중요한 진보라고 지적하며, 목회신학을 실천신학을 대체하는 포괄적 개념으로 사용하였던 힐트너를 비판하였다.[19] 동시에 그녀는 실천신학과 목회신학이 인간의 삶과 경험에 관심을 둔다는 점에서는 일치하지만 통합적 분과로서의 실천신학과 사람과 연민 중심의 분과인 목회신학을 구분하며 실천신학이 보다 큰 영역을 포괄하는 것으로 이해하였다.[20]

　실천신학이 주로 학문적 영역에서 발전한 것에 비하여 목회신학은 주로 교회를 통한 목회라는 특수한 영역을 대상으로 발전하였다. 그 같은 점을 반영하여 북

16 안은찬, "실천신학 연구에 있어서 목회신학적 방법의 중요성," 「신학지남」 315 (2013), 357-358.
17 이효주, "목회신학이란 무엇인가?," 「한국기독교신학논총」 112 (2019), 226.
18 Seward Hiltner, *Preface to Pastoral Theology* (Nashville, TN: Abingdon Press, 1958), 22-28.
19 Bonnie J. Miller-McLemore, "Also a Pastoral Theologian: In Pursuit of Dynamic Theology (Or: Meditations from a Recalcitrant Heart)," *Pastoral Psychology* 59 (2010), 820.
20 Ibid., 820-821.

미의 신학자들이 실천신학과 목회신학을 뚜렷하게 구분하는 데 비하여 경험론적 철학의 전통을 보유한 영국 신학자들은 그렇지 않다. 일례로 영국의 신학자 제임스 우드워드(James Woodward)와 스테판 패티슨(Stephen Pattison)은 현대 영국의 신학계에서도 실천신학과 목회신학의 구분이 명확하지 않음을 인정하였다.[21] 두 용어가 영국에서 큰 차이 없이 사용되었음을 증명하는 또 다른 예는 영국 목회학 교사들의 회의(The British Pastoral Studies Teachers' Conference)가 1994년에 단체명을 영국 아일랜드 실천신학협회(BIAPT: The British and Irish Association for Practical Theology)로 바꾼 것이다.

한편 오늘날 미국에서는 교회의 사회적 책임을 강조하며 목회신학의 공공성을 중시한다. 밀러-멕레모어 역시 폴 틸리히(Paul Tillich), 데이빗 트레이시(David Tracy), 제임스 구스타프슨(James Gustafson) 등의 시카고 학파(Chicago School)와 함께 기독교 공동체의 사명이 개인의 영혼을 돌보는 데에 멈춰서는 안 되며, 그 공동체가 속한 사회의 시스템에까지 주의를 기울여야 한다는 주장을 통해 돈 브라우닝(Don S. Browning)을 공공신학으로서의 목회신학을 처음으로 주장한 인물로 평가하며 목회신학이 공공신학임을 천명하였다.[22] 한국교회는 서구의 신학을 받아들여 한국적 토양에서 적용하며 혼란과 오류가 있었던 점을 반추하여 직분과 직무에 대한 재정립과 더불어 보완적 교육을 시행하여야 한다.[23]

4 목회적 돌봄과 목회상담학

목회신학은 그리스도인의 삶과 관련된 문제를 중심으로 돌봄의 이론과 실제를

---

21 Stephen Pattison and James Woodward, "An Introduction to Pastoral and Practical Theology," in *The Blackwell Reader in Pastoral and Practical Theology*, eds. James Woordward and Stephen Pattison (Hoboken, NJ: Wiley-Blackwell, 2008), 3.
22 Bonnie J. Miller-McLemore, *Christian Theology in Practice: Discovering a Discipline* (Grand Raids, MI: William B. Eerdmans Publishing Company, 2012), 86. Cf. Don Browning, The Moral Context of Pastoral Care (Philadelphia, PA: Fortress Press, 1983).
23 현유광, "실천신학의 과제와 전망: 한국복음주의 실천신학회를 중심으로," 「복음과 실천신학」 26 (2012), 31.

연결한다. 그러한 차원에서 래리 그레이엄(Larry K. Graham)은 목회신학이 개인적이고 집단적 돌봄을 위한 이론들과 실천들을 고안하여 신학적 임무와 공공선에 기여하는 신학이라고 정의하며, 구체적 돌봄 행위들에 대한 조사로 시작하여 비판적 개입과 비평을 통해 건설적인 신학 및 윤리적 재해석을 제언함으로써 돌봄의 준비와 실행을 위한 수정된 방법을 제시한다고 지적하였다.[24] 이처럼 목회신학은 치료보다는 돌봄에 집중하는데, 치료가 매뉴얼을 중심으로 하는 현재적인 성격을 띠는 데 비하여 돌봄은 새로운 상황을 반영하는 지속적인 성격을 보이고, 치료가 치유의 복과 하나님의 능력을 지향한다면 돌봄은 복의 근원인 하나님과의 동행을 지향한다.[25] 이처럼 목회적 돌봄이란 인간을 향한 하나님의 돌봄을 대리적으로 수행하는 사역이기 때문에 기본적으로 하나님의 돌봄에 대한 이해를 갖출 것을 요구한다.

　　목회신학은 목회를 거시적 차원의 돌봄이나 미시적 차원의 목회상담학을 넘어 훨씬 포괄적인 관점에서 조명하므로 목회적 돌봄(Pastoral Care)이나 개인의 영혼을 돌보는 목회상담학(Pastoral Counseling)으로 축소될 수 없다.[26] 하지만 목회신학이 목회적 돌봄과 목회상담학을 포괄하며 양자의 관심을 반영하기 때문에 거시적 차원에서 목회신학은 양육과 영적 지도를 포괄하는 목회적 돌봄 및 목회적 상황에서 개인이나 가족의 문제를 해결하고 회복에 도움을 제공하는 목회상담학의 과제를 다룬다. 오늘날 목회신학이 학문적으로 세분화됨에 따라 임상목회, 목회사례연구, 목회사회학, 교회의 조직개발 등으로 확장되고 있는데, 그러한 확장은 사회과학과의 통섭과 교류에 의한 것이다. 특히 20세기 중후반부터 미국에서는 전통적인 목회신학적 접근보다는 목회상담학 차원의 임상목회 방법론이 발달하였다. 목회적 상담의 차원에서 일반 심리학 및 상담의 이론이 목회에 도입되며 시작된 것이 바로 목회상담학인데, 심리학과 상담이론을 어떤 방법으로 활용하느냐에 따라 목회적 정체성을 온전히 유지하는지 여부가 결정되므로 기독교 복음에 우선순위를 두는 것이 요구된다.

　　목회적 돌봄과 목회상담학은 기도, 말씀, 고해성사를 통해 영혼을 돌보며 치유

---

24 Larry K. Graham, "Pastoral Theology as Public Theology in Relation to Clinic," *Journal of Pastoral Theology* 10 (2000), 8-12.
25 김기철, "다문화적 돌봄을 위한 목회신학적 성찰,"「신학과 세계」86 (2016), 175-176.
26 안은찬, "실천신학 연구에 있어서 목회신학적 방법의 중요성," 341.

를 지향하는 고전적 패러다임, 심리학에 기반한 임상과 상담을 통해 영혼을 돌보는 임상적 패러다임, 그리고 개인을 둘러싼 억압적 사회구조나 환경을 고려하는 공동체적-상황적 패러다임으로 확장하며 발전하였다. 고전적 패러다임에서 임상적 패러다임으로의 전환은 20세기에 발전한 심리학의 출현을 통해 가속되었는데, 그 결과로서 1939년에 미국 신학교 중에서 상담 관련 과목을 가르치는 곳이 전무하였지만, 1950년대에 들어 대부분의 신학교에서 심리학 교육을 제공하였고, 80% 이상의 신학교에서 적어도 한 명 이상의 상담학자를 교수로 보유하였다.[27] 특히 1, 2차 세계대전을 겪으며 전장에서 돌아온 군인들과 그 가족들에 대한 심리학 수요의 급증은 목회상담 분야의 학자들이 심리학과의 대화를 시작하도록 하는 계기가 되었고, 이후 영혼 돌봄 방식에 주력했던 고전적 패러다임이 임상적 패러다임으로 변모하여 돌봄을 확장하였다.[28]

그러한 패러다임의 전환은 한편으로는 정신질환의 원인을 죄의 결과나 마귀의 관여에 의한 것으로 단순화하던 방식을 탈피하여 합리적 방식의 심리상담적 치유로 시선을 돌리게 하였지만, 다른 한편으로는 심리학을 통한 인간 개인의 내면을 돌보는 것에 한계가 있음에도 불구하고 신학적 성찰 없이 지나치게 심리학에만 의존한다는 비판에 직면하기도 하였다. 그러한 비판의 뒤를 이어서 인간이 가진 문제가 개인의 내면에만 뿌리를 둔 것이 아니라 인간이 처한 상황과 공동체와의 관계성 속에서 해석해야 함을 강조하는 공동체적-상황적 패러다임이 대두하였다. 이는 목회적 돌봄과 상담은 개인의 치유를 넘어 제도와 법 등을 포함한 공적 영역에서 변화와 발전을 도모하여야 한다는 공공신학적 견해를 담지하는 것이다. 그러한 맥락에서 패티슨은 사회-정치적으로 헌신된 목회돌봄만이 목회상담의 분과를 치료적 패러다임의 노예 상태에서 자유롭게 할 수 있다고 지적하였다.[29]

1908년 이후 미국에서는 상담자의 양성이 시작되었고, 1930년대에는 에드먼드

---

27 E, Brooks Holifield, *A History of Pastoral Care in America: From Salvation to Self-Realization* (Nashville, TN: Abingdon Press, 1983), 270-271.

28 이효주, "목회신학이란 무엇인가?," 241.

29 Stephen Pattison, *Pastoral Care and Liberation Theology* (Cambridge, UK: Cambridge University Press, 1994), 221.

윌리엄슨(Edmund G. Williamson)이 상담학의 학문적 기초를 다지며 발전을 지속하였다.[30] 이후 임상심리학 분야에서 정신분석에 의한 정신요법이 도입되었고, 그러한 영향을 받은 칼 로저스(Carl R. Rogers)는 내담자 중심(client-centered) 또는 비지시적 상담(Nondirective therapy)을 통해 인간의 자기실현 동기를 인정하며 내담자가 스스로 문제에 직면하여 이를 해결할 것을 강조하였다.[31] 안톤 보이슨(Anton T. Boisen)은 그 같은 상담 이론들을 교회에 도입하여 목회자들을 대상으로 임상훈련을 시행할 것을 제안하며 목회상담학의 이론을 정립하였고, 힐트너는 비지시적 상담을 목회에 적용하여 상담과정을 통해 사람들을 그리스도께로 안내하여 구원을 받아들이도록 도와야 한다고 주장하였다.[32]

이와는 대조적으로 제이 아담스(Jay E. Adams)는 정신분석학과 로저스의 이론이 인본주의적 자유주의라고 비판하며 성경적 목회상담의 방법론을 제시하였다. 그는 성경을 전제로 삼아 성경에서 동기를 찾고 성경적 원리와 실천에 따라 성령의 인도하심을 받는 권면적 상담(Nouthetic Counseling)을 해야 한다고 주장하였다.[33] 이는 심리치료가 치유에 초점을 맞추는 데에 비하여 목회상담은 구원을 목표로 한다는 차이를 강조하며, 하나님의 말씀인 성경이 구원을 이루는 모든 목회상담의 근원이 된다는 믿음에 기초하고 있다.[34] 하지만 성경을 활용하는 목회상담이 성경적이라고 단정지을 수는 없는데, 상담자가 성경의 정확한 의미를 이해하지 못하거나 부적절하게 적용하는 경우에는 내담자에게 피해를 주는 역효과를 유발하기 때문이다. 따라서 성경에 대한 확고한 지식의 토대 위에서 내담자의 문제 상황을 충분히 분석한 후에 성경의 내용을 적용함으로써 성경의 오용과 남용을 방지해야 할 것이다.[35]

---

30 Cf. Edmund G. Williamson, *How to Counsel Students: A Manual of Techniques for Clinical Counselors* (New York, NY: McGraw-Hill Book, 1939).

31 Carl R. Rogers, *Client-Centered Therapy: Its Current Practice, Implications, and Theory* (Boston, MA: Houghton, 1951), 250-251.

32 Seward Hiltner, *Pastoral Counseling* (New York, NY: Abingdon-Cokesbury Press, 1949), 80.

33 Jay E. Adams, *Competent to Counsel: Introduction to Nouthetic Counseling* (Grand Rapids, MI: Zondervan, 1970), 41-64.

34 에버하르드 빈클러, 『실천신학개론』, 김상구, 김성애, 윤화석, 최광현 역 (서울: CLC, 2004), 190, 198.

35 Donald E. Capps, *Biblical Approaches to Pastoral Counseling* (Eugene, OR: Wipf and Stock, 2003), 20.

참고문헌

김기철. "다문화적 돌봄을 위한 목회신학적 성찰."「신학과 세계」 86 (2016), 147–187.

안은찬. "실천신학 연구에 있어서 목회신학적 방법의 중요성."「신학지남」 315 (2013), 338–364.

에버하르드 빈클러.『실천신학개론』. 김상구, 김성애, 윤화석, 최광현 역. 서울: CLC, 2004.

오성춘. "실천신학의 미래 전망."「장신논단」 16 (2000), 515–543.

이명희. "21세기 한국교회 실천신학의 전망."「복음과 실천」 26 (2000), 87–125.

이효주. "목회신학이란 무엇인가?"「한국기독교신학논총」 112 (2019), 221–250.

토마스 오덴.『목회신학: 목회의 본질』. 이기춘 역. 서울: 한국신학연구소, 1986.

최성훈.『21세기 기독교교육』. 서울: CLC, 2023.

_____. "현대적 교회개척의 방법론: 소명모델을 중심으로."「신학과 실천」 72 (2020), 651–675.

_____.『교회개척 매뉴얼』. 서울: CLC, 2019.

현유광. "실천신학의 과제와 전망: 한국복음주의 실천신학회를 중심으로."「복음과 실천신학」 26 (2012), 9–39.

Adams, Jay E. *Competent to Counsel: Introduction to Nouthetic Counseling*. Grand Rapids, MI: Zondervan, 1970.

Blackaby, Henry, Blackaby, Richard, and King, Claude V. *Experiencing God: Knowing & Doing the Will of God*. Nashville, TN: B&H Publishing, 2021.

Capps, Donald E. *Biblical Approaches to Pastoral Counseling*. Eugene, OR: Wipf and Stock, 2003.

Congar, Yves M. J. *Lay People in the Church: A Study for a Theology of the Laity*. Translated by Donald Attwater. Westminster, MD: Newman Press, 1957. (Original Work Published in 1953).

Farley, Edward. *Theologia: The Fragmentation and Unity of Theological Education*. Eugene, OR: Wipf and Stock Publishers, 2001.

Graham, Larry K. "Pastoral Theology as Public Theology in Relation to Clinic." *Journal of Pastoral Theology* 10 (2000), 1−17.

Hiltner, Seward. *Preface to Pastoral Theology*. Nashville, TN: Abingdon Press, 1958.

_____. *Pastoral Counseling*. New York, NY: Abingdon−Cokesbury Press, 1949.

Holifield, E, Brooks. *A History of Pastoral Care in America: From Salvation to Self−Realization*. Nashville, TN: Abingdon Press, 1983.

Lapsley, James N. "Pastoral Theology." in *The New Shape of Pastoral Theology: Essays in Honor of Seward Hiltner*, ed. William B. Oglesby Jr. Nashville, TN: Abingdon Press, 1969.

Miller−McLemore, Bonnie J. *Christian Theology in Practice: Discovering a Discipline*. Grand Raids, MI: William B. Eerdmans Publishing Company, 2012.

_____. "Also a Pastoral Theologian: In Pursuit of Dynamic Theology (Or: Meditations from a Recalcitrant Heart)." *Pastoral Psychology* 59 (2010), 813−828.

Pattison, Stephen, and Woodward, James. "An Introduction to Pastoral and Practical Theology," in *The Blackwell Reader in Pastoral and Practical Theology*, Edited by James Woordward and Stephen Pattison. Hoboken, NJ: Wiley−Blackwell, 2008.

Pattison, Stephen. *The Challenge of Practical Theology*. London, UK: Jessica Kingsley Publishers, 2007.

_____. *Pastoral Care and Liberation Theology*. Cambridge, UK: Cambridge University Press, 1994.

Rogers, Carl R. *Client−Centered Therapy: Its Current Practice, Implications, and Theory*. Boston, MA: Houghton, 1951.

Wiersbe, Waren W., and Wiersbe, Davie. *Making Sense of the Ministry*. Chicago, IL: Moody Press, 1983.

Williamson, Edmund G. *How to Counsel Students: A Manual of Techniques for Clinical Counselors*. New York, NY: McGraw−Hill Book, 1939.

Willimon, William H. *Pastor: The Theory and Practice of Ordained Ministry* Nashville, TN: Abingdon Press, 2002.

설교학

설교란 무엇인가? 이를 다루는 질문은 설교를 이해하는 기본적인 관점, 즉 신학에 근거하고 있다. 하나님의 말씀을 다루는 설교의 성격에 초점을 맞추어 예화나 이미지, 상상력을 배제하는 경우는 다소 보수적인 신학의 입장에 서 있는 것이며, 설교의 형식 역시 성경 본문을 중심으로 전개할 것을 강조할 것이다. 반대로 진보적인 신학의 입장에서는 성경의 적용과 실천에 초점을 맞추는 정의를 따라서 성경 본문과 함께 청중들의 삶의 정황을 강조하며 이를 위한 설교의 형식을 도입하여 사용하는 것을 긍정적으로 평가할 것이다.

영국의 명설교자로 유명한 마틴 로이드 존스(D. Martin Lloyd-Jones)는 20세기 중반 영국교회의 현실을 진단하며 설교의 입지가 좁아지고, 현대인들이 설교에 반발하는 원인을 성경의 권위 실추와 직업적인 쇼맨십을 바탕으로 하는 설교자들, 그리고 오락적인 요소를 가미한 예전의 변화 등으로 지적하였다. 그러한 모습은 21세기의 한국교회에서도 비슷한 양상으로 나타난다. 20세기만 해도 무조건적 "축복"을 선포하는 설교자들 및 이와는 대조적으로 자신이 하나님 노릇을 하며 "죄"만을 강조하는 설교자들로 인하여 설교의 권위가 실추되었고, 설교에 대한 신뢰는 약화됨을 지적하는 비판이 주를 이루었다.

하지만 20세기 후반부터는 절대적인 진리를 부정하고 개인의 감정과 주관을 강조하며, 다원성을 높이 평가하는 포스트모더니즘이 세력을 확장하며 현대 사회에서 성경의 진리에 대한 믿음을 약화시켰고, 설교를 윤리적인 담화나 정치, 또는 사회의 사건을 다루는 세속적인 담론으로 변질시키려 하였다. 설교의 쇠퇴와 더불어 예배의 형식적 요소가 강화되면서 예배에 오락적 요소가 가미되고 있고, 맞춤형 말씀을 제공하는 인공지능의 시대에 설교의 의의도 희석되고 있다. 이처럼 설교가 선포되는 현장(the Context)이 중시되는 현 상황에서 여전히 복음의 메시지(the Text)가 설교의 본질임을 놓쳐서는 안 되는 한편, 그러한 복음을 21세기 한국교회의 상황에서 온전히 선포하도록 최선의 노력을 경주해야 할 것이다.

1 설교의 개념과 형식

설교라는 개념과 설교의 소명을 가진 설교자의 정의는 떼려야 뗄 수 없는 불가분의 관계에 있다. 설교가 설교자 자신의 인간적인 생각을 전달하는 것이 아니라 하나님의 말씀을 오늘의 청중들에게 전달하는 것임을 기억한다면 설교자 자신의 정체성은 물론 설교 자체의 권위도 확보가 된다. 설교자가 자신 역시 날마다 그리스도의 십자가 대속의 은혜를 필요로 하는 사람임을 기억하는 것도 중요하지만 자신이 하나님의 말씀을 전할 권리가 있는가에 대한 정당성을 확신하는 것도 이에 못지 않게 중요하기 때문이다. 이는 설교자가 일상의 삶 속에서 말씀을 통하여 하나님과 온전한 관계를 맺는 것과 말씀에 대한 연구를 통해 오늘을 사는 청중들의 귀에 들리고 마음을 울리는 선포 사역에 성실히 임할 것을 요구한다. 이처럼 설교와 설교자는 개념 정의는 물론 실제적인 전달의 효과에 대해서도 연결되어 있다.

1) 설교의 정의

"설교학"(Homiletics)이란 "(조각들을) 모으다, 합치다"라는 의미에서 시작하여

"사람들과 소통하다, 교제하다"는 뜻을 가진 헬라어 "호밀리아"(ὁμιλία)를 어원으로 하며, 이는 성경 본문을 기반으로 하여 설교의 주제를 전달하는 각종 자료를 모아 하나의 형식을 이루는 설교의 기술 및 관련 연구를 의미하는 것이다. 따라서 설교학은 설교 원고를 작성하는 방법론과 수사학의 원칙들을 설교 행위에 적용하는 데에 초점을 맞춘다. 한편 "써먼"(Sermon)은 일반적으로 "기록된 설교 원고"를 뜻하며, 설교 원고의 내용을 전달하는 행위는 "프리칭"(Preaching)이다. 양자는 동일하게 중요한 위치를 차지하는데, 성경 본문에 기반한 양질의 원고 작성 및 작성된 원고를 효과적으로 전달함으로써 청중들의 결단과 변화를 끌어내는 작업은 설교의 목표를 함께 이루기 때문이다.

설교에 대하여는 다양한 견해들이 있으므로 설교를 한마디로 정의하기는 어렵지만 신학자들의 설교 정의를 살펴보는 것이 설교를 이해하는 데에 유용하다. 기독교 역사에서 가장 먼저 설교에 대한 정의를 내린 인물은 라일의 앨런(Alan of Lille, 1128~1202)이다. 그는 『설교의 기술』(The Art of Preaching)이라는 저서에서 설교란 믿음과 행위에 관한 공개적이고 대중적인 교훈으로서 그 목적은 사람을 세우는 것이며, 설교는 이성의 경로와 권위의 샘으로부터 비롯되는 것이라고 정의하였다. 앨런은 온전한 그리스도인이 되려면 어거스틴(Augustine of Hippo)이 제안한 것과 같이 죄의 고백, 기도, 감사, 성경의 연구 등이 필요하며, 이를 돕기 위하여 설교가 기능해야 한다고 주장하였다.[1]

근대에 들어서 신정통주의 신학자인 칼 바르트(Karl Barth, 1975)는 그의 방대한 저서 『교회교의학』(Church Dogmatics)을 통해 복음의 선포라는 의미에서 설교란 마치 왕이 전령의 입술을 통하여 자기 뜻을 전달하듯이 하나님께서 인간의 언어 안에서, 그리고 언어를 통하여 당신의 뜻을 전달하시는 것이라고 주장하였다. 또한 무엇이 설교가 아닌지 구별하면 설교에 대하여 더욱 명확한 개념을 얻을 수 있는데, 설교는 지식 전달을 목적으로 하는 강의 또는 개인의 철학과 비전을 나누는 연설과 달리 하나님의 말씀을 나누는 것이다.[2] 이는 설교가 성경 본문에 근거하는 것이라

---

1 최성훈, 『성경으로 본 설교이야기』 (서울: CLC, 2019), 29.
2 김영봉, 『설교자의 일주일』 (서울: 도서출판 복있는 사람, 2017), 33.

는 기본적인 사실을 일깨운다.

2) 설교의 형식

전통적으로 설교는 제목 설교(Topical Preaching), 본문 설교(Textual Preaching), 그리고 강해 설교(Expository Preaching)로 구분되었으나 성경의 본문에 따라 말씀을 전할 것을 주장하는 본문 설교는 넓은 의미에서 강해 설교에 포함될 수 있다. 모든 설교에는 주제가 포함되는데, 주제를 설명하고 증명하며 논지를 전개하는 대지가 성경 본문에서 추출되면 이는 강해 설교가 되고, 주제를 전개하는 대지가 특정 성경 본문과 관련 없이 도출되는 설교는 제목 설교가 된다. 강해 설교가 성경 본문(the Text)에 초점을 맞춘다면 제목 설교는 청중이 처한 삶의 정황(the Context)에 보다 초점을 맞춘다.

삶의 정황에서 주제를 추출하는 제목 설교는 강해 설교를 강조하는 이들로부터 비성경적인 것으로 종종 비난을 받는다. 그러나 강해 설교라는 형식 자체가 성경적인 설교가 됨을 보장하지 않는 것처럼 제목 설교라는 형식 자체가 그것이 비성경적임을 의미한다고 간주해서는 안 된다. 제목 설교도 설교자가 성경의 권위를 인정하며 하나님 중심의 신학에 기반을 두어 그리스도의 은혜를 전달하는 복음적인 내용을 전달한다면 성경적인 설교가 되기 때문이다. 그러나 제목 설교가 성경적인 설교가 되기 위해서는 설교의 모든 대지가 특정한 성경 본문에 근거하지 않는다 하더라도 전체적인 차원에서는 성경의 본문에 충실히 뿌리를 내리고 있어야 한다. 제목 설교는 교회력에 의한 절기 설교, 교회·사회·국가적으로 특별하게 발생하는 사건이나 이슈를 조명하기 위하여, 또는 기독교의 교리나 윤리를 전하는 데에 유용하게 활용될 수 있다. 성경의 내용을 믿음, 사랑, 은혜, 하나님의 뜻, 종말 등의 주제별로 구분하여 전달하는 시리즈 설교를 위하여도 제목 설교는 유용하다. 그러므로 제목 설교를 사용할 때에는 성경 본문 외에 해당 설교를 통해 다루고자 하는 주제에 대한 심도가 있는 연구 작업이 병행되어야 한다. 관련 주제에 대한 성경 본문의 주해 작업 역시 치밀하게 진행하여야 균형감각을 잃지 않고 복음의 빛을 중심으로 설교를 구성할 수 있음도 잊어서는 안 될 것이다.

주제 설교(Thematic Preaching)는 제목 설교와 유사하나, 제목 설교가 특정 제목 또는 하나의 큰 주제를 중심으로 성경 본문을 차용하여 논지를 전개하는 데 비하여 주제 설교는 하나의 중심 주제를 몇 가지 소주제, 즉 대지로 나누어 전달하는 차이가 있다. 전통적으로 중심 주제를 부각하기 위하여 세 가지 대지로 구분하여 설교를 전개하는 3대지 설교가 가장 많이 활용되었고, 오늘날에도 설교의 기본적인 형식으로서 각광을 받는다. 팀 켈러(Timothy Keller)는 대지들 사이에 있어야 할 관계성을 통일성, 비율, 순서, 움직임으로 제시하였는데, 이는 설교가 성경 본문에 근거할 뿐만 아니라 주제를 드러내는 대지들의 진행을 통하여 짜임새 있게 구성되어야 함을 강조한다.[3]

미국 고든콘웰신학교(Gordon-Conwell Theological Seminary)의 설교학 교수였던 해돈 로빈슨(Haddon Robinson)은 강해 설교의 철학은 성경 본문 앞에서 설교자 자신의 생각을 꺾는 것이라고 주장하며, 본문이 설교를 지배하고, 하나의 주제 또는 개념을 전달하되, 그것이 성경 본문에서 추출된 것이어야 하며, 그 주제 또는 개념이 설교자와 청중 모두에게 적용되어야 함을 강조하였다.[4] 따라서 강해 설교란 성경 구절의 역사적, 문법적, 문학적인 연구를 통해 형성된 성경적 개념, 즉 주제를 성령께서 문맥 안에서 설교자와 소통함으로 나누는 것이며, 또한 설교자와 청중들 사이에서 소통하여 나누는 것이다. 다시 말하면 성경 본문의 근본적인 의미를 발굴하고, 이를 문맥에 연관 지어서 보편적인 진리를 추출하여 이를 하나의 주제를 중심으로 청중들에게 전달하되, 수사학적인 설명, 논증, 예화, 적용을 가미하여 청중들이 본문의 진리에 순종하도록 설득하는 설교를 강해 설교라고 한다.[5] 강해 설교의 장점은 성경 본문 자체에 내재되어 있는 권위를 활용하는 것이며, 또한 설교자의 인간적인 의견을 배제하도록 하는 데에 있다. 그러나 선택된 본문에 포함된 주제들을

---

3 Timothy Keller, *Preaching: Communicating Faith in an Age of Skepticism* (New York, NY: Viking, 2015), 224.

4 Haddon Robinson, *Biblical Preaching: The Development and Delivery of Expository Messages.* 3rd ed. (Grand Rapids, MI: Baker Academic, 2014), 21–30.

5 Farris D. Whitsell, *Power in Expository Preaching* (Old Tappan, NJ: Revell Co, 1963), xv.

모두 다루려 한다면 설교의 초점이 산만해질 수도 있다는 사실에 유의하여 분량과 구조를 조정해야 한다.

3) 설교의 주제와 구조

설교에 대한 이해와 설교의 형식은 신학 전통 또는 신학적 입장의 차이에 따라 다르게 나타난다. 예를 들어 제목 설교는 설교의 주제를 청중들의 삶의 정황에서 추출하고, 성경적 주제 설교는 성경 본문으로부터 설교의 주제를 도출하며, 본문 설교는 설교의 주제는 물론 대지들도 성경 본문의 내용으로부터 끌어낸다. 이에 비하여 강해 설교는 설교의 주제와 제목, 대지와 소지들 모두를 성경 본문에서 뽑아낸다. 이처럼 설교의 개념과 형식은 신학적 입장에 영향을 받으며, 설교의 주제와 구조 역시 신학적 배경과 전통을 벗어나서 독자적으로 결정되는 것이 아니다. 따라서 좋은 설교자가 되기 위해서는 건전한 복음주의 신학에 군건히 서 있어야 하며, 자신의 신학적 관점에 대하여 냉철한 시각을 가지고 끊임없이 점검하여야 한다. 그러한 점검과 질문은 설교의 질적 수준을 고양시키며, 그 결과 설교를 듣는 청중들의 영적 수준을 향상시키기 때문이다.

잘 정리된 주제와 대지들의 구조는 청중들이 설교 과정의 흐름을 파악하고 따라가는 데에 유익하며, 그러한 구성이 반복되면 설교자는 청중들로부터 성실한 설교자로서 기본적인 신뢰를 얻는다. 훌륭한 주제와 개요는 청중들이 그것에 집중하게 하는 것이 아니라 설교 내용과 흐름을 무리 없이 따라갈 수 있도록 안내하는 역할을 한다.[6] 따라서 대지의 흐름이 통일성, 간결성, 조화, 균형, 점증, 구분, 정점 등의 요소들을 갖추는 것이 효과적이다.[7] 성경적인 설교를 시작하는 첫걸음은 성경 본문의 내용에 기초한, 성경적인 주제를 선정하는 것이다. 하지만 주제를 정하는 것과 성경 본문을 통합적으로 살피는 것을 함께 견지하여야 하는데, 주제와 주해는

---

6 John R. W. Stott, *Between the Two Worlds: The Art of Preaching in the Twentieth Century* (Grand Rapids, MI: Eerdmans Publishing, 1982), 228-229.

7 Bryan Chapell, *Christ-Centered Preaching: Redeeming the Expository Sermon.* 2nd ed. (Grand Rapids, MI: Baker Academic, 2005), 169-177.

순서가 아니라 상호작용의 시각으로 조명해야 하는 과제이기 때문이다. 설교의 길이와 상관없이 가장 이상적인 설교는 한 문장으로 요약이 가능한 설교이며, 그렇게 요약된 한 문장이 바로 설교의 주제이다.[8] 주제는 완결된 문장으로 정리되어야 하며, 그런 점에서 제목과 구별된다. 제목은 보다 융통성이 있어서 의문문 또는 단어나 구를 사용할 수 있다. 그러나 주제와 제목의 공통점은 양자가 설교의 목표를 지향한다는 점이다. 설교에 있어서 전달하고자 하는 핵심사상이 주제이며, 이를 뒷받침하는 소주제가 대지이다. 주제가 대지와 다른 점은 대지는 여러 개일 수 있지만, 주제는 통일성을 가지고 대지들을 아우른 하나여야만 한다는 것이다. 이는 주제가 설교의 핵심으로서 청중들에게 전달되어야 하는 결론적 명제이기 때문이다.

2 설교의 준비

1) 본문의 주해

성경 해석이란 성경의 내용을 책임 있고 바르게 적용하기 위한 원리와 방법을 연구하는 것으로서, 설교와 관련해서는 주해, 해석, 강해로 구분할 수 있다.[9] 주해는 성경의 한 단락, 구절, 개별 어구 등의 기본적인 의미를 파헤치는 것인 데 비하여 해석은 성경이 주장하는 바를 오늘날의 상황에 적용시키기 위한 기반이다.[10] 요약하면, 주해는 성경 본문이 원래 의미하는 바를 살피는 것이고, 해석은 이를 오늘의 청중들에게 적용하려는 시도이다.[11] 성경 본문을 분석하는 첫걸음은 성경의 저자가 성경을 기록할 당시의 청중들에게 무엇을 말하고 있는가를 조명하는 주해 작업이

---

8 Hershael York, *Preaching with Bold Assurance: A Solid and Enduring Approach to Engaging Exposition* (Nashville, TN: Broadman and Holman Publishers, 2003), 103-107.

9 최성훈, 『성경가이드』 (서울: CLC, 2016), 73-89.

10 Walter C. Kaiser, Jr., *Toward an Exegetical Theology* (Grand Rapids, MI: Baker Book House, 1981), 47.

11 John R. W. Stott, *The Contemporary Christian: Applying God's Word to Today's World* (Downers Grove, IL: IVP, 1992), 214.

다. 이를 석의라고도 하지만 주해는 이보다 포괄적 관점에서 기록 당시의 문자적 의미와 역사적 배경, 그리고 신학적 의미를 밝히는 것이다. 다음 단계는 기록된 성경 본문이 오늘을 사는 현대인 청중들에게 의미하는 바를 파헤치는 해석의 과정이다. 그리고 마지막 단계는 주해와 해석을 통해 정리된 설교의 내용을 전달하여 실제로 적용하도록 인도하는 강해이다.

주해가 성경 본문을 중심으로 하는 성서신학적 접근인 데 비하여, 해석은 신학적인 배경이 가미된 조직신학적 접근에 해당한다. 그러므로 성경에 대하여 본문 중심의 과학적인 분석을 할 때는 주해라고 지칭하지만, 신학 또는 철학의 배경을 가지고 접근할 때에는 해석학이라는 용어를 더 빈번히 사용한다. 하지만 포괄적인 의미에서 신학은 성서신학을 포함하므로 양자를 뚜렷이 구분하는 것에 큰 의미는 없다. 다만 주해는 기록 당시의 성경 본문을 중심으로 하며, 해석은 오늘을 향한 적용의 토대를 형성하는 것으로서 신학적 배경 또는 신념에 따라 달리하는 방법론 위주의 접근이므로 보다 포괄적일 뿐이다. 그러므로 적용을 위해 성경 본문을 다루는 데 있어서 해석과 해석학은 흔히 서로 같은 의미로 혼용된다. 성경 본문을 해석하는 첫걸음은 본문의 문법적, 역사적 배경을 점검하는 것이다. 본문에서 저자가 전개하는 내용의 원래 의미, 즉 담화적 의미를 본문의 문법적 특징과 함께 조명하되, 해당 본문의 역사적 배경을 연구하여 그 의미를 명확히 해야 한다. 또한 저자의 의도를 정확하게 파악하기 위해서 본문의 전후 문맥을 살펴야 한다.

주해가 본문의 원래 의미를 이해하도록 하는 작업이라면, 강해는 살펴본 본문의 내용을 오늘로 적용하는 해석을 통한 선포에 초점을 맞추기 때문에 뜻풀이에 그치지 않고 실제의 삶에 적용하도록 설득시키는 것, 즉 강해 설교까지 포함하는 개념이다. 다시 말하면 주해는 본문의 최초 의미를 드러내는 데에 주력하지만, 강해는 본문의 의미가 현재의 독자에게 무엇을 의미하고 있는가를 찾아내는 해석의 과정을 통해 실제로 청중들이 삶에 적용할 수 있도록 정리하여 전달하는 작업이다. 따라서 강해는 본문과 독자와의 관련성을 발견하고, 그 가운데 현재 적용할 수 있는 교훈을 찾아내어 실행하도록 인도한다. 포괄적인 의미에서 주해와 강해 모두가 해석의 과정에 포함되는 것이지만, 엄밀히 구분하면 주해가 단순히 본문의 정확한 의미를 알고자 하는 협의적인 해석인 데 비하여 강해는 주해를 바탕으로 실제로 적용하는 것까지 포함하는 광의적인 해석이다.

2) 예화의 사용

영어의 "예화"(Illustration)라는 명사의 동사 형태인 "일러스트레이트"(illustrate)는 "빛을 비추다"(to throw light) 또는 "조명하다"(illumine)는 의미를 지닌다. 즉 예화는 설교의 주제나 논지를 명확히 하기 위하여 빛을 비추고 조명하는 기능을 수행한다. 예화는 설교에서 아이디어나 확증을 지지하는 주된 수사적 형태를 지칭하는 개념으로 폭넓게 사용되므로 그 자체로 진리가 아니라 진리를 예증하여 명료하게 하는 수단일 뿐이다.[12] 오늘날 예화나 스토리, 이미지, 그리고 미디어는 본문의 의미를 해석하는 데 있어서 설교에 필수적인 요소로 인식되고 있다. 예화는 성경의 진리를 사람들이 공감할 수 있는 상황에서 제기하므로 성경의 진리와 사람의 경험을 연결하여 하나님의 말씀을 보다 쉽게 이해하고, 적용할 수 있게 돕기 때문이다.[13]

예화를 올바르게 사용하기 위한 기본적인 원칙은 예화의 배경과 깊은 의미를 먼저 점검하고, 성경 본문의 가르침과의 연관성을 확인하는 것이다. 성경 본문의 내용이 청중들에게 뚜렷하게 전달되어 삶으로의 적용과 결단을 끌어내기 위한 윤활유로서 예화는 적절히 가미되어야 한다. 하지만 예화의 수준이 설교자의 교양과 인격을 드러낸다는 사실을 염두에 두어야 하는데, 통속적인 유머나 출처가 불분명한 의견들을 인용하는 것은 설교의 권위를 손상시키고 인용하는 미디어의 수준과 질 역시 설교에 영향을 미치기 때문이다. 따라서 설교자는 시사 및 교양 프로그램, 감동을 주는 명화, 교양 서적 등에서 예화를 찾되, 경건 생활의 렌즈를 통하여 걸러서 사용해야 할 것이다. 또한 너무 강렬한 인상을 주는 예화를 도입하여 설교의 논지를 흐리는 것은 오히려 역효과를 유발한다는 점을 감안하여 예화 사용에 있어서 설교의 주제와의 관련성과 흐름 전개에서의 적절성, 설교자와 예화의 조화 등을 고려

---

12 Martin Lloyd-Jones, *Preaching and Preachers* (Grand Rapids, MI: Zondervan, 1972), 233.
13 최성훈, 『성경으로 본 설교이야기』, 141.

하여야 내용과 분량을 조정해야 한다.

3) 설교문의 작성

설교문 작성의 가장 기본적인 원리는 이를 구어체로 작성하는 것이다. 문체는 내용의 흐름에 영향을 미치는데, 설교자가 청중을 염두에 두고 직접 말하는 것처럼 구어체로 원고를 작성하면 성경 본문과 청중들의 상황 연결이 매끄럽고, 설교 준비가 더욱 생생한 과정이 된다. 따라서 설교 원고는 눈을 위하여 기록되어서는 안 되고, 귀를 위해서 기록되어야 한다. 또한 단편적인 문장이 아니라 하나의 문단, 즉 덩어리 단위로 구성하는 편이 설교자의 내용 숙지와 매끄러운 흐름을 위하여 유용하다. 서론의 역할은 청중들로 하여금 설교에 대하여 마음을 열 수 있도록 주의를 환기하고 관심을 집중시키는 한편, 본론으로 안내하며 주제와 부드럽게 연결하는 것이다. 서론은 최대한 간결해야 하며, 한편으로는 과장하지 않고 단순하고 겸손하며, 다른 한편으로는 청중들의 관심을 불러일으키는 것이 좋은 서론이다.

설교의 본론은 준비과정에서의 주해에 의지하기 때문에 주해 작업이 성실하고 짜임새가 있을수록 설교의 본론 내용이 알차게 된다. 대부분의 설교는 3대지를 기본으로 하며, 이를 다소 변형시켜서 2대지 또는 4대지의 설교들이 활용된다. 3대지의 구조는 논리적으로 명료하며, 청중들에게 익숙한 방법이다. 또한 서론 및 결론과 조화를 이루어 기-승-전-결로 이어지는 구성을 통해 역동적으로 전달될 수 있는 장점을 갖는다. 그러나 설교자 개인의 스타일에 부합되는 설교 구조를 주로 사용하여 완성도를 높이되, 다른 형식의 설교 구조를 가끔 가미하여 신선함을 제공함으로써 청중들의 식상함과 피로를 방지하는 편이 보다 효과적일 것이다. 본문에서 숙지해야 할 중요한 점은 각 대지들이 나름대로 독립성을 확보하면서도 주제를 중심으로 통일성을 이루어야 한다는 것이다. 주제를 한 문장으로 정리해야 하는 것처럼 대지 역시 간단명료한 문장으로 정리하되, 핵심개념 위주로 숙지한다면 설교 원고를 의존하지 않아도 부드럽게 말씀을 전할 수 있을 것이다.

설교에서 결론은 그 목적을 성취하는 가장 중요한 기회가 된다. 청중들이 가장 분명하게 기억하는 설교의 내용이 설교의 가장 마지막 부분, 즉 결론이기 때문이다. 그러므로 결론이 깔끔하게 정리되어 선포된 설교는 청중들의 마음속에 남아 그들의 삶에 영적인 영향력을 발휘한다. 설교자는 성경 본문의 특성과 청중들의 반응을 고려하여 다양한 형식을 활용하여 결론을 내림으로써 설교의 효과를 극대화할 수 있다. 설교 결론의 형식에는 본론의 마지막 대지를 발전시켜서 마무리하거나, 간증, 예화를 사용하는 방법, 그리고 설교의 중심내용을 정리하여 요약하는 방법 등이 있다. 또한 설교의 내용을 한두 문장으로 정리하여 선포하거나, 성경 구절이나 시, 찬송가의 가사, 경구들을 인용하여 마무리하는 방법, 또는 귀납적 설교의 경우에는 청중들이 스스로 결론을 내리도록 질문으로 마무리하는 열린 결론을 활용할 수도 있다.14

3 설교의 전달

1) 청중의 분석

설교에 있어서 해석의 작업은 성경 본문에만 국한되는 것이 아니라 청중들에게도 적용된다. 설교란 성경 말씀을 청중들에게 일방적으로 선포하는 사역이 아니라 하나님의 말씀과 청중들이 만나 원활한 소통이 이루어지도록 하는 사역이기 때문이다. 따라서 미국 풀러신학교(Fuller Theological Seminary)의 설교학 교수였던 이안 피트 왓슨(Ian Pitt-Watson)은 1999년 출간한 자신의 저서 『설교의 입문』(A Primer for Preachers)을 통해 설교자에게는 본문의 주석(exegesis of the text)과 삶의 주석(exegesis of life), 두 가지의 의무가 있다고 강조하였다. 설교자는 성경 본문(the Text)을 해석할 뿐만 아니라 청중들의 삶(the Context)도 분석하여야 하므로 연구실 또는 목양실에만 머물러서는 안 되며 교인들의 삶의 현장을 살피며 그들의 희망과 절망, 불안과 평안, 기쁨과 슬픔을 나누고 이해해야 한다.

청중의 분석에 있어서 가장 중요한 것은 그들의 영적 필요들을 파악하는 것이

---

14 Fred B. Craddock, *As One Without Authority*. 4th ed. (Atlanta, GA: Chalice Press, 2001), 64.

다. 청중들이 필요로 하는 것이 무엇인지를 알아야 그들의 삶과 연관된 메시지를 전할 수 있기 때문이다. 이를 위하여 교인들의 가정과 사업장을 방문하는 전통적인 심방은 물론 유선 통화 또는 이메일이나 SNS(Social Networking Service) 소통을 통하여 그들의 기도 제목과 삶의 필요에 대하여 숙지하고, 이를 설교에 반영하여야 한다. 설교자가 청중들의 영적인 필요를 파악하고, 그러한 필요를 반영하여 이를 충족시키는 설교를 한 후에는 교인들이 설교자가 자신들 개인에게 말씀을 전한다고 느끼고, 설교 후에 어떻게 자신의 문제에 대하여 그렇게 잘 알고 있느냐고 질문하며 감탄하는 일이 흔히 발생한다. 설교자의 청중들을 향한 사랑이 성경 본문의 해석과 성령의 조명하심과 인도하심을 통하여 전달될 때에 청중 한 사람, 한 사람의 마음이 그리스도의 사랑으로 감싸이게 되고, 새로운 삶의 희망이 믿음 안에서 싹트는 것이다.

2) 스피치와 커뮤니케이션

설교의 원고를 준비하는 것도 중요하지만 이에 못지않게 중요한 것은 준비된 원고의 내용을 효과적으로 전달하는 것이다. 설교의 목적을 이루기 위한 도구로서 설교자의 스피치와 커뮤니케이션 역량은 날로 강조되고 있다. 특히 천천히 또박또박, 정확하고 자연스러운 발음으로 내용을 전개하기 위하여 발성 훈련도 요구되며, 방송 장비에 대한 점검도 필요한 세상이 되었다. 소통의 기본적인 내용이 바로 하나님의 말씀이기 때문에 이를 전달하는 데에 최선을 다하는 것은 당연하다. 영어 단어인 "커뮤니케이션"(communication)은 라틴어 단어 "커뮤니카레"(communicare)에서 유래하였는데, 그 의미는 "함께 나누다"이므로 커뮤니케이션은 말이나 글, 행동, 기호 등을 통하여 서로의 생각이나 메시지, 정보 등을 상호 교환하는 모든 행위를 지칭한다. 커뮤니케이션이 이루어지기 위한 기본적인 요소로는 발신자(sender), 메시지(message), 채널(channel), 수신자(receiver), 효과(effect) 등의 다섯 가지 요소 또는 효과를 제외한 나머지 네 가지 요소가 있는데, 설교에 있어서 채널은 설교행위가 되기 때문에 설교의 커뮤니케이션을 단순화하면 발신자-메시지-수신자의 3요소를

꼽을 수 있다.[15]

커뮤니케이션, 즉 의사소통이 이루어지는 기본 모델은 "화자(話者, 발신자)-메시지(내용)-청자(聽者, 수신자)"의 관계이다. 성경의 저자들이 하나님의 성령께서 주신 감동으로 성경 본문을 기록할 때에 "성령-메시지-저자"의 관계가 "저자-메시지-기록 당시의 청자"로 이어지며 말씀이 선포되었다. 오늘날에는 "성령-성경 본문-설교자"를 통해 전달된 설교의 내용을 "설교자-성경의 내용-청중"의 관계를 통해 전달하는 커뮤니케이션 행위가 바로 설교이다. 그러므로 설교는 설교자의 일방적인 전달이 아니라 설교자와 청중이 성경 본문의 말씀을 가지고 소통하며 성령의 조명하심을 통해 함께 깨달음과 믿음의 결심을 나누는 양방향 소통, 즉 커뮤니케이션이다. 따라서 설교자는 자신의 설교를 성경 본문에 올바로 세우는 데에서 청중들의 마음 밭이 옥토가 됨을 명심해야 한다. 성경 본문을 통하여 발견한 하나님의 뜻을 제대로 전하는 것이 청중들의 마음을 준비하는 최고의 방법이기 때문이다. 그러한 하나님의 뜻이 잘 들리게 하기 위해서는 스피치 기술을 연마해야 하고, 환경적인 요인들도 점검해야 한다.

3) 설교자의 인격과 영성

설교는 설교자로부터 분리될 수 없는데, 설교자는 자신이 선포하는 내용과 동일한 인격이기 때문이다.[16] 설교에 있어서 설교자의 모든 재능이 활용되며, 따라서 설교는 설교자의 전 인격과 삶으로부터 흘러나오는 것이다. 아리스토텔레스(Aristotle)는 『수사학』(Rhetoric)이라는 저서를 통해 사람의 말이 설득력이 있기 위한 기본적인 요소들을 에토스(ethos), 파토스(pathos), 로고스(logos)로 구분하고, 이 가운데 가장 중요한 요소는 말하는 사람의 인품인 에토스이며, 정서적인 호소인 파토스가 그다음이고, 논리적인 내용을 다루는 로고스가 가장 영향력을 적게 미친다고 하였다.[17]

---

15 Robert E. Webber, *God Still Speaks: A Biblical View of Christian Communication* (Nashville, TN: Thomas Nelson Publishers, 1980), 28-35.

16 Alfred. P. Gibbs, *The Preacher and His Preaching* (Dubuque, IA: ECS Ministries, 2010), 31.

17 Cf. Aristotle. *The Art of Rhetoric*. trans. John H. Freese (Boston, MA: Harvard University Press,

그는 에토스를 구성하는 기본요소로서 미덕, 실천적 지혜, 그리고 선한 의도를 제시하였다. 미덕이란 좋은 성품을 의미하는데, 이는 오랜 기간의 훈련 과정을 통해 성숙케 된 인격적 열매이다. 설교자 역시 환란 가운데 인내를 통하여 연단을 쌓아 단단한 성품을 가지고 그리스도께서 맡겨주신 영혼 구원의 소망을 이루는 사람으로 성장한다(롬 5:3-4). 설교자의 인격이 중요한 이유는 선포된 하나님의 말씀과 그리스도의 복음은 설교자의 삶을 통하여 먼저 구체화되어야 하기 때문이다. 그렇지 않으면 설교자는 위선자가 되는 것이며, 따라서 설교자의 수사학과 커뮤니케이션 기술도 중요하지만 설교자의 온전한 인격과 성품이 훨씬 중요하다. 청중들 역시 설교자가 전하는 내용보다 설교자가 참된 인격의 소유자인지 여부에 더욱 관심을 가지고 있다.[18]

설교는 하나님의 말씀을 설교자라는 통로를 통하여 전달하는 행위이다. 마치 성경의 저자들에게 하나님의 성령께서 영감을 주셔서 특별한 계시를 기록하게 하신 것처럼 설교 역시 설교자의 전 인격을 활용하여 하나님의 뜻을 전한다. 따라서 설교자의 인격과 영성은 하나님의 말씀을 담는 그릇이 된다. 그릇이 깨끗하게 준비되지 않으면 그 안에 담은 음식도 더럽혀지듯, 또한 수도관에 관석이나 이물질이 끼어 있으면 그 관을 통과하는 물이 오염되듯이 설교자의 인격과 영성은 설교의 성패를 좌우할 정도로 중요한 요소인 것이다. 그러므로 무엇보다도 설교자 자신이 먼저 하나님의 은혜와 복음에 대한 체험을 바탕으로 확고한 신앙과 신학의 토대를 가지고 있어야 하며, 경건 생활을 통하여 하나님의 마음을 충만하게 담고 있어야 한다. 따라서 설교자의 영성이란 세속으로부터 분리되어 하나님께 붙어있는 거룩한 구별됨이요, 그렇게 거룩하게 구별된 설교자는 하나님 나라를 전파하는 강력한 무기가 된다. 설교를 통해 성령의 능력을 나타내는 필수 조건 역시 설교자의 겸손한 인격과 거룩함의 영성이다.[19]

1924).

18 Lyle E. Schaller, *The Seven-Day-A Week Church* (Nashville, TN: Abingdon Press, 1992), 95-96.

19 John Stott, *The Preacher's Portrait* (Grand Rapids, MI: Eerdmans, 1961), 120.

4 설교의 평가

1) 청중의 반응

설교가 그 목적을 이루었는지 그 효과를 판별하는 것은 매우 어렵다. 설교를 통한 하나님의 뜻이 언제, 어떠한 모습으로 이루어질지 알 수 없고, 설교자가 신실하게 말씀을 준비했는지 청중들이 알 수 없으며, 설교자 또한 청중들이 자신이 전달한 설교를 어떻게 받아들였는지 알 수 없기 때문이다. 따라서 설교자는 청중들의 피드백을 모니터링해야 하고, 청중들은 설교자의 자기성찰을 점검해야 한다. 무엇보다 설교자와 청중들 모두가 설교를 통해 역사하시는 하나님의 뜻 앞에 겸손히 머리 숙이는 자세가 요청된다. 설교자는 설교 중에 이미 청중들의 표정과 자세, 태도 등을 통해 자신의 설교에 대한 피드백을 받는다. 청중의 반응에 대하여 캐나다 밴쿠버(Vancouver)의 리전트 컬리지(Regent College) 목회학 교수인 데릴 존슨(Darrel W. Johnson)은 청중들로부터 호의적인 평가를 받으려는 설교자 자신의 마음을 억제할 필요가 없으며, 겸손이란 자신을 낮추는 것이 아니라 그리스도를 더 높이는 것이라고 지적하였다.[20] 반면에 미국 일리노이(Illinois) 주에 소재한 윌로우크릭 교회(Willow Creek Community Church)를 담임하는 빌 하이벨스(Bill Hybels) 목사는 청중의 반응에 대하여 신경 쓰지 않고, 설교자 자신의 자아를 죽이는 것이 하나님께서 원하시는 설교라고 주장하였다.[21] 양자의 의견 모두 일리가 있는데, 결국 가장 중요한 원리는 설교자가 하나님 중심의 시각을 유지하며 청중들의 반응을 참고하여 이를 그들을 하나님께로 인도하는 기반으로 삼는 것이다.

---

[20] Cf. Darrell W. Johnson, "A Long, Rich Conversation with God," in *The Art and Craft of Biblical Preaching: A Comprehensive Resource for Today's Communicators*, eds. Haddon Robinson and Craig B. Larson: 543-546 (Grand Rapids, MI: Zondervan, 2005).

[21] Cf. Bill Hybels, "Lifted by the Accompanying Presence," in *The Art and Craft of Biblical Preaching: A Comprehensive Resource for Today's Communicators*, eds. Haddon Robinson and Craig B. Larson: 552-554 (Grand Rapids, MI: Zondervan, 2005).

2) 설교자의 자기평가

설교자가 자기 자신으로부터 평가받아야 하는 기본적인 이유는 모든 설교자는 하나님 앞에서 설교하는 것이며, 따라서 하나님께서 설교자가 하는 일을 평가하신 다는 사실을 인식하기 때문이다. 이 같은 설교의 자기평가는 설교자 자신에게 너무 많은 부담을 지우려는 의도가 아니라 하나님 앞에서의 성찰을 목표로 한다. 그러한 성찰 뒤에 설교의 결과는 하나님께 맡기는 것이 오히려 더욱 겸손한 설교자의 자세일 것이다. 설교자는 성경 본문에 대한 철저한 주해와 관련 배경에 대한 연구를 통하여 하나님의 말씀에 담긴 뜻을 오늘의 청중들에게 온전히 전달해야 한다. 그러나 인간의 죄악된 현실을 드러내고 예수 그리스도의 복음을 전달하는 설교자는 의도적으로 청중들에게 죄책감을 주입해서는 안 된다. 자칫하면 자신이 심판주이신 하나님의 자리를 차지하는 우를 범할 수 있기 때문이다. 설교자는 하나님을 떠난 삶의 폐해를 지적하고, 하나님께서 그러한 모습을 보고 안타까워하시며 독생자를 이 땅에 보내주셨기 때문에, 누구든지 그의 이름을 부르는 자는 구원을 얻는다(요 3:16; 행 2:21)는 복음의 말씀만을 선포하면 된다.

설교자가 자신이 전하는 설교 내용이 하나님으로부터 받은 것으로서 하나님 앞에 정직하고, 사람들 앞에서도 부끄러움이 없는지를 지속해서 점검해야 한다는 것은 설교의 기본적인 원칙이다. 설교자는 항상 자신의 설교가 어디로부터 왔는지를 살펴서 인간적인 마음이 스며드는 것을 경계하고, 하나님의 뜻만 선포하도록 자신을 돌아보아야 한다. 그렇지 않으면 강단에서 하나님의 말씀을 대언하는 설교자가 자신의 위치와 본분을 망각하고 스스로 높다고 착각하는 우를 범하기 십상이다. 그러한 설교자는 하나님 말씀을 인용하여 자신을 높이는 도구로 사용하며 성경과 하나님 존재의 권위를 저하시킨다. 따라서 설교자는 자신의 설교에 대하여 지속적으로 건전한 방법을 통해 피드백을 제공받고, 이를 토대로 설교를 개선하고 발전시킬 의무를 지닌다. 이는 하나님 앞에서 한 사람의 개인으로서 자신을 객관적으로 바라보는 자기평가에서 시작하며, 그 과정에서 교회 공동체의 피드백을 참조해야 한다. 설교 평가를 통해 자신을 냉정히 평가하고 성찰하는 작업은 쉽지 않은 작업이다. 그러나 제대로 복음을 선포하기 위해 노력하고 자신을 돌아보는 설교자는 육체적으로는 쇠할지라도 적어도 영적으로는 탈진하지 않는다.

3) 설교의 진단 방법

설교에 대한 피드백은 적절한 사람들로부터, 적절한 질문들을 통하여, 그리고 적절한 시기에 받는 것이 효과적이다. 적절한 사람들이란 설교자가 신뢰할 수 있는, 성경에 대한 지식과 충분한 신앙생활의 경험, 그리고 교회 공동체 내에서 그 인격을 인정받아서 설교자에게 제공하는 정직한 피드백을 통해 설교의 질을 높일 수 있도록 공헌하는 사람들을 의미한다. 그들이 교회의 직분을 맡은 지도자들일 필요는 없으나, 최소한 설교자의 설교에 대한 피드백을 제공할 수 있으려면 꾸준히 공적 예배에 참석하는 교인이어야 하므로 직분자일 가능성이 높다.

적절한 질문들은 서론, 본론, 결론의 구조는 물론 각 대지 및 예화, 설교자의 표정, 자세, 몸짓, 언어, 열정 등에 대하여 고루 다루어서 설교 전체에 대한 균형 있는 피드백을 제공하는 질문들을 뜻한다. 짜임새 있게 구성된 질문들은 피드백을 제공하는 교인들이 설교를 바라보는 관점을 온전케 한다. 그러므로 좋은 질문들은 청중들이 성경 중심의 온전한 설교와 설교자 중심의 인본적인 설교를 구분하는 기준을 제공함으로써 청중들이 더 나은 그리스도인으로 성장하도록 하는 데에 공헌한다.

마지막으로 적절한 시기라는 것은 가장 효과적인 시간대를 이용하여 설교에 대한 피드백을 받아야 한다는 의미이다. 일례로 주일 설교를 들은 교인들에게 예배 이후에 바로 피드백을 요청하는 것은 충분한 성찰을 막는 요인이 되며, 그렇다고 너무 긴 시간을 부여하는 것도 신선한 피드백을 방해한다. 교회의 전통이나 상황, 교인들의 성향을 고려해야 하겠지만 설교 이후 하루에서 일주일 후로 시기를 잡으면 무난할 것이다.

참고문헌

김영봉.『설교자의 일주일』. 서울: 도서출판 복있는 사람, 2017.

최성훈.『성경으로 본 설교이야기』. 서울: CLC, 2019.

_____.『성경가이드』. 서울: CLC, 2016.

Aristotle. *The Art of Rhetoric*. Translated by John H. Freese. Boston, MA: Harvard University Press, 1924. (Original work published in B.C. 4th century).

Chapell, Bryan. *Christ-Centered Preaching: Redeeming the Expository Sermon*. 2nd ed. Grand Rapids, MI: Baker Academic, 2005.

Craddock, Fred B. *As One Without Authority*. 4th ed. Atlanta, GA: Chalice Press, 2001.

Gibbs, Alfred. P. *The Preacher and His Preaching*. Dubuque, IA: ECS Ministries, 2010.

Hybels, Bill. "Lifted by the Accompanying Presence." In *The Art and Craft of Biblical Preaching: A Comprehensive Resource for Today's Communicators*, Edited by Haddon Robinson and Craig B. Larson: 543-546. Grand Rapids, MI: Zondervan, 2005.

Johnson, Darrell W. "A Long, Rich Conversation with God." In *The Art and Craft of Biblical Preaching: A Comprehensive Resource for Today's Communicators*, Edited by Haddon Robinson and Craig B. Larson: 543-546. Grand Rapids, MI: Zondervan, 2005.

Kaiser, Jr., Walter C. *Toward an Exegetical Theology*. Grand Rapids, MI: Baker Book House, 1981.

Keller, Timothy. *Preaching: Communicating Faith in an Age of Skepticism*. New York, NY: Viking, 2015.

Lloyd-Jones, Martin. *Preaching and Preachers*. Grand Rapids, MI: Zondervan,

1972.

Robinson, Haddon. *Biblical Preaching: The Development and Delivery of Expository Messages*. 3rd ed. Grand Rapids, MI: Baker Academic, 2014.

Schaller, Lyle E. *The Seven—Day—A Week Church*. Nashville, TN: Abingdon Press, 1992.

Stott, John R. W. *The Contemporary Christian: Applying God's Word to Today's World*. Downers Grove, IL: IVP, 1992.

_____. *Between the Two Worlds: The Art of Preaching in the Twentieth Century*. Grand Rapids, MI: Eerdmans Publishing, 1982.

_____. *The Preacher's Portrait*. Grand Rapids, MI: Eerdmans, 1961.

Webber, Robert E. *God Still Speaks: A Biblical View of Christian Communication*. Nashville, TN: Thomas Nelson Publishers, 1980.

Whitsell, Farris D. *Power in Expository Preaching*. Old Tappan, NJ: Revell Co, 1963.

York, Hershael. *Preaching with Bold Assurance: A Solid and Enduring Approach to Engaging Exposition*. Nashville, TN: Broadman and Holman Publishers, 2003.

예배학

예배학(Liturgics)은 죄의 고백, 신앙고백, 설교 기도, 세례와 성찬 등 예배의 순서와 관련한 모든 것을 신학적으로 조명하는 학문이며, 예수 그리스도의 구속 사역에 나타난 하나님의 계시에 대한 응답 행위를 연구하는 학문이다.[1] 예배학이라는 용어는 1863년 J. M. Neale의 『예배학과 교회사에 대한 에세이』(*Essays on Liturgiology and Church History*)라는 저술이 출간되며 처음 등장하였다. 예배학은 그리스도를 통해 인류를 구원하신 하나님께 경배하는 것을 신학적으로 조명하는 한편, 예배의 개념이 영과 진리로 하나님을 경배하는 것이므로(요 4:24) 예배학의 연구 역시 성령의 역사를 필요로 한다. 전통적으로 예배학은 예배의 형식과 적용에 초점을 맞추었으나 예배신학(Liturgical Theology)은 예배와 관련한 내용의 해석과 이해에 더 관심을 갖는다. 근대 예배학은 1960년대의 일상생활의 영성에 대한 관심, 1980년대 공동체 안에서 인간 행동이 갖는 의미와 기능, 가치 등을 중시한 문화-인류학적 관점, 1990년대 예배의 언어와 비언어를 통해 성찬을 조명하는 상징적 접근과 예배의 해방적 관심에 초점을 둔 사회-문화적 접근 등으로 발전하였다.[2]

---

1 정성구, 『실천신학개론』, 수정증보판 (용인: 킹덤북스, 2021), 164-165.
2 차명호, "현대 실천신학에서의 예배신학적 의의," 「기독교교육정보」 7 (2003), 137-151.

과학기술의 발전으로 인해 급변하는 21세기에는 가톨릭과 개신교 모두 고정된 형식의 예배를 고집하기 어려운 현실이 되었다. 열린 예배(Open Service)의 경우 전통적인 성가대 외에 찬양팀이 동시에 예배의 순서를 담당하고, 대표기도의 담당자 수 역시 증가하였으며, 찬양의 비중이 늘어나는 것은 물론 설교 중에도 이미지나 영상이 삽입되어 청중들의 감성을 자극하고 시선을 집중시키는 것이 자연스러운 흐름이 되었다. 열린 예배를 넘어서 구도자 예배(Seekers Service)는 세련된 멜로디와 강한 비트로 무장된 가스펠송, 드라마와 꽁트, 토크쇼 형식의 설교와 같은 파격적인 형식을 수용한다. 오늘날 현대인들의 예배에 대한 시각이 다원화되었기 때문에 예배학은 복음의 내용에 충실한 예배의 본질과 현대 사회의 상황을 접목해야 할 과제를 안고 있다.

1 예배의 이해

1) 예배의 개념

예배의 개념에 대한 올바른 이해가 실제로 드리는 예배의 의미를 제고하는데, 예배는 기본적으로 인간이 하나님께 드리는 것이므로 하나님과 인간에 대한 교리를 기반으로 한다.[3] 이는 예배의 대상이신 하나님, 예배의 중보자인 그리스도, 예배의 원동력인 성령, 하나님의 말씀인 성경에 대한 바른 이해를 요청한다.[4] 예배에 대한 추상적 이해는 예배의 실천을 추상화함으로써 하나님에 대한 이해조차 추상화하기 때문에 예배가 무엇이고 어떻게 드려야 하는지를 제대로 이해할 때에 비로소 하나님께서 원하시는 영과 진리로 드리는 예배를 드릴 수 있다(요 4:24).

예배에 대한 정의는 역사적인 교회의 인물들이나 신학자마다 각기 다르지만

---

3 John G. Machen, *Christianity and Liberalism* (Grand Rapids, MI: Eerdmans Publishing, 1923), 54-68.
4 황성철, "실천신학적 관점에서 본 예배모범," 「신학지남」 262 (2000), 9-15.

하나님을 높이고 경배한다는 의미에 있어서는 동일한 입장을 보인다. 그러한 동일한 입장의 토대를 이루는 것은 성경에 나타난 예배의 용어이다. 구약 성경에서 하나님께 드리는 예배는 히브리어로 "봉사하다" 또는 "섬기다"라는 의미의 "아바드"(עבד)라는 용어로 표현되거나 "굴복하다", "복종하다", "엎드리다", "순종하다"는 의미의 "샤하아"(חשׁ)라는 단어가 사용되었다. 아바드는 신약 성경에서 성전에서 제사장이 행하는 "예전의 직무"를 가리키는 헬라어 "레이투르기아"(λειτουργία)로 번역되었고, 샤하는 "절하다", "경배하다", "엎드리다"라는 의미의 헬라어 "프로스퀴네오"(προσκυνέω)로 번역되었다.5 레이투르기아는 로마 가톨릭교회나 동방 정교회의 예배와 같이 설교 말씀의 선포가 없는 의식적 예배를 가리키는 용어로 사용되었지만 점차 공식적인 예배 전부를 의미하는 개념으로 확장되었다. 종교개혁 이후 개신교에서는 이를 좁게는 예배 중에 의식화된 세례와 성찬의 예식문을 지칭하는 개념으로, 넓게는 예배 전체를 의미하는 용어로 사용하였다.

　일반적으로 예배를 지칭하는 개념으로 쓰이는 영어의 "워십"(worship)은 인간 정신으로 느낄 수 있는 값(worth), 가치, 중요성(value)을 나타내는 고어(古語) "weorth"와 "신분"(ship)에서 유래된 것으로 가치가 있는 신분을 가진 존재인 신에게 존경과 경의를 표한다는 의미이다. 그러므로 기독교의 예배란 존경과 존귀를 받을 가치가 있는 하나님께 최상의 가치를 돌리는 행위이다. "레이투르기아"(λειτουργία)란 백성을 위하여 일하는 관리라는 의미의 "레이투르고스"(λειτουργός)에서 유래한 단어로서 이는 고대 아테네에서 일반적인 임무에 사용된 단어이며, 기독교의 예전에서 집례될 때 사용된 제사장의 직무(눅 1:23), 그리스도의 직분(히 8:6), 교회의 예배(행 13:2)를 가리키는 데에 사용되었다.6 예배를 연구하는 학문을 지칭하는 예배학(Liturgy) 역시 레이투르기아에서 유래한 용어이다.

---

5 "레이투르기아"(λειτουργία)는 "백성"이라는 의미의 "라오스"(λαός)를 어원으로 하는 "회중"을 뜻하는 "레이토스"(λειτος)와 "행위(일)"라는 뜻을 가진 "에그론"(ἔργον)의 합성어로서 공적인 예배를 지칭한다.
6 최성훈, 『21세기 기독교교육』 (서울: 박영사, 2023), 313.

2) 예배의 성경적 배경

창세기에 등장하는 최초의 인간 아담과 하와의 타락 이전에는 인간의 삶 자체가 하나님과 교제하는 완전한 형태의 예배였다. 타락 이후 가인과 아벨의 제사(창 4:3-5)로부터 홍수 이후 노아의 제사(창 8:20-21), 아브라함의 제사(창 12:1-8, 22:1-17), 이삭의 제사(창 26:25), 야곱의 제사(창 28:18-22, 35:6-7)를 거친 출애굽 이전 시대의 예배는 제물을 드리는 간소한 형태를 띠고 있었지만 출애굽 이후 모세의 율법은 예배의 형태를 번제(레 1:1-17), 소제(레 2:1-16), 화목제(레 3:1-17), 속죄제(레 4:1-5:13), 속건제(레 5:14-6:7) 등 다섯 가지로 세분하였다. 번제, 소제, 화목제는 자발적으로 드리는 자원제이고, 속죄제와 속건제는 죄를 속하는 속죄의 제사이지만 속건제에는 반드시 죄에 대한 대가인 보상이 따른다는 점에서 이를 보상제라고 할 수 있다.[7] 출애굽한 이스라엘 백성들은 성막을 중심으로 희생제사를 드리다가 솔로몬이 예루살렘 성전을 세운 이후에는 보다 정교화된 예식이 수행되었다.

주전 722년 북왕국 이스라엘이 앗수르에 의해 멸망하고, 주전 586년 남왕국 유다마저 바벨론에 의해 무너지며 예루살렘 성전이 파괴되었다. 이는 예배의 형식만 남고 하나님을 향한 마음 중심이 무너진 이스라엘의 영적 상태가 유발한 결과이다(사 1:10-20, 58:1-12; 렘 7:1-15; 암 5:21-27; 미 6:6-8). 이후 회당을 중심으로 동물의 희생 제사 및 성스러운 의식이나 직분이 없는 하나님의 말씀 중심의 예배가 드려졌다. 회당 예배는 "이스라엘아 들으라"(신 6:4-9, 11:13-21; 민 15:37-41)로 시작하여 기도, 성경 말씀의 낭독과 설교, 축도(민 6:23-24)로 이루어졌다. 예수님도 기본적으로는 유대적인 예배를 존중하셨지만 형식에 치우친 예배에 대하여는 단호하게 경고하셨다(마 9:13, 23:23; 요 4:23-24). 예수께서는 주기도문(마 6:9-13)을 가르쳐주셨고, 복음선포와 더불어 세례를 명령하시고(마 28:19) 성만찬을 베푸셨다(마 26:17-30; 막 14:22-26; 눅 22:14-23; 요 13:21-30).

---

7 최성훈, 『핵심본문으로 본 성경 1: 모세오경』 (서울: CLC, 2021), 218-243.

3) 예배의 역사

초대교회의 것으로 보이는 예배 관련한 역사적 문헌이 발견되지 않았기 때문에 엄밀한 의미에서 기독교 예배의 역사는 2세기 중간이나 3세기 초부터 시작되었다는 주장도 있다.[8] 하지만 로마의 박해에도 불구하고 교회의 역사가 지속되었기 때문에 예배에 대한 역사적 문헌의 유무와 관계없이 예수님의 부활 및 승천 이후 초대교회의 예배가 지속되었다고 보는 것이 타당할 것이다. 로마에서 기독교가 공인되기 이전에 예배는 가정을 중심으로 모였고, 박해라는 상황으로 인해 즉흥성과 자유로운 기도를 중심으로 진행되었으며 세례 후보자에 대한 정밀한 검증이 있었다.[9] 페르디난트 한(Ferdinand Hahn)은 원시 기독교 예배의 원형을 이루는 초대 기독교 공동체를 열 사람 이상이 모여 아람어를 사용하며 유대교 예배로부터 분리되는 회당 공동체, 예루살렘과 연대를 유지하며 안디옥에서 발전했던 헬레니즘적 유대 공동체, 성령의 활발한 활동이 포함된 이방인 공동체, 그리고 로마 황제들의 박해시 종말론적 메시지를 선포한 속사도시대의 예배 공동체로 구분하였다.[10] 기독교가 로마의 국교가 된 이후 4세기의 예배는 황제나 기부자에 의한 기부금에 의해 지어진 대규모의 바실리카 교회에서 드렸고, 예배의 문서들이 표준화되고 세례의 과정도 더욱 정교화되었다. 중세 서방의 예배는 라틴어가 중심이 되어 교회의 동쪽 벽에 제단을 설치하는 한편, 예배 문서들이 표준화되었고, 11세기에는 무교병의 사용이 확장되어 사제가 성찬을 받고 일반 교인들은 포도주가 배제되어 침묵하는 형태가 정착하였다.

종교개혁자들은 가톨릭교회의 죽은 자를 위한 미사, 성직자 독신주의, 성만찬의 화체설은 물론 성만찬 중심의 예배, 성찬에서 평신도의 포도주 분찬을 배제하는 일 등에 반대하였다. 특히 사제 중심의 예전보다는 하나님의 말씀을 강조함에 따라 설교가 예배의 주된 요소로 부각되었다. 마틴 루터(Martin Luther)는 1523년 출간한

---

8 정일웅, 『기독교 예배학 개론』 (서울: 이레서원, 2000), 48.
9 김순환, "예배학," 『21세기 실천신학 개론』 (서울: CLC, 2006), 50-51.
10 페르디난트 한, 『원시 기독교 예배사』, 진연섭 역 (서울: 대한기독교서회, 1988), 44-107.

자신의 저서 『미사예식서』(Formula Missae)에서 기존 가톨릭교회 중심의 예전에 큰 변화를 주지 않으며 입당송, 키리에, 대영광송, 층계송 및 음악적 요소들을 반영하였다. 또한 개회기도와 비성경적인 속창들을 제거하고 독일어로 된 회중 찬송의 사용을 격려하였다.[11] 따라서 독일의 루터교회는 예배 순서의 안정과 교회음악의 발전을 이루어 성가대의 찬송이 도입되며 오르간이 주도적 역할을 수행하였다. 개혁주의 전통은 마틴 부처(Martin Bucer)와 죤 칼빈(John Calvin)의 영향으로 죄의 고백과 용서의 선언, 즉석 기도, 성시, 본 기도, 성경 봉독, 말씀의 강조로서의 설교, 목회적 중보기도, 청원기도, 주기도문, 축도의 순서로 진행되었다.[12]

이후 감리교(Methodism)는 아침기도회, 연도, 설교와 함께 하는 전 성찬이라는 성공회의 주일예배 유형을 받아들였고, 19세기 미국에서 일어난 천막집회의 부흥으로 인해 예배순서가 찬송과 찬양으로 시작하여 회심과 갱신을 요구하는 설교, 그리고 강대상 앞으로 나오거나 세례를 받도록 하는 초청으로 단순화되었다. 20세기에 등장한 예전회복운동(Liturgical Movement)은 세계교회협의회(WCC: World Council of Churches)의 교회연합운동과 맞물려 1982년 신앙과 직제위원회(Faith and Order Commission)가 세례와 성찬, 그리고 사역에 대한 연구의 결과로 내놓은 리마문서(Lima Document)에서 성만찬의 의미를 성부 하나님께 감사, 예수 그리스도의 희생의 기념(anamnesis), 성령의 임재, 공동체의 교제, 천국잔치의 기대와 재현(Prolepsis)이라는 다섯 가지 개념으로 나누어 설명하였다. 20세기 후반에는 찬양과 경배가 예배의 전반부를 담당하는 열린 예배와 뮤지컬 공연이나 드라마를 통해 예배의 형식을 파괴하는 새로운

---

11 James F. White, *Introduction to Christian Worship*, 3rd ed. (Nashville, TN: Abingdon Press, 2000), 152.

12 종교개혁기의 예배는 성공회의 형식을 취한 가장 보수적인 루터교의 예배, 절충적 또는 온건한 칼빈주의적 예배, 가장 개혁적인 재세례파와 퀘이커교 등 청교도 전통의 자유교회의 예배로 나눌 수 있다. 루터교는 기존의 로마 가톨릭교회 미사에서 희생제사의 흔적을 제하고, 주의 만찬시 잔을 회중에게 주는 것, 주기도문을 암송하는 것 정도의 변화만 있었다. 개혁주의자들 중에서 울리히 쯔빙글리(Ulrich Zwingli)는 주의 만찬을 1년에 네 번만 시행할 것을 주장하고 예배에서 모든 상징을 배제하는 동시에 공중 예배의 모든 음악을 반대하였다. 칼빈은 루터와 쯔빙글리의 중도 입장을 취하여 주의 만찬을 매주 시행해야 한다고 주장하였고, 예배에서 음악의 사용은 허용했지만 악기의 사용은 제한하였다. 부처는 예배자들 가운데 임하는 성령의 감동을 중시하였고, 미사(Mass)를 주의 만찬(Lord's Supper)으로, 사제(priest)를 교역자(minister)로, 제단(altar)을 상(table)으로 대체하는 등 용어를 변경할 것을 주장하였다.

유형의 구도자 예배가 등장하였다. 오늘날 일반적인 한국교회의 예배는 전주, 묵도 또는 개회기도, 회중 찬송, 참회의 기도, 사도신경, 성시교독, 대표기도, 말씀봉독, 설교, 찬양, 봉헌, 광고, 송영 또는 주기도송, 축도의 순서로 진행된다.[13] 21세기의 산업화된 현대 사회는 예배의 개혁과 더불어 새로운 시대에 적합한 예배 형식을 고민하고 있는데, 이는 올바른 신학, 특히 예배신학의 정립을 전제로 요구한다.

2 예배와 성례전[14]

세례는 성찬과 더불어 개신교의 두 가지 성례전(Sacrement) 중 하나이다. 예수께서 남기신 두 가지 성례는 씻고(세례), 식사하는(성찬) 일상적인 생활 속에서 이루어지는 일들로서 예수님을 중심으로 연합하도록 하는 것을 목적으로 한다.

1) 세례

세례란 예수님을 주님으로 고백한 사람이 이제부터는 예수님을 따라 살겠다고 결심하여 교회의 등록교인이 되기를 작정하는 의식이다. 세례는 유대교에서 하나님께 나아갈 때 부정한 것을 씻기 위해 행했던 정결의식과 개종자들에게 요구했던 세례의식에서 기원한 것인데, 세례에 해당하는 헬라어 "밥티조"(βαπτίζω)는 "적시다"라는 의미이며, 물에 완전히 들어갔다가 나오는 그 행동은 씻음과 새로운 출발을 의미한다. 세례는 마음이 씻기워서 새롭게 됨을 상징적으로 묘사하고, 그러한 내적 씻음을 공식적으로 선언하는 의식이며, "성부와 성자와 성령"의 이름으로 행하는 것이므로 삼위일체 하나님과 관계 맺는 것을 의미한다. 세례의 근거는 예수께서 십자가에 달리심으로 인류의 죄를 대속하신 이후에 부활하시고 승천하실 때에 남기신 마지막 말씀인 대위임령이다. "너희는 가서 모든 민족을 제자로 삼아 아버지와 아

---

13 김순환, "예배학,"『21세기 실천신학 개론』, 63-71.
14 예배와 성례전 관련한 내용은 최성훈,『새가족 가이드』(서울: CLC, 2017), 118-132를 수정 및 보완한 것이다.

들과 성령의 이름으로 세례를 베풀고 내가 너희에게 분부한 모든 것을 가르쳐 지키게 하라 볼지어다 내가 세상 끝날까지 너희와 항상 함께 있으리라."(마 28:19-20)

하지만 세례는 그 자체로 구원의 증거가 되지는 못한다. 세례는 "모든 믿는 자에게 구원을 주시는 하나님의 능력"(롬 1:16)을 상징적으로 나타내며, 믿음을 통해 그 능력을 경험할 수 있다는 사실을 드러내는 예식일 뿐이므로 세례를 받는 사람의 마음 중심이 예수님을 주님(그리스도)으로 신실하게 받아들이는 것이 가장 중요하다. 그러므로 몸 전체가 완전히 물에 들어갔다가 나오도록 하는 침수(immersion), 물을 머리에 붓는 관수(affusion), 물을 머리에 뿌리는 살수(aspersion)의 세 가지 방식들은 교단의 특성이나 교회의 상황에 따라 적절하게 사용하면 되는 것이며, 어떠한 방식을 사용하더라도 세례의 본질을 훼손시키지 않는다. 예수님을 믿고 세례를 받은 사람은 그리스도의 죽음으로 하나가 되었기 때문에 예수 그리스도의 삶을 따라 살기로 작정하는 한편, 그리스도의 부활이라는 새로운 삶의 방식에도 동참하는 것이다.

2) 성만찬

성찬을 의미하는 "유카리스트"는 "감사하는 마음을 갖다"는 의미의 헬라어 "유카리스테오"(εὐχαριστέω)의 명사형인 "유카리스티아"(εὐχαριστία)에서 유래된 용어로서 "감사예식"이라는 뜻이다. 이는 예수님께서 베풀어주신 만찬이므로 다른 말로는 "주님의 만찬"(The Lord's Supper)이라고도 한다. 성찬(聖餐, Eucharist) 또는 성만찬(聖晚餐, The Holy Communion)은 성스러운, 거룩한 만찬이라는 의미로서 예수님께서 이 땅에 인간의 몸을 입어 오신 것을 기념하여 떡을 떼고, 또 예수님이 인류를 구원하시기 위해 십자가에 달려 피흘리시고 돌아가신 것을 기념하기 위해 포도주를 나누어 마시는 것이다. 그러므로 성찬은 예수님을 주님으로 받아들이고, 구원의 은혜를 생각하며 자신의 모습을 돌아보고 잘못을 뉘우치는 사람, 일반적으로는 세례 교인이 참가하는 것이다.

성만찬에 대한 기독교 각 교단의 입장은, 가톨릭교회는 화체설(Transubstantiation), 루터교는 공재설(Consubstantiation), 개혁주의 장로교를 위시한 대부분의 개신교단은 영적 임재설(Spiritual Presence), 그리고 종교개혁 당시 급진적인 입장의 쯔빙글리가 주장했던 기념설(Memorialism)의 네 가지로 나눌 수 있다. 첫째, 화체설은 성직자(신부)가 성찬을 집례하며 기도할 때에 떡과 포도주의 본질(substance)이 예수님의 살과 피로 변한다(trans)는 견해로서 자칫하면 성찬식 자체가 미신적이고 마술적인 것으로 변질될 우려가 있다. 또한 화체설에 의하면 포도주는 예수님의 거룩한 피 자체이기 때문에 예수님의 피로 변화된 포도주가 한 방울이라도 바닥에 떨어지는 것은 불경한 것이므로 특별한 경우를 제외하면 사제들만 대표로 포도주를 받고 평신도들은 떡만 받도록 하기 때문에 성찬을 통해 하나됨을 이루는 의미를 제대로 구현하지 못한다.

둘째, 공재설은 종교개혁가 루터가 주장한 견해로서 떡과 포도주의 본질(subtance) 안에 이미 예수님의 살과 피가 함께(con) 공존한다는 입장이다. 이는 떡과 포도주를 "내 몸"(고전 11:24)이요, "내 피"(고전 11:25)라고 말씀하신 예수님의 말씀을 문자적으로 해석한 것이다. 예수님께서 떡과 포도주를 통해 함께 계신다는 주장이지만 이 역시 미신적인 이해로 변질될 가능성이 있다. 셋째, 기념설은 성찬이 단순히 예수님의 이 땅에 육체로 오심(떡)과 죽으심(십자가 보혈, 포도주)을 기념하는 데에 목적이 있는 것이라고 단순히 해석한다. 이는 예수님의 살과 피를 상징적으로 해석한 것으로서 문자적 해석과 정반대 되는 입장을 보이는 것이다. 하지만 이 역시 너무 상징적으로 성찬의식을 폄하한 것이다. 넷째, 대부분의 복음주의 개신교단이 받아들이는 견해는 영적 임재설로서 성도들이 성찬식을 통해 떡과 포도주를 대할 때에 예수님께서 영적으로 임재하신다는 견해이다. 성찬에 참여하는 사람은 믿음을 통해 영적으로 임하시는 예수 그리스도를 체험하며, 성령께서 참여하는 이에게 그리스도의 몸과 피를 내리는 것으로서, 이는 실재적이면서도 영적인 차원의 교제로서 성령을 매개로 하는 것이다. 영적 임재설을 지지하는 종교개혁자 존 칼빈(John Calvin)은 그리스도께서 성령을 통하여 떡과 포도주에 임재하시므로 성찬은 오직 신앙을 가진 사람에게만 작용한다고 주장하며, 예수 그리스도의 임재를 위하여 매주 성찬 의식을 거행할 것을 권면하였다.

③ 교회력과 절기

1) 교회력과 성서일과

교회력이란 그리스도인들의 삶의 이정표로서 예수 그리스도의 탄생, 죽음, 부활, 재림 안에서 완성된 구원 역사를 매년 재현하는 것이다.[15] 교회력(Annee Chretienne)이라는 용어는 1589년 독일 루터파 교회의 요하네스 포르마리우스(Johannes Pomarius) 목사가 처음으로 사용하였다. 17세기에 이 용어가 영어 단어인 "교회력"(Church Year)으로 소개되었고, 19세기에는 "예전력"(Liturgical Year)으로 바뀌었는데, 오늘날에는 교회력과 예전력 두 용어를 병행하여 사용한다. 교회력은 예배를 풍성하게 하고 균형있게 만들고, 기독교 신앙의 진리를 뚜렷하게 조명하며, 그리스도인의 정체성을 보다 분명하게 드러내며, 기대와 소망, 삶의 우선순위를 분별하도록 한다. 조지 깁슨(George M. Gibson)은 교회력의 전반부는 그리스도의 생애, 후반부는 하나님의 계시에 대한 인간의 반응을 담고 있는 등 전체적인 복음을 강조함으로써 기독교 교리의 기초적 내용을 제시한다는 측면에서 그 유용성을 강조하였다.[16] 또한 교회력은 에큐메니컬 예배를 발전시키고, 성경 전체의 통독에 유용하며, 역사적 시각을 형성하는 한편, 신앙생활에 있어서 질서와 연속성을 가지고 그리스도의 생애와 교훈에 대하여 배우도록 한다. 장쟈끄 알멘(Jean-Jacques von Allmen)은 교회력이 교회의 존재를 정당화하고, 교회가 구원의 근본이 됨을 선포하고 확신시킨다고 평가하였다.[17] 교회력은 복음적 근거에서 성직자들에게 양떼들의 신앙과 삶을 새롭게 할 의무를 일깨우고 신자들이 구원의 완전한 신비를 체험하게 하며, 교회력의 순환을 통해 하나님 사랑의 위대한 호소를 세상에 거듭하여 알린다.

---

15 Horace T. Allen, Jr., *A Handbook for the Lectionary* (Philadelphia, PA: The Geneva Press, 1980), 25.

16 Cf. George M. Gibson, *The Story of the Christian Year* (Nashville, TN: Abingdon-Cokesbury Press, 1955).

17 Jean-Jacques von Allmen, *Worship Its Theology and Practice*, trans. Harold Knight and W. Fletcher Fleet (Cambridge, UK: James Clarke & Co., 2023), 236.

교회력은 매일의 일 주기(daily cycle), 주일을 중심으로 하는 주간 주기(weekly cycle), 부활절을 중심으로 하는 연 주기(annual cycle)의 세 가지 주기로 나뉜다. 매일의 일 주기는 하루의 일과를 통해 하나님을 기억하고 자신의 정체성을 확인하는 가장 기초적인 교회력으로서 매일 아침과 저녁을 보내며 작은 부활과 작은 죽음을 경험하며 겸손함을 유지하도록 한다. 주일을 중심으로 하는 주간 주기는 1년 단위 교회력이 등장하기 훨씬 이전부터 초대교회 그리스도인들이 지키던 주일 중심의 주기인데, 그리스도의 부활 이후 부활하신 일요일을 주님의 날(主日, the Lord's Day)로 삼아 이후 매 주일을 작은 부활절로 지켰다. 부활절을 중심으로 하는 연 주기는 2세기부터 강조되었는데 주님께서 부활하신 날을 기념하는 매 주일이 작은 부활절로 1주의 중심이었던 것처럼, 1년 단위로 부활절 주일을 큰 부활 주일로서 강조하며 그리스도의 부활을 기념한다.

교회력의 연 주기는 예수 그리스도의 구속사를 중심으로 부활절 중심의 부활 주기(Lent-Easter-Pentecost) 또는 생명의 주기와 성탄절 중심의 성탄 주기(Advent-Christmas-Epiphany) 또는 빛의 주기로 양분된다.[18] 연 주기는 성탄절 4주 전부터 시작되며 베들레헴에 찾아오신 그리스도와 역사의 마지막에 다시 오실 그리스도의 재림에 대하여 준비하고 열망하는 대림절, 12월 25일의 성탄절, 모든 인류의 구세주로 현현하신 그리스도를 기념하는 1월 6일 주현절로 이어지는 성탄절 주기와 재의 수요일부터 부활절 전 토요일까지 6회의 일요일을 제외한 40일로 구성된 사순절, 봄의 첫날(춘분) 이후 첫 만월 후 첫 주일인 부활절(Easter), 부활절 후 50일째 되는 날인 오순절(Pentecost) 또는 성령강림절로 구성되는 부활절 주기의 2주기 및 6개의 기간(seasons)으로 구성된다. 가톨릭교회는 제2차 바티칸 공의회(1962-1965) 이후 개혁의 과정에서 양대 주기에 포함되지 않는 기간을 비절기기간(Ordinary Time)으로 부르기 시작했는데, 이는 단순히 특별한 의미를 부여한 양대 주기와 대조하는 의미에서 붙인 중립적 명칭이다.

성서일과(Lectionary)란 넓은 의미에서는 교회력의 예전적 사용을 위해 지정된

---

18 Robert E. Webber, *Ancient-Future Time: Forming Spirituality through the Christian Year* (Grand Rapids, MI: Baker Books, 2004), 19-34.

성경 말씀들을 발췌하여 정리해 놓은 것이며, 좁은 의미로는 성경본문들을 담은 성구집을 뜻한다. 성서일과의 성경읽기 방식은 연속적 성경읽기(lectiocontinua)와 선택적 성경읽기(lectioselecta)로 나뉘는데, 초대교회는 325년 이전에 이미 특별한 절기들을 위한 선택읽기 본문들을 지정하고 일반 주일에는 연속읽기 방식을 지정하는 등 성서일과의 기본틀을 완성하였다. 로마에서는 5세기 교황 레오 1세(Leo I)에서부터 7세기 초 교황 그레고리 1세(Gregory I)에 이르는 시기에 교회력과 성서일과가 정교해졌고, 빠르게 유럽 곳곳으로 확산하며 발전하였다. 9세기 초 서유럽 각 지역의 다양한 성서일과가 표준화 과정을 거치며 로마교회의 공식 성서일과로 자리 잡았지만, 중세 가톨릭교회는 그리스도를 중심으로 하는 교회력과 성서일과의 본래적 모습을 상실하고, 성모 마리아를 중심으로 하는 성자숭배에 빠졌다. 따라서 종교개혁의 주역들은 본질을 상실한 교회력과 성서일과를 배격하고 하나님 말씀에 중점을 두었다. 종교개혁자 루터는 비교적 교회력과 성서일과를 충실히 따라 설교했으나, 성서일과 본문들이 교회력과 정확히 일치하지 않는다고 비판하였고, 칼빈은 하나님 말씀에 초점을 맞추어 주로 연속적 방식으로 설교하였다.

19세기 말 개혁주의의 본산인 스코틀랜드 교회가 예배의 회복운동을 일으키며 교회력과 성서일과에 대한 관심을 고조시켰고, 1940년 교회의 예식사에 초대교회의 교회력에 합당한 2년 과정의 성서일과를 채택했는데 이는 1969년에 발행된 가톨릭의 성서일과(Lectionary for Mass)보다 30년 가량 앞서는 것이다. 가톨릭교회는 제2바티칸 공의회(1962-1965)를 소집하여 새로운 성서일과 제정을 결의하고 초대교회의 말씀과 성례의 균형 회복을 위해 위원회를 조직하여 5년간 학자들의 자문을 받고 스코틀랜드 교회의 성서일과 등을 수집, 검토한 후 1969년 성서일과(The Roman Lectionary for Mass)를 제정하였다. 개신교에서는 1970년 미국 남북장로교가 가톨릭 성서일과를 대폭 수정하여 수용한 예식서(Worship Book)를 공동으로 발행하였고, 1973년 미국 성공회(Episcopal Church)도 가톨릭 성서일과를 채택하여 수정 후 사용했으며, 1976년 감리교회는 장로교의 예배서에 기재된 성서일과를 주일 예배 지침서에 반영하여 수록하고, 1978년 루터 교회도 가톨릭 성서일과를 일부 수정하여 수용하였다. 개신교와 가톨릭의 공동 본문 위원회는 1978년부터 4년간의 연구 끝에

1983년 공동성서일과(Common Lectionary)를 제작하여 출판하였고, 1992년 완결판인 개정판 공동성서일과(The Revised Common Lectionary)를 제작 및 출판하여 오늘날 전 세계 모든 개신교회가 개정판 공동성서일과를 공통으로 사용하고 있다.19

2) 교회력의 역사

그리스도의 첫 증인들이 사라질 무렵 그리스도의 목격자들이 다음 세대에 신앙을 전수해야 하는 선교적 과제를 가지고, 이를 효과적으로 수행하기 위해 시간의 순서를 따라 복음을 전할 수 있는 교회력을 탄생시켰다. 기독교 신앙공동체들이 주님의 죽음과 부활에 대한 결합적인 기념을 위해 2세기경부터 교회력을 제정하기 시작하였는데, 열 두 사도의 교훈을 기록한 시리아의 『디다케』(Didache) 문헌은 2세기에 그리스도의 고난과 부활을 기념하는 절기들이 본격적으로 등장했음을 기록하고 있다. 313년 콘스탄틴 황제(Constantine the Great)의 기독교 공인 및 380년 테오도시우스 황제(Theodosius I)의 기독교 국교화로 박해 시대가 종식된 이후 기독교는 로마 제국의 후원을 받으며 국교로 발전하였다. 기독교가 로마의 국교가 된 380년 이후 약 50년간 예배 변혁 및 교회력이 발전하며 기독교 교리의 기초가 확립되었다.20

사도시대부터 4세기 이전까지 초대교회는 교회력이라는 명칭을 사용하지 않고, 오직 부활의 사건에만 초점을 맞춘 신앙생활을 전개하였다. 4세기의 모든 교회는 신앙을 위해 고난 받고 순교한 지방순교자들을 기념하였고, 313년 콘스탄틴 황제가 신앙의 자유를 허용한 이후 교회는 박해의 두려움 없이 활동하며 바실리카식 교회당을 건립하고, 세례 희망자에 대한 세밀한 검토를 완화시키는 한편, 공중예배

---

19 가톨릭과 성공회, 루터교는 예배서를 의무적으로 사용하며, 장로교와 감리교는 예배의 모범이나 지침을 참고하는 반면, 오순절, 침례교, 독립교회는 예배의 형식에 구애받지 않는다. 특히 성경만을 유일한 신앙의 토대로 삼는 침례교는 예배 순서에 사도신경이 배제되어 있고, 고백적 교회의 정체성에 따라 구원에의 초청이 포함된다. 형식을 갖추는 예배는 항구성 당위성 거룩성, 공동체성, 진정성의 측면을 강조하고, 형식에 구애받지 않는 예배는 다양성, 자발성, 역동성, 개별성 등을 중시한다. 전자가 하나님의 영광을 목표로 하는 데 비하여 후자는 회중의 성화에 더 큰 비중을 둔다. 김세광, "문화변동에 따른 21세기 예배의 변화 전망," 「한국기독교신학논총」 14 (1997), 264-265.
20 Gregory Dix, *The Shape of the Liturgy* (London, UK: Dacre Press, 1945), 88.

거행 장소 물색과 더불어 교회력에 맞춘 예배를 구비하였다. 부활절, 오순절(성령강림절), 주현절의 순으로 중시하던 교회는 4세기에 들어 이를 각각 구별하여 파스카절은 부활절과 성금요일로 분리하여 4세기 말에는 사순절(Lent)이 확립되었고, 성령강림을 기념하는 오순절은 승천일(부활 후 40일)을 출현시켰으며, 주현절은 성탄절과 분리되었다. 교회력의 대부분이 제정된 4세기에 그리스도의 성육신, 구속의 역사, 성령에 의한 교회 발전을 극대화하는 예전이 구비되었다. 하지만 4세기 말에 기독교가 로마의 국교로 거듭난 이후 교회는 교황청을 중심으로 전체주의에 빠졌고, 부활과 종말론적 신앙에 바탕을 둔 신앙은 역사적 기독교로 변모하기 시작하였다.

중세 중반에 접어들며 이탈된 교리들이 교회력의 순수한 의미를 훼손하기 시작하여 7세기에 등장한 성모 마리아의 축일을 포함하여 수많은 성자들의 축일과 기타 축일들이 교회력에 자리 잡았다. 365일 내내 모든 주일과 평일을 겹치면서까지 채워 놓은 잡다한 교회력은 중세의 연옥설, 성모 마리아 및 성자들을 구원의 중보적 존재로 추앙하는 데에서 비롯된 것이다. 교회력의 혼돈은 하나님 말씀의 선포와 해석이 차지해야 할 자리를 빼앗아 각종 축일을 지키는 예전의 집례만을 지속하는 모순을 야기하였고, 예배에 있어서도 미신적 요소가 가미되어 숭배의 분위기만을 지속했다. 1570년 교황 비오스 5세(Pius V) 때에 가톨릭교회의 미사전서가 완성되어 교회력 후반부 주일인 삼위일체주일을 성령강림절 이후 주일부터 계산하기 시작하였는데, 후반부 교회력은 신자의 생활에 중점을 두고 그리스도와 사도들의 생활과 가르침을 적용하였다. 1582년에는 교황 그레고리 13세(Gregorius XIII)가 교회력을 채택하여 그레고리력(Gregorian Calendar)을 소개하였는데, 당시 구력(舊曆)인 율리우스력과 대비되는 신력(新曆)인 그레고리력을 스페인, 포르투갈, 프랑스 및 가톨릭령 독일이 채택하여 사용하였다.

중세 가톨릭교회의 교리와 예배의 탈선은 교회력의 의미를 왜곡시킴에 따라 종교개혁자들이 이를 전면적으로 부정하며 교회력과 담을 쌓는 결과를 유발하였다. 16세기 이후 종교개혁자들은 그리스도의 가르침에 의해 보증되지 않는 성자축일과 축제를 제거하고, 믿음과 관계 없는 감각적 상징을 배제하였다. 루터는 교회력을 전반적으로 부정하기보다 절기가 성경에 기입된 여부와 관계 없이 주일 및 그리스도와 관계된 교회력은 지키고 모든 성자들의 축일은 삭제할 것을 권고하였다. 칼빈은 예배 의식들(rituals)과 형식들(forms)을 준수할 때 그것들을 규범적인 것이 아니라, 그리스도 안에서의 자유 속에서 이해하였는데, 이는 성경적 근거가 없더라도 성경의 원리에 따라 자유롭게 사용할 수 있다고 보는 입장이다. 한편 울리히 쯔빙글리(Ulich Zwingli)는 교회의 성상들을 파괴할 것을 주장하는 한편, 성모 마리아를 비롯한 어떤 성자나 순교자들의 숭배도 강력히 거부하였다.

존 낙스(John Knox)는 가톨릭교회와 영국 국교회가 준수하는 축일들에 대한 과감한 혁파를 통해 스코틀랜드 교회의 개혁을 주도하였는데, 이후 존 웨슬리(John Wesley) 역시 현재의 가치 있는 목적과 무관한 모든 행사들의 폐지를 선언하였다. 영국 국교회(Anglican Church)는 성경 속의 신앙인들은 교회력을 통해 기념하는 한편, 다른 모든 성인들을 한꺼번에 기념하는 만성절(All Saints' Day)을 유지했지만, 스코틀랜드 교회는 성경에 포함되지 않은 모든 축일을 거부하는 급진적 개혁을 추진하였다.21 17세기에는 "주의 날"을 주기적으로 기념하는 것조차 격론의 대상으로 삼으며 시간을 구조화하는 교회력의 이해를 퇴화시켰고, 따라서 대부분의 개신교 그룹은 모든 절기와 축일들을 금지하는 칙령들을 보급하였다. 18세기 들어 개신교 진영에서 기독교 절기들이 회복되기 시작했지만, 이는 교회의 공식적 입장이 아니라 비공식적인 주일학교 운동에 의한 것이었다. 미국의 청교도들은 의식 없는 예배를 강조하며 가톨릭 예전을 로마적 제도로서 배격하였다. 20세기 중엽부터 시작된 예배 갱신의 흐름에 따라 성만찬과 교회력의 사용이 강조되었는데, 1960년대 개혁교회 내 창조적 제단 예술 장려의 움직임이 조성되고 예전적 색상의 개발도 권장되었다. 그러나 대부분의 복음주의권에서는 교회력의 사용을 여전히 꺼렸다.

---

21 John Knox, *History of the Reformation in Scotland* (London, UK: Thomas Nelson, 1949), 2:281. (Original Work Published in 1560).

3) 교회력과 주요 절기

교회력은 인간을 위한 것이 아니라 하나님과의 보다 깊고, 사실적인 만남을 위한 소중한 방편이다. 구약 성경에서 나타난 교회력의 절기는 안식일 및 이스라엘의 3대 절기인 유월절, 오순절, 장막절 등을 통해 나타난다. 안식일은 하나님의 창조 역사에서 출발하는데, 일주일의 마지막 날인 제7일 토요일을 안식일로 정하여 금요일 해가 질 때부터 토요일 해가 질 때까지의 시간을 엄수하였다. 유월절은 이스라엘 백성들이 하나님의 인도로 애굽을 탈출하기 전날 밤의 사건 및 홍해를 건너 완전한 구원을 이룬 해방을 회상하는 절기이며, 유월절 이후 한 주간은 누룩 없는 빵을 먹는 무교절로 정하여 지킨다. 오늘날에는 유월절을 이스라엘의 건국일로 준수하며 하나님의 은혜를 기리는 감사와 축제로 삼고 있다. 오순절은 유월절 이후 50일째 지키는 절기로서 처음 익은 열매를 드리는 날(민 28:26)이며, 맥추절(출 23:16), 칠칠절(출 34:22)이라고도 한다. 초기에는 첫 곡식의 추수를 감사하는 절기였지만, 후기에는 시내산에서 십계명이 주어진 견신일(Confirmation Date)로 재해석하여 모세에 의한 신앙 확립의 날로서 기념하였다. 장막절은 1년 중 마지막에 지키는 절기로서 오늘날 10월에 해당하는 티쉬리월(7월, 태양력으로 9-10월) 제15일부터 22일까지 7일간 준수하며(레 23:34-41), 이 시기에 이스라엘 백성들은 집 밖 초막에 거주하며 율법이 낭독되는 것을 경청한다. 이는 조상들이 광야 40년 동안 장막에 거했음을 상기하며 그 경험을 재현하는 절기로서 여호와 하나님에 대한 신뢰와 하나님 말씀에 순종했을 때 받는 은총을 마음에 새기는 축제이다.

안식일의 본래적 의미는 하나님께서 창조를 마치시고 제7일에 쉬셨던 것을 상기하고, 이스라엘 백성들도 이를 준수하여 복된 날이 되게 하는 것이었지만 이에 더해 단순한 노동의 중지에 그치지 않고, 예수께서 부활하신 날(主日) 및 예배와 훈계를 위한 성회의 날로 승화하였다. 321년 콘스탄틴 대제는 엄숙한 태양의 날인 일요일을 주일로 공식적으로 인정하였고, 363년 라오디게아 회의는 주일의 예배를 의무화하는 한편, 주일의 노동을 정죄하는 결정을 내렸다. 안식일 폐지 및 주일의 공식화에 따른 유대인들의 반대로 인해 서방교회는 안식일을 주일 예배를 준비하기 위한 금식일로 제정하였다. 한편 디다케 문헌은 주일의 가장 우선적 임무로서 성만찬 참여를 지적하였다.[22] 384년 스페인 여성 에게리아(Egeria)의 기록에 의하면 주의 날에는 모든 회중들이 닭이 울기 전에 특정한 장소에 모여야 하며, 아침 예배는 모두 교회에 나아가 말씀을 듣고 성례전에 참여해야 했다.[23] 신약 성경에서는 이스라엘 민족의 한계에 갇힌 전통적인 유월절의 의미를 뛰어넘은 새로운 유월절로서 주의 만찬, 즉 성만찬의 제정을 통해 이방을 포함한 모든 영혼들의 구원을 선포한다. 따라서 주의 만찬은 유월절 행사의 연속인 동시에 구속의 역사를 이루신 그리스도를 기리는 하늘의 예전으로 승화되었다.[24] 사도행전 2장에 나타난 오순절은 원래 유월절로부터 50일째 되는 날에 수확의 첫 열매를 드리던 유대인 고유의 감사의 절기이지만, 오순절에 임한 성령의 사건으로 인해 베드로가 설교했을 때에 3천 명의 회심자를 얻어 그리스도의 몸 된 교회가 공식적으로 출범함을 기념하는 날이 되었다(행 2:41).

4 예배의 공간[25]

교회는 하나님께 예배를 드리는 장소라는 공간적 의미와 하나님을 믿는 신자들의 모임이라는 공동체적 의미를 동시에 지닌다. 따라서 교회의 건축 양식도 공간에 집중한 "하나님의 집"이라는 의미의 "도무스 데이"(*Domus Dei*)와 신자들의 모임을 강조한 "하나님의 백성을 위한 집"이라는 의미의 "도무스 에클레시아"(*Domus Ecclesia*)로 나뉜다. 교회 건축의 성경적 배경을 통해 조명할 때에 구약 성경의 성막과 성전은 전자에 보다 초점을 맞추었고, 신약 성경의 회당은 후자의 의미를 강조하였다. 로마 제국의 콘스탄틴 황제가 313년 기독교를 공인하고, 테오도시우스 황제가 380년에 기독교를 로마의 국교로 공인한 이후 서방교회는 전자의 의미를 중시하여

---

22 Cyril C. Richardson, *Early Christian Fathers* (Philadelphia, PA: The Westminster Press, 1958), 178.

23 M. L. Herbert McClure and Charles L. Feltoe, *The Pilgrimage of Etheria* (London, UK: SPCK, 1920), 56.

24 Bernard Cooke, *Ministry to Word and Sacraments* (Philadelphia, PA: Fortress Press, 1980), 530.

25 예배의 공간과 관련한 내용은 최성훈, "리좀 개념을 통해 조명한 교회의 공간 구조,"「영산신학저널」 68 (2024), 97-124를 수정 및 보완한 것이다.

현세적 사고를 기반으로 하나님께 나아가는 단순한 의미를 부각시키며 성직자 중심의 바실리카, 로마네스크, 고딕 양식을 발전시킨 반면, 동방교회는 후자의 의미를 반영하여 내세적 사고를 기반으로 평신도의 참여를 강조하는 비잔틴 양식을 발전시켰다.

1) 교회 건축의 성경적 배경

초대교회의 건축 양식은 구약 성경의 성막으로부터 성전을 거쳐 신약 성경의 회당으로 이어지는 흐름을 통해 발전하였다. 주전 13세기 출애굽 이후 하나님으로부터 구체적인 지침을 전달받은 모세가 세운 광야의 성막이 교회 건축 양식의 시초가 된다. 속죄소와 법궤를 둔 지성소, 향단, 진설병상, 촛대를 배치한 성소, 그리고 번제단과 물두멍을 두어 희생과 정화의 의식을 행하도록 한 바깥뜰의 3중적 구조로 이루어진 성막은 이스라엘 신앙 공동체의 종교적 상징으로 기능하였다. 희생 제물을 잡고 정결 의식을 행하는 바깥뜰, 제사장들이 섬기는 장소인 성소, 그리고 대제사장도 1년에 단 한 번 대속죄일에만 접근이 가능한 하나님을 상징하는 지성소의 3중 구조는 하나님 앞으로 나아가는 위계적 질서를 표현하는 방식으로서 종축형 건축의 원형이 되었다.

주전 10세기 이후 솔로몬이 건축한 성전은 그 공간 배치는 성막과 유사한 모습을 보였으나 그 성격과 재료에 있어서 차이를 보였다. 기존의 성막이 지닌 유동성을 잃은 반면, 거대한 신전으로 기능하며 왕국을 이룬 이스라엘의 구심으로 기능하였기 때문이다. 성전은 깎지 않은 돌로 건축한 석조 건물로서 내부를 목재로 마감하고, 지성소 내부는 금으로 입혀 장식한 화려한 건축물이었다. 따라서 성막이 하나님과의 만남 및 하나님으로부터 받는 계시에 초점을 맞춘 종말론적 공동체의 구심으로 기능한 것에 비하여 성전은 하나님의 임재와 하나님께 드리는 제사를 중심으로 하는 전례적 공동체의 구심으로 기능하였다. 하지만 성전은 성막과 마찬가지로 수직적인 세로축을 강조하는 종축형 건축의 모형이었다.

주전 586년 남왕국 유다가 바벨론에 의해 멸망한 이후 바벨론 포로기를 경험한 유대인들은 성인 남성 10명 이상으로 구성한 회당을 중심으로 신앙을 유지하였다. 회당은 건물이 아니라 공동체의 모임을 지칭하는 개념으로서, 회당의 방향은 예루살렘을 향하도록 구성하였고, 설교단을 중심으로 회중이 둘러 모이는 형태를 보임으로써 후대의 중앙집중형 교회의 원형이 되었다. 예수 그리스도가 베푸신 최후의 만찬 장소인 다락방 및 오순절 성령 사건 이후 베드로의 설교를 듣고 회심한 교인들이 형성한 초대교회는 가정에서 모였다. 주후 70년 예루살렘 성전이 파괴된 이후 초기 기독교는 유대교와 분리되어 예루살렘을 향한 회당과 달리 부활하신 그리스도의 빛을 상징하는 해 돋는 동쪽을 향해 기도하였다. 한편 로마의 박해기에 초대교회 교인들은 지하에 위치한 카타콤에서 예배를 드리며 신앙을 유지하였다.

2) 종축형 교회

종축형 교회는 "하나님의 집"에서 희생 제사와 예배를 집례하는 성직자의 존재를 강조하는 "도무스 데이"(*Domus Dei*)의 개념을 기반으로 하는 유형의 교회로서 서방교회가 활용한 양식의 교회 형태이다. 이는 로마의 콘스탄틴 황제가 내린 밀라노 칙령(Edict of Milan)을 통해 기독교가 공인된 이후 교회의 공간 구성 역시 위계를 중시하며 아트리움(atrium), 네이브(nave), 앱스(apse)로 구성함으로써 바깥뜰, 성소, 지성소로 이어지는 성막의 3단 구성과 유사한 형태를 갖추었다. 회랑으로 둘러싸인 안뜰, 신랑에 해당하는 네이브의 전면에 배치된 성가대와 설교단이 자리한 성소, 그리고 후진인 앱스에 놓인 제단으로 구성된 공간은 구약 시대 성막의 3단계 구성과 거의 동일하며, 19세기까지 교회 건축 역시 큰 틀에서는 제단, 성소, 회랑의 3단계 구성에서 거의 벗어나지 않은 형태를 보였다. 종축형 교회 형태를 활용한 대표적인 양식은 바실리카(Basilica) 교회인데, 이는 4-5세기 로마에서 공회당 법정, 상업거래소 등의 다목적 용도로 사용된 장방형 건물인 바실리카를 변형한 것으로서, 이곳에서 평신도들은 네이브와 아일(aisle)을 통해 앱스로 이어지는 공간에서 예배에 참석하였고, 사제들은 앱스에서 예배를 집례하였다.

이후 중세에 접어들며 교회 조직이 정비되고 교황권이 강화됨에 따라 교회는 교황으로부터 성직자들의 위계를 거쳐 평신도에 이르는 계급을 구성하며 제도화되

었다. 예배 또한 교황 중심의 희생 제사와 성직자 중심의 예배로 구분되었는데, 성
직자가 집례하는 예배를 강조하다 보니 성단소와 네이브 사이에 트랜셉트(transept)
를 추가하여 성직자와 회중석을 분리하였고, 이같이 성직자들의 공간적 비중이 커
진 교회의 양식은 로마네스크(Romanesque) 교회로 지칭되었다. 로마네스크 교회는
고대 바실리카 교회의 종축성과 같은 중세 시대의 비잔틴 양식의 중심성을 통합한
십자형 평면으로 구성되었는데, 교차점이 되는 공간의 중심에 성가대와 성직자를
위한 성소를 배치하였다. 교황권이 정점에 달한 시점에 이르러서는 교황이 황제를
임면하며 부와 권력의 중심이 되었고, 예배는 말씀 예전보다는 성찬 의식이 강조된
성례전 중심의 형태를 보였다. 성찬식에 있어서도 성직자가 집례하는 희생 제사의
의미가 회중들의 교제보다 강조되며 성직자의 제사장적 권위가 강화되었다. 또한
성직자들의 숫자가 증가하며 교회 공간에서 트랜셉트의 크기가 확대되었고, 따라서
로마네스크 교회에 비하여 제단을 포함한 성소가 평면의 중심으로 더욱 이동하면서
성직자를 위한 공간의 비중이 확대되었다. 외적인 모습에 있어서도 훨씬 더 높이
치솟은 뾰족한 첨탑과 여러 개의 기둥을 합하여 하나로 형성한 클러스터드 피어
(Clustered pier)의 수직성을 통해 하나님의 초월성을 강조하였는데, 이 같은 양식을
고딕(Gothic) 교회라고 한다.

3) 중앙집중형 교회

주로 동방교회가 활용한 양식의 교회 형태인 중앙집중형 교회는 "하나님의 백
성을 위한 집"으로서 평신도의 예배 참여와 교제를 강조하는 "도무스 에클레시
아"(*Domus Ecclesia*) 개념을 기반으로 하는 유형의 교회이다. 동방의 비잔틴(Byzantine)
교회는 내세에 관심을 가지고 세상으로부터의 자유와 영생을 강조하는 초월적 예배
를 추구하는 한편, 평신도의 참여 및 교제를 중시하였다. 동양과 서양 문명의 교차
로로서 기능하던 비잔틴 교회는 6-9세기에 프레스코화와 모자이크 장식을 통해
예수 그리스도의 부활과 승천을 강조하며 신비로운 구원의 감격을 표현하는 초월적
예배를 추구하였다. 또한 평신도들의 예배 참여와 교제를 강조함에 따라 단일 홀로

이루어진 원 또는 정사각형 형태의 그릭 크로스(Greek Cross) 평면을 도입한 건축 양식을 낳았다. 따라서 비잔틴 교회의 건축 양식은 로마의 바실리카 양식을 변형한 원형 또는 팔각형의 중앙집중형 평면 위에 하나님께서 창조하신 우주 또는 천국을 상징하는 돔을 씌운 형태를 보였다. 특히 예배당 중심을 돔으로 덮어 하나님께서 창조하신 우주를 표현하였고, 성직자와 회중의 차이가 없이 교회 중심부에 함께 둘러 모일 수 있도록 공간을 구성한 것이 비잔틴 교회 건축 양식의 특징이다.

계몽주의의 흐름이 유럽을 뒤덮고, 종교개혁의 기치가 드높여진 이후 서방교회에서는 종교적 열정과 환상보다는 현세의 가치를 추구하였는데, 신과 인간의 관계 및 우주의 질서를 강조하며 기하학적 형태의 완전함을 지향함에 따라 고딕 교회의 건축 양식을 부정하고, 그리스·로마의 건축 양식을 도입하였다. 그 과정에서 세상의 중심과 하늘을 상징하는 돔과 그릭 크로스 평면을 도입하여 오히려 비잔틴 교회의 기본 형태를 활용한 르네상스(Renaissance) 교회 건축 양식이 출현하였다. 인문주의적 사고에 따라 원을 가장 완전하고 신성한 형태로 간주하는 한편, 대우주와 소우주에 해당하는 인체가 원이라는 형태 속에서 하나가 된다고 믿었기 때문이다. 하지만 르네상스 교회는 그릭 크로스 형태에 네이브 공간을 추가하여 중앙의 수평적 공간을 확장했다는 점에서 차별화를 도모하였다. 이후 이성을 너무 강조하는 르네상스 교회의 기하학과 대칭적 질서로부터의 해방을 추구하며 인간의 감성을 중시하고 자유롭고 역동적 특징에 초점을 맞춘 바로크(Baroque) 교회 양식이 등장하였다. 이는 타원형을 기반으로 제단을 정신적인 구심으로 삼아 네이브와 교차부에 평신도의 자리를 위치시킴으로써 보다 자유로운 구성을 도모한 것이다.

4) 한국교회의 공간 구조

한국교회의 건축 양식과 공간의 구성은 서구 선교사들을 통해 이식된 과거 서구의 교회 건축 양식과 공간 구성을 모방한 형태로 구축되어 왔다. 하지만 개인의 주관을 강조하는 포스트모더니즘과 소수의 의견을 중시하는 민주화라는 사회적 추세와 더불어 오늘날 교회는 지역교회(local community church)로서의 기능이 강조되며 건축 및 공간 구성의 방식에 대하여도 공공성을 기반으로 하는 공적 영역에 관한 가치에 대하여 주목하고 있다. 특히 교회 내 공간의 연계에 따른 문제점에 대한 지적과 함께 교회의 사회적 역할 수행을 통해 공적 사명을 담당할 것을 요구하는 주장이 21세기 들어 힘을 얻고 있다.

　신앙의 내용과 형태는 항상 밀접하게 상호 작용하므로 신앙의 내용이 건축 양식을 결정하기도 하고, 반대로 건축 양식이 신앙의 내용을 형성하는 데에 공헌하기도 한다. 한국교회는 급변하는 사회적 환경 및 현대인들의 요구를 고려하여 교회 건축 및 공간 구성에 대하여 고유한 종교적 기능을 잃지 않는 범위 내에서 지역사회와 소통할 수 있는 다양한 기능적 방법론을 모색하여야 한다. 이는 복음의 굳건한 기반 위에 교회가 자리 잡은 지역의 역사와 전통, 인구통계학적 특성 등을 반영하는 어려운 과업을 요청한다. 교회의 거룩성이 내포한 세속과의 구별이 지역사회의 환경과 소통하는 일체적 공간 구현이라는 역설적 요구를 수용하기 위해서는 지혜가 필요하기 때문이다. 모든 사람이 동일한 양식의 교회 건축 및 공간의 구성을 통해 같은 영향을 받는 것은 아니므로 교회의 건축 양식 및 공간을 구성할 때에 목회자와 교인 전체를 포함하는 구성원들 모두가 참여하여 건축가와 충분히 의견을 나눈 후 의사결정을 마무리해야 할 것이다.

참고문헌

김순환. "예배학": 41-86. 『21세기 실천신학 개론』. 서울: CLC, 2006.

김세광. "문화변동에 따른 21세기 예배의 변화 전망." 「한국기독교신학논총」 14 (1997), 245-269.

정성구. 『실천신학개론』. 수정증보판. 용인: 킹덤북스, 2021.

정일웅. 『기독교 예배학 개론』. 서울: 이레서원, 2000.

차명호. "현대 실천신학에서의 예배신학적 의의." 「기독교교육정보」 7 (2003), 131-161.

최성훈. "리좀 개념을 통해 조명한 교회의 공간 구조." 「영산신학저널」 68 (2024), 97-124.

_____. 『21세기 기독교교육』. 서울: 박영사, 2023.

_____. 『핵심본문으로 본 성경 1: 모세오경』. 서울: CLC, 2021.

_____. 『새가족 가이드』. 서울: CLC, 2017.

페르디난트 한. 『원시 기독교 예배사』. 진연섭 역. 서울: 대한기독교서회, 1988.

황성철. "실천신학적 관점에서 본 예배모범." 「신학지남」 262 (2000), 7-28.

Allen, Jr., Horace T. *A Handbook for the Lectionary*. Philadelphia, PA: The Geneva Press, 1980.

Cooke, Bernard. *Ministry to Word and Sacraments*. Philadelphia, PA: Fortress Press, 1980.

Dix, Gregory. *The Shape of the Liturgy*. London, UK: Dacre Press, 1945.

Gibson, George M. *The Story of the Christian Year*. Nashville, TN: Abingdon-Cokesbury Press, 1955.

Machen, John G. *Christianity and Liberalism*. Grand Rapids, MI: Eerdmans Publishing, 1923.

McClure, M. L. Herbert, and Feltoe, Charles L. *The Pilgrimage of Etheria*. London, UK: SPCK, 1920.

Knox, John. *History of the Reformation in Scotland* (London, UK: Thomas Nelson,

1949). (Original Work Published in 1560).

Richardson, Cyril C. *Early Christian Fathers*. Philadelphia, PA: The Westminster Press, 1958.

von Allmen, Jean−Jacques. *Worship Its Theology and Practice*. Translated by Harold Knight and W. Fletcher Fleet. Cambridge, UK: James Clarke & Co., 2023. (Original Work Published in 1965).

Webber, Robert E. *Ancient−Future Time: Forming Spirituality through the Christian Year*. Grand Rapids, MI: Baker Books, 2004.

White, James F. *Introduction to Christian Worship*, 3rd ed. Nashville, TN: Abingdon Press, 2000.

07

기독교교육학

기독교교육학은 실천신학의 세부분야로 시작했지만 일찍부터 독자적인 체계를 구축하며 자리 잡았다. 1961년에 한국기독교교육학회가 결성되었고, 1993년에는 기독교교육을 포함한 신학의 실천을 강조하며 한국실천신학회가 설립되었으며, 2000년에는 정보화와 세계화라는 21세기의 시대적 변화에 부응하기 위하여 기독교교육정보학회가 설립되어 기독교교육의 중추적 역할을 담당하고 있다. 과거에는 교회의 성장과 함께 교회교육을 포함한 기독교교육이 부흥을 맞이했지만, 20세기 말부터 시작된 교회의 성장 정체와 함께 기독교교육 역시 전환기의 도전을 맞이하며 오히려 기독교교육학이 실천신학과 통합되는 움직임을 보이고 있다. 21세기의 인공지능과 비대면 학습의 강화는 물론 에큐메니컬 운동을 통해 교단보다는 개교회 위주의 지역 밀착 교육이 강조되며, 목회자 중심에서 제자훈련 등을 통한 평신도 지도력으로 구심이 이동한 것도 변화의 일면이다. 또한 목회자와 제직 등 모든 교회의 구성원들이 교회의 운영과 교육에 참여하는 민주화된 지도력을 요구하는 현실에도 기독교교육학은 지혜롭게 대처해야 한다.

1 기독교교육의 의미

1) 기독교교육의 개념

기독교교육이란 예수를 주님(그리스도)으로 믿는 사람으로 하여금 자신 안에 내재된 하나님의 형상을 회복하고, 잠재력을 실현함을 통해 그리스도의 명령을 이 땅에서 실천하도록 하는 모든 활동을 의미한다. 이는 또한 교육의 모든 과정을 통해 개인의 삶을 온전케 하는 그리스도 구속의 의미가 드러나고, 영혼을 일으켜 세우는 목적이 이루어지는 것을 뜻한다. 따라서 기독교교육과 일반교육의 차이는 하나님의 형상으로 창조된 인간 이해의 유무에 달려 있는데, 전자의 입장을 보이는 기독교교육은 한 영혼의 소중함을 토대로 일생의 헌신을 요구하는 과정적 과업이다.

일반적으로 교육에 대한 관점은 만드는 교육, 기르는 교육, 그리고 만남의 교육 등 세 가지로 분류한다.[1] 만드는 교육이란 인간이란 마치 하나의 백지와 같은 존재이기 때문에 어떠한 모습의 그림을 어떤 색으로 그리느냐에 따라 인간상이 형성된다고 보는 입장이다. 이러한 입장을 견지하는 대표적인 인물인 영국의 철학자 존 로크(John Locke)는 사람은 "백지판"(tabula rasa)으로 태어나며, 사회와 환경의 영향을 받아 온전한 인간으로 성장한다고 주장하였다. 이는 경험주의 철학과 훗날 행동주의 심리학의 입장을 대변하는 견해로서, 이러한 견해에 따르면 교육이란 인간의 행동을 바람직한 방향으로 변화시키는 수공업의 생산공정과도 같다. 그 같은 교육에 있어서 교사는 교육의 주체로서 학습자에게 절대적인 영향을 미치는 존재이며, 이처럼 만드는 교육은 외부의 영향력과 자극을 통하여 바람직한 방향으로 인간을 만들어 가는 기술에 관심을 갖기 때문에 이를 "기술적 모델"(technical model)이라고 한다.

기르는 교육은 인간 안에 내재된 성장의 잠재력이 발현될 수 있도록 돕는 것을 교육이라고 이해한다. 이는 프랑스의 계몽주의 철학자인 장 자크 루소(Jean-Jacques Rousseau)의 입장을 대변하는 것으로서, 기르는 교육은 그가 주장하는 자연주의 교

---

1 최성훈, 『21세기 기독교교육』 (서울: 박영사, 2023), 11-13.

육사상과 아동 중심 교육의 핵심사상이다. 이러한 이해를 "유기체적 모델"(organic model)이라고도 하는데, 기르는 교육에 있어서 교사는 정원사처럼 화초(학습자)가 자연의 질서대로 성장할 수 있도록 돕는 역할을 담당하기 때문이다. 또한 학습자 스스로 자신의 잠재력을 실현할 수 있도록 하는 것을 강조하므로 교육은 최소한의 부분만을 담당하기 때문에 이를 소극적 교육(negative education)이라고도 한다. 한편 실존주의의 영향을 받은 만남의 교육은 교수자와 학습자의 만남과 상호소통을 강조한다. 이를 기독교교육의 입장에서 조명하면 초월적인 하나님의 능력을 인정하되 인간의 반응과 책임을 보다 강조하는 입장을 견지한다. 따라서 개인이 초월적인 하나님을 만날 때에 그 사람의 삶 가운데 역사하시는 내재적인 하나님의 능력이 나타난다는 사실에 보다 초점을 맞춘다. 그러므로 만남의 교육에 의하면 교수자와 학습자 모두 하나님의 능력을 전제하여 서로 가르치고, 배우는 사명을 감당해야 하는 것이다.

2) 기독교교육의 목적

교육의 목적은 교육과정을 통해서 성취하고자 하는 결과를 지향한다. 따라서 교육목적은 교육적 과제의 방향을 제시하고, 교육경험으로서의 교육내용을 선정하는 기준이 되며, 교육방법론을 결정하는 토대로서, 그리고 평가를 위한 지침으로서 기능한다. 교육의 목적은 교육의 내용과 교수학습법을 결정하고, 평가의 근거가 되는 것으로서 교육의 철학, 가치관에 의하여 영향을 받는다. 특히 기독교교육의 목적은 신학적 관점의 영향을 받으며, 따라서 신학은 기독교교육의 목적을 설정하는 토대가 된다.

과거에는 기독교교육에 대하여 학문적으로 접근할 때에 기독교교육학을 신학 분야의 하나인 실천신학의 한 분과로 분류하였지만, 최근에는 일반적인 학문 분야들과의 연계성과 기독교교육학 자체의 전문성을 강조하며 하나의 독립된 분야로 인정하는 추세이다. 교육학 자체가 타 학문과 연계되어 교육철학, 교육사, 교육심리학, 교육경제학, 교육행정학, 교육경영학, 교육사회학 등의 세부 분과를 형성하고, 내부적으로도 교육과정론, 교수학습법, 교육공학, 교육평가, 교육리더십 등으로 다양하게 분류되기 때문이다.

기독교교육의 목적은 신학적인 입장에 따라 그 강조점에 차이가 있는데, 이는 교육에 대한 정의 자체가 하나님과 인간에 대한 이해도에 따라 변화하기 때문이다. 잭 시무어(Jack L. Seymour)는 교육신학의 유형에 따라 기독교교육의 목적을 사회문화적 접근을 활용하여 교육프로그램을 통해 학습자에게 신앙과 실천, 감정, 지식 등을 전달함을 목적으로 하는 종교교육(Religious instruction) 유형, 회중 전체를 중시하여 기독교 공동체가 구체화한 신앙이 공동체 내에서 다음 세대로 전수되는 것을 목적으로 하는 신앙공동체(Faith community) 유형, 학습자 개인의 영적 성장과 성숙 도모를 목표로 하는 영적발달(Spiritual development) 유형, 기독교교육의 예언자적 과업을 강조하며 하나님의 샬롬 약속을 통해 억압의 현실을 조명하고 정의를 구현하려 시도하는 해방(Liberation) 유형, 기독교 전통을 통해 오늘날 현대인들이 경험하는 현상을 해석하는 것을 목표로 삼는 해석(Interpretation) 유형 등 다섯 가지로 나누었다.[2] 메리 보이스(Mary C. Boys)도 기독교교육의 목적을 회심을 목적으로 하는 복음전도(Evangelism) 유형, 학습자 중심의 진보적 교육을 강조하는 종교교육(Religious education) 유형, 진보적 교육에 반대하여 전통적 신앙을 강조하는 기독교교육(Christian education) 유형, 교리와 신조에 초점을 맞춘 가톨릭의 카테케틱스(Catechetics) 유형 등 네 가지로 나누었다.[3] 해롤드 버지스(Harold W. Burgess) 역시 성경을 교육의 절대적 규범으로 삼는 복음적 케리그마 유형(The evangelical kerygmatic model of religious education), 사회과학의 이론들을 중시하는 자유주의 종교교육 유형(The classical liberal model of religious education), 신정통주의 신학에 근거하는 주류 종교교육 유형(The mid-century mainline model of religious education), 그리고 객관적 방법론을 중시하는 사회과학적 유형(The social-science model of religious education)으로 분류하였다.[4] 이처럼 기독교교육의 목적은 신학적 관점에 따라 다양하게 진술되지만, 하나님의 말씀인 성

---

2 Jack L. Seymour, *Mapping Christian Education: Approaches to Congregational Learning* (Nashville, TN: Abingdon Press, 1997).

3 Mary C. Boys, *Educating in Faith: Maps and Visions* (New York, NY: Harper & Row, 1989).

4 Harold W. Burgess, *Models of Religious Education: Theory and Practice in Historical and Contemporary Perspective* (Nappanee, IN: Evangelical Publishing Company, 1996).

경을 토대로 교육을 수행하는 복음주의 시각에서 본 기독교교육의 목적은 학습자에게 잠재한 하나님의 형상 회복을 통하여 그리스도의 명령을 이 땅에서 실현하는 것이다.

2 기독교교육의 이론

1) 기독교교육의 철학적 기초

일반적 의미의 교육철학은 교육 영역에서 발생하는 주제들에 대하여 철학적 탐구를 하는 것으로서 교육의 목적은 무엇이며, 어떤 종류의 지식을 강조할 것인가, 학습의 가치가 있는 내용은 어떤 것이어야 하는가, 누가 그것을 결정할 것인가, 교사의 권위와 학생의 자율성 중에 어디에 더 비중을 둘 것인가 등을 결정하는 토대이며, 기독교교육철학은 하나님의 뜻을 따라 그 같은 점을 반영하여 교육하는 원리를 의미한다. 특히 형이상학, 인식론, 가치론 등으로 구분되는 철학적 지식은 교육의 각 분야에 응용될 수 있다.

형이상학이란 이 세상(우주)의 궁극적이고 본질적인 실재(진리)가 무엇이냐(What is ultimately real?)라는 존재론적인 질문을 파헤치는 철학의 분야로서 기독교교육학에 있어서도 궁극적인 실재의 본질인 하나님은 어떤 분이냐는 질문으로 연결된다. 인식론은 그러한 실재를 파악하는 진리를 어떻게 알 수 있느냐(How do we know the truth?)는 질문, 즉 진리를 아는 방법론을 다루는데 이를 기독교교육학에 적용한다면 진리의 근원이신 하나님을 어떻게 알 수 있느냐는 핵심적 질문이 된다. 가치론은 실재를 바라보며 각각의 가치를 평가하는 것과 관련이 있는데, 진리를 아는 주체로서 이제 어떻게 살아야 할 것인가(How ought we live?)라는 핵심적인 질문을 다루는 윤리학과 진리 안에서의 아름다움이란 무엇인가(What is beauty?)라는 질문에 대한 미학으로 나뉜다. 윤리학과 미학을 기독교교육학에 적용하면 윤리학은 예수 그리스도를 통하여 하나님의 진리를 아는 그리스도인으로서 어떻게 살아야 하는가 하는 그리스도인의 실천적 윤리를 제시하며, 미학은 믿음 안에서의 가치와 아름다움을 새로운 눈으로 바라보는 시각을 형성한다. 최근 철학의 네 번째 주된 분야로 떠오르는 것이 논리학 또는 논리분석의 영역인데 이는 정의된 개념을 확인하고, 이론을 논증하는 등, 올바른 추론과 증명의 과정을 점검하는 역할을 담당한다.

20세기 초의 교육철학은 미국을 중심으로 진보주의, 항존주의, 본질주의, 재건주의로 전개되었다. 진보주의(Progressivism)는 실용주의 철학의 영향을 받아 전통적인 교육에 대한 반기를 들며 20세기 초에 미국에서 대두하였다. 진보주의 교육철학은 교사 중심의 전통적 교육의 형식주의에 반대하고 아동의 자유로운 활동, 자발적 참여를 존중하는 아동 중심의 새로운 교육 운동으로 일어났다. 항존주의(Perennialism) 교육철학은 진보주의 교육철학의 급진성을 비판하며 등장하였는데, 항존주의는 인간의 본성은 불변하기 때문에 교육도 불변해야 하며, 인간의 특성인 이성을 발전시키는 보편적이고 불변적 진리를 전해야 한다고 주장하였다.[5] 항존주의는 절대적 진리와 절대적 원리를 중시하며, 교육의 최대 목적은 이성의 계발이라는 고대 그리스의 지식관을 수용하기 때문에 이성에 의하여 자유롭게 행동하며, 진리를 추구하는 인간을 양성하는 것을 교육목표로 삼는다. 또한 항존주의 교육철학은 교육의 목적 달성을 위한 교양교육의 필요성을 주장하며, 기본적 교과의 철저한 이수와 고전 독서를 강조했다.

본질주의(Essentialism)는 1920년대 말의 경제 대공황의 원인을 아동 중심, 생활 중심의 진보주의 교육으로 인해 야기된 기초학력 저하로 돌리며, 그러한 교육적 결손을 유발한 진보주의에 대항하여 1930년대 미국에서 등장하였다. 본질주의는 진보주의의 실험정신과 현재적 삶의 강조, 그리고 항존주의의 과거 업적에 대한 강조를 절충하여 양자의 결합을 시도했다. 본질주의의 교육목적은 사회 전통과 가치가 내포된, 본질적인 문화와 정신적 유산을 다음 세대에 전달하여 모델 시민(model citizen)을 양성하는 것이다. 재건주의(Reconstructionism)는 1930년대 세계 경제의 대공황(1929-1933)을 거치며 국가 간 대립과 사회갈등 심화, 가치관 부재, 생활, 건강, 교

---

5 최성훈, "항존주의와 하브루타의 변증적 결합: 고전읽기 프로그램을 중심으로," 「기독교교육정보」 69 (2021), 195-198.

육수준의 불균형 등 사회의 제반 문제에 직면하며 20세기 중반에 대두되었고, 1960
년대에 체계화되었다. 재건주의는 진보주의가 지닌 자유주의적 견해의 단점, 과거
로 역행하는 항존주의의 관점, 그리고 문화의 보존에 급급한 본질주의의 자세를 지
적하며, 이들 사상으로는 사회의 개조 및 문화위기 극복이 불가능하다고 판단하였
다. 따라서 재건주의는 교육과 학교의 사회적 책임에 관심을 가지고 진보주의의 실
험정신, 항존주의의 보다 높은 삶의 목적 의식, 본질주의의 지식에 대한 강조의 통
합을 시도하였다. 재건주의의 교육목적은 사회적 자아실현이며, 따라서 민주주의
이상국가 건설이라는 교육의 사회적 역할을 강조하였다. 이는 현재를 중시하는 진
보주의, 과거를 중시하는 항존주의, 과거와 현재의 중간에 위치한 본질주의를 절충
한 목표로서 재건주의는 과거에 대한 비판적 검토, 현재의 문제에 대한 논쟁, 미래
변화에 대한 계획적 추진을 고루 강조한다.

2) 기독교교육의 심리학적 기초

마음에 관심을 두고 이를 탐구하는 것은 철학의 형이상학 분야에서 과제로 삼
았던 것인데, 이처럼 철학의 연구로부터 파생한 심리학은 정신분석학을 통해 학문
적인 연구가 최초로 시도되었고, 이후 인간행동과 사회환경의 관계를 다루며 환경
의 영향을 강조한 행동주의 심리학, 일정한 단계를 따라 인지능력이 발전함에 초점
을 맞춘 인지심리학을 거쳐서 인간의 타고난 능력을 강조하는 인본주의 심리학으로
발전하였다. 이를 학습에 대한 관점으로 분류하면 정신분석학적 접근은 생의 초기
경험에 의해 삶이 결정되므로 학습의 역할이 미미하다고 간주하였고, 행동주의적
시각은 외부의 환경에 의해 조장되고 조율되는 학습을 강조하였으며, 인지주의 및
인본주의적 입장은 지식을 습득하고 활용하는 복합적인 정신과정의 결과로서 학습
을 강조하는 모습을 보인다.

흔히 정신분석학을 "제1의 심리학"이라고 분류하는데, 이는 정신분석학이 최
초로 심리학의 기반을 형성했다는 의미에서 붙인 명칭이다. 정신분석학의 기초를
놓은 지그문트 프로이드(Sigmund Freud)는 인간의 성격은 원초아(id), 자아(ego), 초자

아(super ego)로 구성되는데, 원초아는 본능적 욕구를 따르며, 자아가 현실성을 바탕으로 균형을 잡고, 초자아는 인간의 보편적인 윤리를 지향하므로 인간의 성격 형성에는 원초아와 초자아를 적절하게 통합할 수 있는 자아의 기능이 중요하다고 주장하였다.6

　　정신분석학에 이어 "제2의 심리학"이라고 불리는 행동주의 심리학은 동물과 인간의 행동에 초점을 맞추어 연구를 진행하였다. 특히 외적인 자극에 반응하며 특정 행동을 학습하는 과정과 방법에 관심을 두었는데, 이는 외적으로 관찰 가능한 인간 행동에 초점을 맞춘 행동주의이론과 인간이 특정 행동의 양식을 고착화하는 데에 인지적 과정이 개입된다고 주장하는 사회학습이론으로 구분된다. 행동주의 심리학자들은 사람의 행동에 영향을 미치는 여러 가지 요소들 가운데 환경이 가장 중요한 것이라고 믿었다. 행동주의 심리학이 바라보는 인간은 기계적인 존재인데, 행동주의적 입장은 인간은 탄생 당시에는 중립적이지만 외부 환경에 반응하며 행동을 조성하는 유기체이기 때문에 동물 실험의 결과를 인간에게 그대로 적용 가능하다고 믿는다. 따라서 인간의 행동은 유전과 환경간의 상호작용에 의해 형성되고, 생활환경이 제공하는 강화의 형태와 그 빈도에 따라 결정되는 것이다. 결국 인간 행동의

6　프로이드는 인간의 생후 18개월까지의 구강기(Oral Stage)는 원초아가 삶의 전반을 지배하는 시기로서 입에 모든 감각이 집중되어 갓난 아기가 어머니의 젖을 빨며 쾌감을 느낀다고 주장하였다. 이후 만 3세까지의 항문기(Anal Stage)는 배변을 하는 항문에 감각이 집중되는 시기로서, 원초아와 자아가 배변 가리기 훈련(toilet training) 과정에서 주된 기능을 담당하여, 청결을 유지하려는 자아가 쾌감을 누리려는 원초아를 통제하기 시작하며 배변 훈련은 마무리가 된다. 다음 단계는 3-6세의 남근기(Phallic Stage)로서 이 시기는 남성의 성기에 관심이 집중되는 시기이다. 프로이드에 의하면 이 시기의 사내 아이들은 자신의 성기에 관심을 집중하는데, 자신보다 훨씬 몸집이 큰 아버지의 존재 앞에 무기력함과 위험을 느끼며 거세의 위험을 감지하는 오이디푸스 콤플렉스(Oedipus complex)를 경험하며, 여아의 경우에는 자신에게 없는 남근으로 인한 박탈감을 느끼며, 아버지를 두고 어머니와 경쟁하는 과정에서 어머니에게 반감을 갖는 엘렉트라 콤플렉스(Electra complex)를 경험한다. 남근기에는 성기를 통한 쾌감을 추구하는 원초아, 오이디푸스 콤플렉스와 엘렉트라 콤플렉스로 인하여 아버지, 어머니에 대한 사랑과 증오를 동시에 경험하며 자아와 초자아가 함께 기능한다. 프로이드는 6세 이후 사춘기까지는 학령기에 취학하여 또래 집단과 어울리느라 쾌감이 둔감해지는 잠복기(Latent Stage)로서 이 시기는 온몸을 통해 감각이 발달하는데, 잠복기가 끝날 무렵부터 2차 성징이 나타나며 새로운 변화의 과정에 돌입한다. 이어지는 성기기(Genital Stage)는 사춘기에 접어들어 이성에 대한 관심 및 다시 성기로 쾌감이 집중하는 시기를 뜻하는데, 프로이드는 성기기로서 인간 발달에 대한 설명을 마무리하고 이후의 성인기에 대하여는 별다른 언급을 하지 않았다. 프로이드의 발달단계에 대한 자세한 내용은 최성훈, 『21세기 기독교교육』 (서울: 박영사, 2023), 71-73를 참조하라.

차이는 지금까지 어떤 행동을 하도록 강화되어 왔는가의 차이, 즉 강화 역사의 차이에 기인한다. 그러므로 인간 행동은 환경적 자극에 의해 동기화되며, 강화에 의해 행동의 빈도와 강도가 결정되는 것이다. 행동주의 심리학에 의하면 일관성을 가지고 있는 인간의 행동은 그 행동에 영향을 줄 수 있는 변인과 이 변인들을 통제할 수 있는 법칙을 밝혀 낼 수 있으면 얼마든지 수정될 수 있다.

인지주의 심리학은 어린 시절의 경험이나 외부 환경적인 요소에서부터 인간의 가능성으로 초점을 전환하였다. 에릭 에릭슨(Erik Erickson)과 장 피아제(Jean Piaget)가 제시한 인지 수준의 발달단계는 심리학의 초점이 행동주의에서 인본주의로 이행하는 과정에 있음을 잘 보여준다. 인지심리학의 발달단계는 로렌스 콜버그(Lawrence Kohlberg)의 도덕 발달론과 제임스 파울러(James Fowler)의 신앙발달론의 토대가 되어 기독교 신앙 교육에 지대한 영향을 미쳤다.[7] 일반적으로 인본주의 심리학은 정신분석학과 행동주의 심리학에 이어 "제3의 심리학"이라고 지칭된다. 인본주의 심리학은 인간에게 초점을 맞추어 인간을 자율적 존재로 파악하며, 궁극적 가치를 인간의 존엄성에 두고 인간의 가능성을 강조한다. 그러한 인간 존중의 관점은 하나님의 형상으로 창조된 인간의 잠재력을 강조하는 기독교적 관점과도 일맥상통한다. 하지만 인본주의 심리학은 신앙과 관계없이 인간 존재 본연의 능력을 강조한다는 측면에서 기독교의 인간관과 구분이 된다. 그러므로 기독교교육의 전개에 있어서는 인본주의 심리학의 장, 단점을 구분하고 장점을 취사 선택하여 수용하는 지혜가 필요하다.

3) 기독교적 교육과정

교육과정이란 교육목표를 향해 펼쳐지는 설계도와도 같다. 교육과정(curriculum)은 라틴어 동사 "쿠레레"(currere)에서 유래하였는데, 이는 "달리다"(to run)라는 의미이다. "쿠레레"가 명사로 사용되면 "경주로"(race course)라는 뜻이므로 교육과정이란 학습자가 목표를 향해 학습해 가는 코스, 그리고 그 코스에서 경험하는 내용을 의

---

7 인지주의 심리학에 대한 자세한 내용은 최성훈, 『21세기 기독교교육』(서울: 박영사, 2023), 82-91를 참조하라.

미한다. 또한 교육적 노력 내에서 만나게 되는 모든 연구, 모든 활동, 모든 자료, 모든 경험을 총칭하는 개념이다. 광의적 차원에서 조명하는 교육과정이란 특정한 교육목적을 설정하고 이를 달성하는 데 필요한 교육내용(학습경험)을 선정, 조직하고 이를 근간으로 교수-학습활동을 실행하고 그 달성도를 확인하기 위한 평가활동을 언제, 어디서, 어떻게 행할 것인가에 대한 종합적 계획을 뜻한다. 협의의 의미에서 보는 교육과정이란 설정된 교육목표를 달성하는 데 필요한 교육내용으로서 이는 교과과정에 국한된 의미이다. 기독교교육과정이란 기독교 정신을 바탕으로 창조명령(Creation Mandate, 창 1:27-28), 대명령(Great Commandment, 마 22:37-40), 대위임령(Great Commission, 마 28:18-20)을 실현하기 위한 현세적 목표를 지향하고 있다. 따라서 교육과정에 있어서 기독교 신학의 가치관을 통해 온전한 목표를 설정하고 그 목표점이 흐려지지 않도록 관리하는 것이 매우 중요한 과제가 된다.

교육과정을 형식적으로 분류하면 학교나 교사가 계획적으로 의도하여 문서화한 공식적 교육과정으로서 교육과정의 구성, 교과서 편찬, 교수요목의 작성 등을 통해 교육의 의도가 명시되어 있으며, 인지적, 기능적 영역에 초점을 맞추는 표면적 교육과정(Manifest curriculum) 또는 공식적 교육과정(Official curriculum), 학교나 교사에 의해 의도되지 않았지만, 학생들이 학교생활을 통해 은연중에 얻게 되는 경험에 초점을 맞춘, 문서화되지 않은 비공식적 교육과정인 숨겨진 교육과정(Hidden curriculum) 또는 잠재적 교육과정(Latent curriculum), 그리고 의도적으로 배제된 교육과정인 영의 교육과정(Null curriculum)으로 나뉜다. 교육과정을 이론에 따라 나누면 전통주의 접근법, 개념-경험주의 접근법, 그리고 재개념주의적 접근법의 세 가지 종류로 세분된다. 전통주의적 교육과정은 교육의 3요소인 교수자, 학습자, 교육내용 중에서 교수자와 교육내용에 초점을 맞추고 있다. 전통주의 교육과정은 18세기 합리주의 교육사상과 19세기 능력심리학에 기반한 형식도야이론 또는 능력연마이론의 영향을 받아 교과의 내용 체계를 강조하며, 그 내용을 전달하는 교사의 역할을 강조한다. 개념-경험주의적 교육과정은 학습자가 교육내용을 직접 접하며 경험하는 것에 초점을 맞추어 학습자의 흥미, 요구, 능력을 토대로 자발적 활동에서 생성되는 경험의 체계를 중시한다. 이는 진보주의 교육사상에 기반한 것으로서 교과보다 생활, 지식보다 행동, 분과보다 통합, 미래보다는 현재, 교수자의 교수활동보다 학습자의 학습활동에 초점을 맞춘다. 재개념주의 교육과정은 교수자와 학습자 사이에서 일어나는 상호작용을 중시하는데, 이는 실존주의와 인본주의 심리학에 기반한 인간 중심의 교육과정이므로 인간의 성장가능성 실현이 주된 목적이다. 따라서 교육을 통해 개인의 자아실현과 사회발전에 기여할 것을 강조하며, 교육의 인간화와 전인교육에 중점을 둔다. 또한 잠재적 교육과정을 중시하여 공식적으로 명시되지는 않지만 교육에 영향을 미치는 요소들에 민감하며, 인간적인 학교환경 구축에도 관심을 갖는다.

4) 교수학습법

교수학습법은 그 기본원리에 따라 행동주의와 인지주의를 기반으로 하는 교수자 중심의 객관주의 교수학습법과 학습자 중심의 구성주의 교수학습법으로 양분된다.[8] 객관주의 교수학습법은 논리실증주의에 근거하여 수업 설계가 사전에 선정된 지식 전달을 위한 하향식의 순차적 과정을 통해 진행된다. 반면 구성주의 교수학습법은 현상학과 해석학에 근거하여 수업 설계의 과정이 피드백과 성찰을 통한 순환적 과정으로 전개된다. 객관주의 교수학습법은 지식이란 학습자와 독립적으로 존재하는 것으로서 학습은 지식을 학습자 외부에서 내부로 전이하는 과정이라고 보며, 강의법(Lecture Method)과 학습자의 학습동기에 영향을 미치고 이를 유지하는 요소들을 주의집중(Attention), 관련성(Relevance), 자신감(Confidence), 만족감(Satisfaction)의 네 가지로 제시하는 동기유발법인 ARCS(Attention Relevance Confidence Satisfaction) 모형이 대표적인 방법이다.[9] 구성주의 교수학습법은 자신의 경험을 이해하려고 노력하는 학습자에 의해 지식이 구성되며, 학습자는 능동적인 유기체로서 지속적으로 지식을 재구성한다고 본다. 대표적인 구성주의 교수학습법에는 문제중심학습(PBL: Problem Based Learning), 목표기반 시나리오(GBS: Goal-Based Scenario), 액션러닝(Action Learning), 그리고 최근

---

8 교육학습법에 대한 자세한 내용은 최성훈, 『21세기 기독교교육』 (서울: 박영사, 2023), 167-197를 참조하라.

9 Cf. John M. Keller, *Motivational Design for Learning and Performance: The ARCS Model Approach* (New York, NY: Springer Science+Business Media, 2010).

기독교교육에서 새로이 조명하는 하브루타(Havruta) 등이 있다. 따라서 객관주의 교수학습법은 교수자로부터 학습자로의 지식 전달에 중점을 두며, 구성주의 교수학습법은 학습자가 스스로의 힘으로 지식을 구성할 것을 강조한다.

3 소그룹과 제자훈련

1) 소그룹의 역사와 발전

소그룹은 구약성경에서부터 등장하는데 예를 들어 노아와 그의 가족은 하나님의 구원계획을 이루는 소그룹이었고, 아브라함의 가족이라는 소그룹은 이스라엘이라는 구별된 백성의 시초가 되었다.[10] 또한 모세가 하루 종일 이스라엘 백성들을 이끄는 일에 전념할 때에 하나님은 그의 장인 이드로를 보내셔서 백성들을 10명, 50명, 100명, 1,000명으로 나누어 업무를 위임하여 처리하게 하셨다(출 18:21). 소그룹은 신약성경에서도 목회와 선교적 차원에서 중요한 역할을 수행하였는데 예수님의 열두 제자도 소그룹의 형태를 띠었고, 초대 교회 당시, 3천 명, 5천 명씩 회개하고 주님께로 돌아온 이후에 교회는 소그룹 공동체를 통해 성장하였다. 브리스길라와 아굴라(행 18:2, 18-28; 롬 16:3-5; 고전 16:19; 딤후 4:19)의 가정교회도 소그룹 공동체에 속하며, 종교개혁 이전에 복음의 진리를 수호하기 위해 모였던 왈도파와 같은 경건주의자들도 소그룹으로 모였다.

감리교를 일으킨 존 웨슬리(John Wesley) 역시 옥스퍼드대학(University of Oxford)의 거룩한 모임(Holy Club)이라는 소그룹을 통해 근대 민음의 선진의 반열에 들어서게 되었고, 이후 신도회(society), 속회(class meeting), 신도반(band), 선별 신도회(select society), 그리고 참회자 신도회(penitent society)로 소그룹 조직을 세분하여 활용하였다. 오늘날 소그룹 활성화의 기반이 된 제자훈련은 20세기 초 네비게이토 선교회(The Navigators)를 설립한 도슨 트로트맨(Dawson Trotman)이 예수 그리스도께서 위임

---

10 최성훈, 『성경가이드』 (서울: CLC, 2016), 277.

하신 대 사명(마 28:18-20)에 대하여 크게 깨달은 이후 본격적으로 선교단체들을 통해 시행하며 발전하였고, 이후 기성교회로 확산되었다.[11] 또한 1974년 로잔(Lausanne)에서 열렸던 국제 복음화 대회가 그리스도인의 사회적인 책임과 관련하여 성경적 제자도에 대한 관심을 표명한 이후 제자도의 회복 및 제자훈련에 대한 관심이 활발히 전개되기 시작했다.

2) 소그룹 제자훈련

소그룹 제자훈련은 양육, 예배, 공동체적 교제와 선교의 기능을 제공함으로써 효과적인 성경공부 방법론의 기능적 역할을 수행하는 동시에 소그룹 구성원 개인의 신앙적 성숙을 돕는다.[12] 소그룹을 통한 성경공부는 공동체 의식의 형성, 실존적 학습의 경험 제공, 평신도 지도력 개발 등의 면에서 유익을 제공한다. 특히 초신자의 경우 개인적으로 성경을 공부하는 것이 부담스러울 때에 소그룹을 통해 신앙의 연륜과 성경공부 경험이 많은 사람으로부터 조언을 얻을 수도 있고, 서로의 의견을 종합하는 과정 중에 성경 본문을 곡해할 위험을 방지할 수 있으며, 개인이 발견한 진리를 교환하는 과정에서 다른 사람들의 시각과 경험이 합쳐져서 신앙생활의 적용을 위한 일반적인 원칙을 이끌어내는 일도 용이하다. 이는 소그룹 학습의 유형이 인도자가 일방적으로 이끌어가는 내용 중심의 과정을 지양하고, 학습자가 중심이 되어 성경 본문을 통해 일상의 문제를 조명하고 해결하도록 하기 때문에 학습자 개인의 삶과 경험을 존중하는 한편, 성경의 가르침을 통해 하나님을 개인적으로 만날 수 있도록 하는, 계시의 대면과 그에 대한 응답을 강조하는 역동적이고 창조적인 학습법이기 때문이다. 또한 소그룹의 참여의식과 소속감을 통해 서로를 격려하고 위로하는 공동체로 발전할 수 있는데, 개인의 주관을 강조하는 포스트모더니즘으로 인해 개인주의가 심화되고, 4차 산업혁명의 발전의 배후에서 인간 소외현상이 나타

---

11 옥한흠, 『다시 쓰는 평신도를 깨운다』 (서울: 국제제자훈련원, 2005), 121.
12 최성훈, "소그룹 운영의 리더십: 수퍼리더십과 셀프리더십을 중심으로," 「ACTS 신학저널」 56 (2023), 176-177.

나는 현대 사회에서 개인을 받아들이고, 마음을 나누는 공동체는 소중한 영적, 심리적 자산으로 기능한다.

소그룹의 활성화는 교회의 모든 사역이 소그룹을 지원하는 구조를 요청하며, 소그룹을 통한 온전한 영적 지도력의 발휘는 목회자는 물론 동역자로서 교인들의 자기성찰 및 역량 증진 모두가 필요한 과업이다. 그 같은 차원에서 불필요한 조직력의 소모를 막으려면 조직을 구성하는 초기에 조직의 목적에 대하여 같은 마음을 품은 사람들을 선발하는 것이 가장 바람직하며, 하나님의 형상으로서의 잠재력 실현과 은사 발휘를 통해 영혼구원의 목표를 이루는 것은 다양한 재능과 은사들이 연합하여 수행해야 하는 작업임을 간과해서는 안 된다. 소그룹 안에서의 역할이 다양하여 구성원 각자가 그 역할을 성실히 수행할 때에 목표를 이루듯이 직분과 은사의 구별과 이의 통합과정이 필요하다. 같은 마음을 품되, 실행하는 방법이나 아이디어에 있어서는 다양한 관점과 배경을 가지고 있는 사람들이 모일 때에 조직은 상승효과를 내기 마련이기 때문이다. 따라서 성경의 가르침과 교회의 전통 및 인간의 이성과 경험을 활용하는 한편, 겸손하게 성령의 도우심을 구하며 지속적으로 한국교회의 소그룹 조직과 리더십에 대한 점검이 필요하다. 이는 단기적인 차원에서 단순히 셀 또는 구역과 같은 소그룹의 조직 형태나 제자훈련과 같은 성경 교수의 방법론에만 초점을 맞추는 것에 그치는 것이 아니라, 장기적이고 거시적인 관점에서 투철한 복음의 기반 위에서 사람을 일으켜 세우고, 삶을 통해 신앙의 모범을 보이는 소그룹 리더들을 지속적으로 양성하는 과업을 요청한다.

4 기독교교육의 평가

1) 교육학적 평가

평가(evaluation)란 "가치(value)를 밖으로(ex) 꺼내어 판단하고 평정하다"라는 의미로서, "가치나 수준을 판단한다"는 뜻을 가진 라틴어 "엑스발레레"(exvalere)에서 유래한 개념이다. 특히 교육평가란 교육과정이나 교육프로그램이 교수-학습활동을 통하여 의도된 교육목표를 얼마나 잘 달성하였는지 여부를 파악하는 활동이다. 이는 또한 교육활동을 개선하기 위하여 교육담당자나 교육행정가들이 올바른 의사결정을 내리는 데 필요한 각종 정보를 체계적으로 수집, 제공하여 의사 결정에 도움을 주는 활동이기도 하다. 그러므로 교육평가는 교육현상이나 대상에 드러나 있거나, 숨어 있는 의미와 가치를 발견하고, 이를 체계적으로 서술하며 반성적 시각에서 해석하고 분석하는 체계적인 과정이다.13

인간을 환경의 영향을 받는 수동적이고 기계적인 존재로 이해하는 행동주의 심리학에 영향을 받은 교과와 학문 중심의 전통적인 교육과정 및 객관주의 교수학습법을 강조하는 진영에서는 교육평가에 있어서 측정(measurement)을 통한 상대적 가치를 강조한다. 따라서 학습자 간의 우열을 가리는 규준지향평가(norm-referenced evaluation)와 한 번에 모든 과정을 평가하는 총합평가(summative evaluation)를 선호한다. 하지만 인간을 능동적인 존재로 바라보는 경험-개념 교육과정과 인간 중심의 구성주의적 교수학습법을 강조하는 진영에서는 학습자의 교수목표 달성여부를 중요시하는 준거지향평가(criterion-referenced evaluation)와 교육과정 전체를 통해 평가하는 형성평가(formative evaluation)를 선호한다. 이에 더하여 인간을 보다 주체적인 존재, 즉 유기적 존재로 보는 인본주의 심리학과 재개념주의 교육과정, 그리고 인본주의 성향이 보다 강한 구성주의 교수학습법을 선호하는 진영은 평가 자체를 예술적인 사정(appreciation)의 단계로 승화시킨다. 이렇듯 다른 교육의 영역과 마찬가지로 교육의 평가 또한 교육의 신학, 철학, 심리학적 사조에 따라 각기 다른 강조점을 보인다.

2) 기독교교육의 평가

교육의 제 분야에 있어서 가장 어려운 부분이 바로 교육의 평가 부분인데, 이

---

13 교육평가와 관련한 자세한 내용은 최성훈, 『21세기 기독교교육』(서울: 박영사, 2023), 331-350를 참조하라.

의 결정적인 원인은 그 평가의 대상이 전인(全人)적인 존재인 사람이기 때문이다. 사람의 역량은 인지능력, 정서, 의지 등이 복합적으로 작용하여 발휘되기 때문에 교육의 성과는 어느 한 차원을 통해서만 조명할 수 없다. 특히 기독교의 관점에서 볼 때에 인간은 하나님의 형상으로 창조된 존귀한 존재인 동시에 타락한 죄성을 보유한 독특한 존재라는 이중성을 지니기 때문에 더욱 교육 성과를 측정하기가 어렵다.

또한 교육의 성과가 나타나는 데에는 학습자의 연령과 경험, 선 지식과 환경 등에 따라 시차가 있다. 예를 들어서 청소년과 청년기에는 인지능력 중에서 암기력이 가장 왕성한 시기이므로 단기 기억력이 좋아서 단순 지식의 습득에는 강점을 나타내지만, 종합적인 사고를 통해 운영의 묘를 발휘하기에는 어려운 면이 있다. 반대로 장년 이후의 연령대에 속한 사람들의 경우 단기적인 암기능력의 측면에서는 불리하지만, 전체적인 사고를 위한 경험과 지식의 측면에서 젊은 연령층에 비해 유리하다. 하지만 교육에 있어서 연령이라는 요소 하나의 영향력뿐만 아니라 다양한 요소들이 복합적으로 작용하므로 어떠한 시점에 무슨 방법으로 평가하느냐 하는 방법론이 매우 중요하다.

특히 하나님의 마음을 품고 학습자 내부에 잠재된 하나님의 형상으로서의 능력을 바라보아야 하는 기독교교육에 있어서는 단순히 교육과정을 마무리하며 지필고사 등의 단회적 수단을 통해 과정 전체를 평가하는 것은 매우 미흡하다. 그러므로 교육평가를 맡은 평가자는 기도하며 하나님 앞에서 정직하고 겸손한 모습으로 평가과정에서 치우침이 없이 공정한 평가가 이루어지도록 최선의 노력을 다해야 할 것이다. 기독교교육의 평가에 있어서 가장 중요한 원리는 하나님께 모든 판단을 맡기는 자세를 견지하는 것이다. 교육의 과정을 마친 후 평가 결과로만 학습자를 판단하지 않고, 하나님의 마음을 품고, 하나님의 눈으로 그 사람의 잠재력과 가능성에 대한 소망을 견지하는 것이 기독교교육과 일반교육의 본질적인 차이점이다.

참고문헌

옥한흠. 『다시 쓰는 평신도를 깨운다』. 서울: 국제제자훈련원, 2005.

최성훈. 『21세기 기독교교육』. 서울: 박영사, 2023.

_____. "소그룹 운영의 리더십: 수퍼리더십과 셀프리더십을 중심으로." 「ACTS 신학저널」 56 (2023), 159 – 188.

_____. "항존주의와 하브루타의 변증적 결합: 고전읽기 프로그램을 중심으로," 「기독교교육정보」 69 (2021), 189 – 214.

_____. 『성경가이드』. 서울: CLC, 2016.

Boys, Mary C. *Educating in Faith: Maps and Visions*. New York, NY: Harper & Row, 1989.

Burgess, Harold W. *Models of Religious Education: Theory and Practice in Historical and Contemporary Perspective*. Nappanee, IN: Evangelical Publishing Company, 1996.

Keller, John M. *Motivational Design for Learning and Performance: The ARCS Model Approach*. New York, NY: Springer Science + Business Media, 2010.

Seymour, Jack L. *Mapping Christian Education: Approaches to Congregational Learning*. Nashville, TN: Abingdon Press, 1997.

08

전도학과 선교학

과거에는 전도는 주로 국내에서 복음을 전하는 활동이고, 선교란 정치와 지리적 경계를 넘어서 해외에서 복음을 전파하는 것이라고 인식하였다. 하지만 인터넷을 통해 전 세계가 연결된 오늘날 전도와 선교의 개념을 뚜렷하게 구분하는 것이 무의미해졌다. 이단인 몰몬교조차 청소년들이 12세가 되면 사역자로 안수하고 전도하게 하고, 고등학교를 졸업하면 남성은 24개월, 여성은 18개월 동안 해외 선교사로 헌신할 것을 의무로서 강조하였지만, 2013년 6월부로 그러한 직접적인 방문 선교보다 소셜미디어, 이메일, 블로그를 통한 인터넷 전도로 선교방식을 변경함을 천명하였다.[1]

1982년 3월 미국 시카고(Chicago)에서 열린 미전도종족회의(The Unreached People Meeting)는 미전도종족(Unreached People Group)을 "자신의 종족에 복음을 전파할 수 있는 자생적인 그리스도인 공동체가 없는 종족집단"으로 정의하였다. 한 종족의 복음화율이 5% 미만이거나, 그 종족 내에서 스스로 복음을 전하고 교회를 개척하기 위한 자생적인 공동체가 되기 위한 최소한의 그리스도인의 비중인 2%를 밑도는 경우 미

---

1 최성훈, 『성경으로 본 이단이야기』 수정 2판 (서울: CLC, 2022), 232.

전도종족이라고 정의한 것이다. 이와 관련하여 고신뉴스(www.kosinnews.com) 2024년 7월 30일자는 목회환경의 변화를 언급하며 오늘날 한국 사회의 다음 세대인 MZ 세대 복음화율이 약 3%에 불과하다고 지적하였다. 따라서 우리나라 다음 세대는 미전도종족으로서 선교의 대상인 셈이다. 이제 한국교회는 전도와 선교의 구분을 타파하여 복음을 전파하는 사명을 지혜롭게 수행하되 연령과 지역별 전략을 구분하여 시대의 변화에 대응해야 할 것이다. 본서 역시 전도와 선교 모두에 있어서 복음 전파라는 의미에서 동일하지만, 복음을 전하는 행위에 초점을 맞춘 것은 전도로, 보다 치밀한 학문적 방법론에 기반한 포괄적 방법론은 선교로 구분하였다.

1 복음전도의 의미와 역사

1) 복음과 복음전도의 개념

복음(福音)이란 누구든지 십자가 대속을 이루신 예수님을 그리스도, 주님으로 믿는 이는 값없이 구원을 얻는다는 "좋은 소식"(롬 10:15), "기쁜 소식"(시 40:9), 또는 "기쁨의 좋은 소식"(눅 2:10)을 뜻한다. 전도(傳道)는 복음전도(福音傳道)를 줄인 말로서 "복음의 도를 전파한다"는 의미이며, 신약성경에 54회 등장하는 헬라어 단어로서 "전도하다"라는 의미를 지닌 "유앙겔리조"(εὐαγγελίζω)는 "좋은"이라는 뜻인 "유"(εὐ)와 "소식을 전하다"는 의미의 "앙겔로"(ἀγγέλλω)의 합성어로서 "좋은 소식을 전한다"라는 뜻이다.[2]

전도는 마태복음 28장 18-20절로 대변되는 그리스도의 지상명령(至上命令)을 근거로 한다. 예수께서 부활 후 승천하시면서 당부하신 명령의 주된 내용은 "가서" 그리스도의 "제자를 삼으라"는 것이다. 명령의 본동사는 헬라어로 "마테튜사테"(μαθητεύσατε)인데 이는 "제자를 삼으라"는 것으로서, 단순히 예수 그리스도를 모르는

---

2 David B. Barrett, *Evangelize!: A Historical Survey of the Concept* (Birmingham, UK: New Hope, 1987), 77, 83-85.

이들에게 복음을 선포하는 것으로 끝나는 것이 아니라 그들을 제자로 양육하고 구비하여 복음의 새로운 전령으로 삼는 것까지를 요구한다. 따라서 예수님을 믿고 따르기로 결심한 이들을 제자 삼는 과정에서 아버지와 아들과 성령의 이름으로 세례를 베풀고 예수께서 분부한 모든 것을 가르쳐 지키도록 도와서 복음전도의 일꾼으로 장성하도록 돌보고 섬겨야 한다는 뜻이다(마 28:19-20). 그러한 제자 삼는 사역은 하나님께 영광을 돌려서 하나님을 기쁘시게 하는 일이고(요 15:8), 이 땅에 하나님 나라가 임하게 하는 일이다(마 24:14).

전도의 의미는 시대적 상황에 따라 달리 제시되었는데, 특히 20세기 선교운동이 활발하게 전개되며 전도는 단순히 불신자들에게 복음을 전하는 것이라는 정의와 전도란 단순한 선포에 머물러서는 안 되며 불신자들을 기독교 신앙을 가진 이들로 변화시키는 사역이라는 정의로 이분되었다. 전자는 후자에 대하여 전도를 회심과 동의어로 간주하는 오류를 범하였다고 비난하였고, 후자는 전자에 대하여 피상적 선포라고 비판하였다.[3] 물론 때를 얻든지 못 얻든지 말씀을 전파하는 데에 항상 힘쓰는 것도 성경적인 가르침이므로(딤후 4:2) 타당하지만, 가능하다면 복음을 선포하는 데에 그치는 것이 아니라 제자를 삼아 시험과 시련을 당하더라도 믿음의 인내를 이루며 온전하고 구비하여 조금도 부족함이 없는(약 1:2-4) 그리스도인으로 세우는 목표를 삼는 것이 더욱 바람직할 것이다.

2) 기독교 초기의 복음전도

주후 64년 로마의 황제 네로가 로마의 대화재 책임을 기독교인들에게 돌려서 그들을 박해하였던 시기 이후로 100년경까지 속사도들이 활동하였던 약 50년을 속사도시대라고 하는데, 속사도 시대부터 로마의 콘스탄틴 황제가 기독교를 공적으로 인정하였던 313년까지의 시기에 기독교는 로마 제국의 광범위한 박해를 받았지만 계속되는 박해 속에서도 그리스도의 복음을 품고 삶을 통해 사랑을 실천하고, 순교를 기꺼이 받아들였던 이들을 통해 기독교는 뿌리를 내릴 수 있었다. 기독교에 대

---

3 Ibid., 51-55.

한 박해는 콘스탄틴 황제가 313년 밀라노 칙령을 통하여 기독교를 공식적인 종교로 인정한 후에 비로소 그치게 되었다.

이후 380년 테오도시우스 황제가 기독교를 로마의 국교로 인정함에 따라 기독교는 로마 제국을 중심으로 주변의 이방인들을 향하여 활발히 복음을 전파하기 시작하였다. 갑바도기아 출신의 주교 울필라스(Ulfilas)는 고트(Goth) 지방에 가서 성경을 고트족의 언어로 번역하여 복음을 전했고,[4] 수도사인 투어의 마틴(Martin of Tours)은 유럽의 서부인 갈리아(Gallia) 지역에 가서 복음을 전했으며, 밀란의 감독이었던 암브로우스(Ambrose) 역시 자신이 사역하던 지역의 이방인들에게 복음을 전했다.[5]

4세기에 훈족(the Huns)이 유럽에 진출하자 로마 제국의 북부에 거주하던 게르만족이 그들을 피해 로마의 영토로 들어와서 갈등을 빚다가 476년에 마침내 서로마 제국을 멸망시켰는데, 이 시기를 기준으로 유럽의 중세가 본격적으로 시작되었다. 게르만족이 기독교로 개종하고 로마 가톨릭교회와 결탁하면서 교황과 유럽 왕들의 권력 쟁탈전이 벌어지며 중세 사회는 혼란에 빠졌다. 한편 중세 가톨릭교회의 지도자들은 복음전도란 예수님을 믿지 않는 사람들에게 복음을 전하는 것이 아니라, 교회 밖에 있는 사람들을 교회 안으로 강제로 끌고 오는 것으로서 교회로 데려와서 세례와 성찬을 받기만 하면 구원을 얻을 수 있다고 믿으며 성례전을 강조하였다.[6] 이 시기에 사제들은 부도덕했고, 성직의 매매와 면죄부 판매가 만연하여 성직자와 귀족들은 풍족한 삶을 누린 반면에 일반 서민들과 농노들의 삶은 비참하였다.

그럼에도 불구하고 캔터베리의 어거스틴(Augustine of Canterbury)과 보니페이스(Boniface)와 같은 전도자들은 뚜렷한 복음전도의 족적을 남겼다. 영국 본토에서 잡혀온 노예 출신인 어거스틴은 아직 복음을 접하지 못했던 7세기 영국 남부 켄트족(the Kents)의 왕 애덜버트(Ethelbert)를 설득하여 개종시킨 것으로 시작하여 복음을 확산시켰고, 앵글족(the Angles)에게도 복음을 전파하여 결국 캔터베리 지역의 대주교

---

4 Stephen Neil, *A History of Christian Mission* (Baltimore, MD: Penguin Books, 1964), 49.

5 John M. Terry, "The History of Missions in the Early Church," in *Missiology: An Introduction to the Foundations, History, and Strategies of World Missions*, ed. John M. Terry (Nashville, TN: B&H Publishing, 2015), 166-167.

6 David J. Bosch, *Transforming Missions: Paradigm Shifts in Theology of Mission* (Maryknoll, NY: Orbis Books, 1991), 207.

가 된 어거스틴을 중심으로 열두 명의 주교가 파송되어 교회를 섬겼다.7 보니페이스는 부모의 반대를 무릅쓰고 유산 상속의 권리를 포기하고 수도원에 들어갔고, 네덜란드를 거쳐 독일 지역에 가서 복음을 전하였다. 그는 교황으로부터 주교로 임명을 받아 프랑크 왕들의 비호를 받으며 수천 명에게 세례를 베풀고 우상을 제거하는 등 활발한 복음전도의 사역을 펼치다가 이교도의 습격을 받고 순교하였다.8

3) 종교개혁기 이후의 복음전도

종교개혁자들은 성경의 권위를 회복하였고, 성경에 근거한 설교를 통해 복음의 참된 의미를 전하였으며, 어려운 라틴어 성경을 당시 유럽인들이 받아들이기 쉽도록 각국의 언어로 번역하여 복음이 누구에게나 전달되도록 하는 데에 노력을 기울였다. 그러나 종교개혁자들은 교회 안의 양육과 개혁에 초점을 맞춘 탓에 세계 선교에 있어서는 관심을 기울이지 않았고, 특히 칼빈은 하나님 나라는 오직 하나님의 주권적 역사로만 확장된다고 주장하며 성경적인 전도와 선교의 필요성을 부인하였다. 하지만 성경 중심의 설교를 통하여 복음을 선포하였고, 칭의를 비롯하여 복음전도를 위한 신학적 토대를 굳건히 하였다는 점에서는 의의를 찾을 수 있다.

중세를 지나 근대에 들어서며 교회는 인간 이성에 대한 신뢰를 강조하는 계몽주의 사상의 도전에 직면하였다. 그러한 시기에 교회에 새로운 생명력을 불어넣은 것은 유럽에서는 경건주의 운동이었고, 북미에서는 대각성 운동이었다. 가톨릭교회 내에서 개혁을 주장하던 예수회의 일원이었던 장 디 라바디(Jean de Labardie)는 17세기 네덜란드 개혁교회에서 새로운 부흥을 일으켰는데, 그는 특히 소그룹 모임을 통하여 성직자들이 회개에 대한 설교를 하고 복음전도 사역에 힘써야 한다고 강조하였다.9 라바디의 소그룹에 참여했던 필립 야콥 스패너(Philip Jacob Spener)는 교리는 올바르지만 행함이 없는 죽은 정통주의, 신앙의 내용보다는 예전에만 관심을 기울

---

7 N. E. Schneider, *Augustine of England* (New York, NY: F. M. Barton, 1944), 129.
8 Stephen Neil, *A History of Christian Mission*, 66.
9 Malcolm McDow and Alvin L. Reid, *Firefall: How God Has Shaped History through Revivals* (Nashville, TN: B&H Publishing, 1997), 179.

이던 형식주의, 그리고 세속화로 인하여 생명력을 잃어가던 독일의 루터교회에서 경건주의 운동의 새바람을 일으켰다. 스패너는 어거스트 헤르만 프랑케(August Hermann Francke)를 만나 그를 할레 대학(University of Halle)의 교수로 세웠는데, 프랑케는 경건주의 운동을 복음전도 운동으로 전환시켜 세계 복음화에 공헌하였다.[10]

프랑케의 영향을 받은 학생 중에는 향후 모라비안 세계 선교의 기틀을 마련한 루드비히 폰 진젠도르프(Ludwig von Zinzendorf)가 있었는데, 그는 세속적 향락을 거부하고 경건한 삶에 헌신하는 선교사역을 일으켰다. 진젠도르프는 가톨릭교회로부터 핍박을 받았던 보헤미안 형제단(Bohemian Brethren)과 같은 이들을 받아들여 공동체를 구축하고 신앙인들의 연합과 세계 선교를 강조하였다. 진젠도르프를 중심으로 하는 모임은 모라비안 형제단(Moravian Brethren)으로 불렸는데, 그들은 1727년 8월 13일 함께 모여 일주일간 금식하고 기도하던 중에 성령의 강력한 임재와 영적 각성을 경험하고 선교 운동을 시작하였다.[11] 1760년 진젠도르프가 세상을 떠날 때까지 모라비안 형제단은 28년간 226명의 선교사를 10개국에 파송하여 6천여 명의 개종자들을 얻었으며, 이는 윌리엄 캐리(William Carey)를 중심으로 하는 근대 선교운동에 지대한 영향을 끼쳤다.[12]

미국에서는 회중 교회 목사인 조나단 에드워즈(Jonathan Edwards)가 뉴잉글랜드 지방의 부흥을 이끌었고, 영국인 목회자인 죠지 윗필드(George Whitefield)는 두 번째로 미국을 방문한 1740년부터 대중 설교를 통하여 대각성 운동을 발전시켰다.[13] 이같은 미국의 1차 대각성 운동은 설교자들의 개인의 회심에 대한 강조를 통해 복음주의적 전도의 불길을 지폈다고 평가받는다.[14] 이후 서부 개척지를 중심으로 감리교회가 주도하는 캠프 미팅 부흥(the Frontier Camp Meeting Revival)이 일어났는데, 당

---

10 Ibid., 178.

11 Joseph E. Hutton, *A History of Moravian Church* (London, UK: Moravian Publication Office, 1909), 209.

12 J. Herbert Kane, *A Concise History of the Christian World Mission: A Paranomic View of Missions from Pentecost to the Present*, rev. ed. (Grand Rapids, MI: Eerdmans, 1958), 79.

13 Richard H. Schmidt, *Glorious Companions: Five Centuries of Anglican Spirituality* (Grand Rapids, MI: Wm B. Eerdmans, 2002), 118.

14 Malcolm McDow and Alvin L. Reid, *Firefall: How God Has Shaped History through Revivals*, 224-226.

시 교회를 찾기 어려운 미국 동부, 13개 영국 식민지의 서부 지역인 오하이오(Ohio), 켄터키(Kentucky), 테네시(Tennessee) 등의 지역에서 연합 집회가 일어나 부흥회로 발전하며 복음이 전파되었다. 한편 뉴욕의 유망한 변호사였던 찰스 피니(Charles G. Finney)는 회심과 심령의 부흥을 경험한 이후 1824년부터 1832년까지 뉴욕을 비롯한 동부 지역을 순회하면서 부흥 집회를 인도하며 복음을 전파하였다. 특히 그의 전도 방식은 "새로운 방법론"(New Measure)이라고 불렸는데, 이는 새신자를 위한 모임, 축호전도, 며칠에서부터 몇 달까지 계속되는 부흥집회 등을 포함하였다.[15] 이같은 독립전쟁 이후의 부흥을 2차 대각성 운동이라 하는데, 이는 독립전쟁으로 태어난 신생 독립국 미국을 신앙으로 새롭게 세우는 데에 공헌하였다. 국가 전체를 휩쓸었던 부흥운동을 통하여 미국 사회의 기독교 윤리적인 기반이 정립되었고, 이는 향후 국가 성장의 동력이 되었다.

2 전도의 방법론

복음은 예수 그리스도의 구속이라는, 시대를 초월하는 불변의 기쁜 소식을 의미하지만 이를 전달하는 방법은 시대에 맞추어 조정되어야 한다. 또한 구원의 기쁜 소식을 전달하는 복음전도가 영혼을 구원하는 유일한 수단이기 때문에 비둘기처럼 순결한 마음을 가지고 뱀처럼 지혜로운 전략을 강구하여야 한다(마 10:16).

1) 과거의 전도 방법론

한국교회의 복음전도는 전달방식에 따라 대중전도, 축호전도, 소그룹전도 등으로 세분되어 시행되거나, 독특한 전도의 경험에 기반하여 주제별로 분류한 방법론이 사용되었다. 미국의 기독교는 순회전도자들의 대중들을 대상으로 하는 부흥집회를

---

15 Lewis A. Drummond, *The Life and Ministry of Charles G. Finney* (Minneapolis, MN: Bethany House, 1983), 9.

통해 성장하였고, 선교사들에 의해 복음을 전달받은 우리나라 초기의 기독교 성장은
복음을 접한 대중들이 더욱 말씀을 사모하여 모여서 이를 듣는 사경회 또는 심령 부
흥회에 영향을 받은 바가 크다. 불특정 다수를 대상으로 복음을 선포하는 대중전도
는 성인 남성의 숫자만도 오천 명이나 되는 대중들을 향해 하나님 나라의 복음을 선
포하신 예수님으로부터(마 14:13-21; 막 6:30-44; 눅 9:10-17; 요 6:1-14), 대중들을 향해 복
음을 전했을 때에 3천 명이 회개하여 돌아오고(행 2:41), 믿기로 작정한 남성의 수만도
5천이나 되게 하였던(행 4:4) 베드로와 요한 등 제자들이 활용한 방식이기도 하다.

축호전도 역시 예수님 당시로부터 최근까지 활용되던 복음전도의 방식이었다.
축호전도란 가정을 방문하여 복음을 전하는 것으로서 예수님은 70인의 제자들을
파송하시며 전대나 배낭이나 신발을 가지지 말고 길에서 아무에게도 문안하지 말고
어느 집에 들어가서 평안을 빌되, 이를 받아들이면 그 집에 유하며 복음을 전하고,
그렇지 않으면 발에 묻은 먼지도 떨어버리라고 말씀하셨다(눅 10:1-16). 이는 예수님
당시에 축호전도가 일반적이고 효과적인 전도의 방법이었다는 사실을 나타낸다. 그
러나 다양한 지역 출신의 사람들이 모여 살며 이웃 간에 왕래하지 않는 개인주의와
사생활과 익명성을 보장받기 원하는 오늘날의 사회 양상을 고려하면 축호전도는 더
이상 효과적이지 못하다. 가가호호 방문하는 것이 오히려 무례하고 거친, 공격적인
방법으로 간주되기 때문이다.

한편 소그룹전도는 구역, 속회, 목장, 셀 등 소그룹을 통하여 복음을 전파하는
방식으로서 개인주의로 인하여 오히려 인간관계가 파편화되고 소외감을 느끼는 현
대인들에게 어필할 수 있는 전도의 방법론이다. 다만 이는 제자훈련과 연계되어 운
영되는 경우가 대부분이므로 조직 구조를 정비하고, 커리큘럼을 구비하는 등의 조
건들을 전제하므로 소그룹 조직을 갖춘 일정 규모 이상의 교회에 적합한 방식이므
로 모든 교회가 수용할 수 있는 전도 방식은 아니다. 소규모 교회에서는 "한 사람
초청예배"를 통하여 평소에 한 영혼을 품고 기도하다가 방문을 수락한 불신자를 초
청하는 "다니엘전도법"을 활용할 수 있다.[16] 한편 현대인들의 감성을 어루만지는

---

16 다니엘전도는 초청 대상자를 교회 근처에 거주하는 불신자로 한정하되, 초청에 응하는 이를 대상으
로 예배를 준비하며, 이를 위한 특별기도회와 금식기도로 준비하는 복음전도의 방식이다. 한 사람

방식의 복음전도 방법으로서 사과 안에 있는 씨앗의 개수가 아니라, 그 씨앗이 맺을 열매의 수를 기대한다는 의미에서 "애플전도"로 명명한 전도는 관계전도의 한 종류에 해당한다. 애플전도는 한 영혼이 맺을 구원의 열매에 집중하여 사랑의 섬김을 통하여 감동을 전달하고 마음을 열되, 모든 과정을 성령의 도우심(롬 8:26)을 따라 수행하는 것을 강조하므로 그 원리는 오늘날에도 활용가능하다.17

2) 포스트 코로나 19 시대의 전도 방법론

개인 인권의식의 제고로 인하여 사생활 보호를 중시하며, 개인주의와 인터넷 발달로 인하여 익명성 보장을 원하는 현대인들의 인식은 코로나 19 이후 한층 강화되었다. 따라서 사영리와 같은 단순한 방식으로 복음을 정리하여 전달하던 과거의 방법은 더 이상 깊이 있는 논리와 더불어 감성을 접목한 통합적 호소를 요구하는 현대인의 정서에는 부합되지 않는 비효율적인 방법론이 되었다.18 저출생과 고령화 문제와 맞물려 핵가족 시대와 1인 가구의 증가, 도시화와 아파트의 확산, 포스트모더니즘의 개인주의 성향 등으로 인하여 점차 복잡하고 삭막해져 가는 현대인들을 대상으로 복음을 전파할 수 있는 대안은 관계 전도이다. 이는 예수 그리스도를 따르며 성령의 도우심을 구하며 성화된 삶을 살아내는 그리스도인들의 생활을 통해 복음을 전하는 생활전도를 기반으로 한다. 따라서 오늘날에는 예수 그리스도를 믿는 그리스도인으로서 사회 속에서 어두움 가운데 빛을 비추고, 윤리적으로 모범이 되어 빛과 소금의 역할을 수행함으로써 삶의 본을 보이는 생활전도가 1차적인 복음전도의 방법이 되어야 할 것이다(마 5:13-16). 그러한 삶을 바탕으로 가족, 친지, 이웃들과의 관계를 통하여 자연스럽게 복음이 흘러 들어가도록 하는 관계전도는 2차적인 복음전도의 방법으로 기능할 수 있다.

초청예배가 정착되면 찬조금을 후원하는 이들이 나타나므로 재정적 부담이 경감되고, 미리 기도하고 준비하여 예배를 드리니 복음에 대한 수용력이 제고되는, 다니엘처럼 지혜로운 방법이라는 의미에서 다니엘전도라는 명칭이 붙었다. 추영춘, 『다니엘전도법』 (서울: 쿰란출판사, 2013), 37-57.

17 신경직, 『애플전도』 (서울: 기독신문사, 2005), 13-24.

18 최성훈, "복음전도의 역사와 패러다임의 변화," 「영산신학저널」 46 (2018), 305.

복음을 전하는 것 자체가 목적이 아니라, 먼저 그리스도인의 모범적인 삶을 통해 비신자의 마음을 여는 것에 초점을 맞추고 장기적인 관점에서 관계를 맺으며 복음으로 인도하는 것이 현대적 복음전도의 방식이어야 한다. 그러므로 관계는 복음이 전달되도록 하는 가교이며, 소그룹전도 등 다른 전도의 방법론과 연계하여 활용할 수 있는 기초적인 복음전도의 전략이 된다. 이는 개인과의 관계뿐만 아니라 목회적 차원에서 사회봉사와 참여를 통한 사회복음의 면에서 균형을 요구한다. 루이스 드러먼(Lewis Drummond)은 사회적 봉사가 중요한 사역이지만 성경적 의미에서의 복음전도는 아니라고 지적하였고,[19] 일찍이 교회의 사회적 책임을 강조했던 존 스토트(John Stott) 역시 사회적 활동을 복음전도라고 부르는 것은 총체적으로 신학적 혼란을 유발한다고 비판하였다.[20] 그러나 예수 그리스도의 복음을 전하며 회심과 성화로 인도하는 선포가 가미되었다면 교회의 어떠한 사역도 직, 간접적으로는 복음전도와 관련이 있다. 그러므로 교회는 개인구원과 사회구원을 통전적으로 조명하며 개인적인 관계는 물론 사회적 이미지 제고에도 노력을 기울여야 한다. 개인을 대상으로 하는 미시적 사역과 사회 전체를 대상으로 하는 거시적 사역의 균형과 통합을 견지하는 것이 보다 효율적인 현대적 복음전도의 전략이 될 것이기 때문이다.

3 선교학

전통적 의미에서 국경을 넘어서 복음을 전파하는 사역을 수행함을 뜻하는 선교는 항상 선교의 현장을 고려할 것을 요청한다. 따라서 국제적 관계와 국가의 주권을 중심으로 상호 충돌의 가능성을 고려하고, 그 원인을 진단하며 선교 방법을 모색함을 통해 하나님 말씀을 중심으로 성령의 인도하심을 따라 복음 전파의 사명

---

19 Lewis A. Drummond, *The Word of the Cross: A Contemporary Theology of Evangelism* (Nashville TN: Broadman, 1992), 215.

20 John Stott, "The Biblical Basis of Evangelism," in *Let the Earth Hear His Voice: International Congress on World Evangelization Lausanne, Switzerland,* ed. J. D. Douglas (Minneapolis, MN: World Wide Publications, 1975), 74.

을 지혜롭게 수행해야 한다.21

1) 선교의 개념과 선교학 용어

선교는 "보내다"(send)라는 의미를 가진 라틴어 "미토"(mitto)와 "말하다"에서 파생된 "학문"이라는 의미를 지닌 "로지"(logy)라는 단어의 결합으로 이루어진 개념이다. "미토"는 "보내다"라는 뜻을 가진 헬라어 "아포스톨레"(ἀπόστολή)에서 유래한 개념인데,22 미토의 과거분사형으로서 "보냈다"(sent)라는 의미의 "miss"에 명사형 어미인 "ion"이 붙어서 "선교"(mission)라는 단어가 파생되었다. 아서 글래서(Arthur F. Glasser)와 도널드 맥가브란(Donald A. McGavran)은 선교란 문화적 장벽을 넘어 예수 그리스도를 따르지 않는 이들에게 복음을 전하는 것이며, 그들을 일깨워 그리스도를 구주로 받아들여 교회의 책임 있는 구성원이 되도록 하는 것이라고 주장하였다.23 한편 네덜란드의 칼빈주의 신학자 기스베르투스 푸티우스(Gisbertus Voetius)는 선교의 목표를 이방인의 회심, 교회의 개척, 하나님의 영광과 은혜를 드러내는 것으로 요약하였다.24

선교학을 가리키는 용어는 근대 선교신학의 창시자로 간주되는 구스타브 바르넥(Gustav Warneck)이 1897년 『복음주의 선교강의』(Evangelische Missionlehre)라는 3권으로 된 시리즈의 첫 권을 출간하며 처음 사용되기 시작하였다. 선교학이라는 용어가 자리를 잡기까지 다양한 용어들이 사용되었는데, 교회의 개척과 성장에 초점을 맞춘 "증가학"(Prosthetics),25 선교하는 사도적 사명을 강조한 "사도학"(Apostolics) 또

---

21 장훈태, "선교신학 방법론 구축의 필요성과 방안," 「선교와 신학」 54 (2021), 516–518.
22 이는 갈라디아서 2장 8절에서 바울이 베드로를 할례자의 사도로 삼으신 그리스도께서 자신 또한 이방인의 사도로 삼으셨다는 대목에서 사용된 단어로서, 신약성경에 1회 등장한다.
23 Arthur F. Glasser and Donald A. McGavran, *Contemporary Theologies on Mission* (Grand Rapids, MI: Baker Academic, 1983), 16.
24 Craig Ott, Stephen J. Strauss, and Timothy C. Tennent, *Encountering Theology of Mission: Biblical Foundations, Historical Developments, and Contemporary Issues* (Grand Rapids, MI: Baker Academic, 2010), 82.
25 증가학이라는 개념은 사도행전 2장 41절과 47절의 제자의 수가 더한다는 구절을 토대로 한다. 그러나 교회에 제자의 수를 더하는 것은 인간의 노력이나 프로그램이 아니라 하나님의 은혜라는 점을 간과해서는 안 된다.

는 "전도의 신학" 등을 거쳐 하나님 명령에 따르는 선교활동을 가장 명확하게 나타내는 개념으로서 선교학이 적절한 것으로 의견이 모아졌다.26 일례로 요한 바빙크 (Johan H. Bavink)는 선교학이 선교의 개념, 성경에 나타난 교회의 사명, 선교의 역사와 문제 등을 다루기 때문에 선교에 관한 학문 또는 과학을 지칭하는 선교학이라는 용어가 가장 적당하다고 주장하였다.27 선교학은 그리스도의 지상명령에 따라 이 땅의 교회가 수행하고 있는 하나님의 선교(Missio Dei)를 과학적으로 연구하는 학문으로서 하나님의 구속적 활동을 문화인류학적 원리와 사회과학의 도움을 받아 성서, 신학, 역사, 실천의 관점에서 규명해야 할 과제를 안고 있다.28 선교학의 분야는 선교의 이론을 다루는 선교신학, 타 종교에 대한 기독교의 변증인 변증학, 그리고 교회가 선교를 통해 어떻게 확장하였는지를 조명하는 선교 역사로 나눌 수 있다.29

2) 선교학의 역사

선교의 동기, 근거, 목적, 방법, 전략 등을 연구하는 학문인 선교학은 다른 신학 학문의 분야에 비하여 역사가 짧다. 선교학이 선교사들의 사역을 돕는 실천신학인지 아니면 교회 역사의 다양한 차원들을 드러내는 역사신학에 속하는지에 대한 논란이 있었기 때문이다.30 선교학이 선교와 목회의 현장을 중심으로 하기 때문에 실천신학의 하위 분야에 속한다는 점에 있어서 더 이상 이견이 없지만, 그동안 논의를 거치며 신학 범주 내에서 자리를 잡기가 어려웠기 때문에 오늘날 선교학은 실천신학의 제 분야들 중에서 상대적으로 늦게 정착한 분야에 속한다. 데이비드 보쉬 (David Bosch)는 기독교의 선교 역사를 1세기 초대교회의 선교, 1세기 말부터 6세기

---

26 배아론, 이현철, "선교학 영역의 연구 방법론 확장을 위한 근거이론의 적용,"「개혁논총」 58 (2021), 171.

27 Johan H. Bavink, *An Introduction to the Science of Missions*, trans. David H. Freeman (Phillipsburg, NJ: Presbyterian and Reformed Publishing Co., 1960), xvii–xviii.

28 홍기영, "신학의 모체로서의 선교와 선교학의 발전,"「복음과 선교」 13 (2010), 327.

29 정성구,『실천신학개론』수정증보판 (용인: 킹덤북스, 2021), 219.

30 Scott W. Sunquist, *Understanding Christian Mission: Participation in Suffering and Glory* (Grand Rapids, MI: Baker Academic, 2013), 1.

의 동방교회 선교, 6세기 말부터 15세기에 이르는 중세 로마 가톨릭교회의 선교, 16-17세기의 종교개혁 이후 개신교 선교, 18-20세기의 계몽주의 이후 현대선교, 그리고 1960년대 이후의 에큐메니컬 선교로 분류하였다.[31] 반면에 앨런 크레이더 (Alan Kreider)는 기독교 세계(Christendom)가 형성되기 이전인 초대교회부터 4세기, 기독교 세계가 형성된 후부터 해체되는 시기인 중세부터 현대, 그리고 기독교 세계가 해체된 후인 20세기 후반의 세 시기로 보다 간결하게 나누었다.[32]

　　선교학의 두 가지 차원은 신학과 인류학으로서 양자가 중첩되는 부분에서 역사와 민족학을 거쳐 다양한 연구방법론으로 확장되는데, 따라서 선교학의 과제는 교회가 수행하는 선교의 전제, 동기, 구조, 방법, 협력형태, 리더십을 비판적으로 연구하는 것이다.[33] 이는 그리스도의 대위임령인 선교명령을 인류 역사의 진행에 따라 수행하는 것으로서 비교종교학, 문화인류학, 사회학, 인구통계학 등을 활용할 것을 요청한다. 칼 뮐러(Karl Müller)와 테오 순더마이어(Theo Sundermeier)는 선교학의 유형을 세계 곳곳에 복음을 전하여 세례를 베풀고 교회를 세우는 회심 및 개척유형, 그리스도의 초림과 재림 사이를 메우는 복음 전파를 강조하는 구속사 유형, 하나님의 언약을 중심으로 하나님의 선교적 주도성과 파송에 초점을 맞춘 언약사 유형, 그리고 비기독교 세계에서의 복음 전달의 필요성을 역설하는 의사소통 유형으로 구분하였다.[34] 1952년 세계교회협의회(WCC) 빌링겐(Willingen) 대회에서 강조된 하나님의 선교(Missio Dei)는 교회론에서 시작된 것이 아니라, 하나님께서 독생자를 이 세상에 보내셨고, 성령의 도우심을 통해 선교를 주도하신다는 삼위일체론에서 출발한 것이다.[35] 그러므로 하나님은 선교하시는 하나님인 셈이다.

---

31 David J. Bosch, *Transforming Mission: Paradigm Shifts in Theology of Mission*, 489-490.

32 Alan Kreider, *Worship and Evangelism in Pre-Christendom* (Piscataway, NJ: Gorgias Press, 2010), 40-46.

33 Alan R. Tippett, *Introduction to Missiology* (Pasadena, CA: William Carey Library, 1987), xxi-xxv.

34 칼 뮐러, 테오 순더마이어, 『선교학사전』 한국선교신학회 역 (서울: 다산글방, 2003), 233-248.

35 David J. Bosch, *Transforming Mission: Paradigm Shifts in Theology of Mission*, 390-391.

4 선교학의 발전

1) 근대 선교운동을 통한 복음전도

근대 부흥운동은 근대 선교운동의 밑거름이 되었는데, 특히 19세기는 근대 선교운동이 일어난 시기로서 그 시작점은 영국의 구두 수선공 출신으로 인도에 가서 40여 개 언어로 성경을 번역하며 12개 도시에 선교기지를 세웠던 선교사 윌리엄 캐리(William Carey)의 선교사역이었다. 그의 선교는 극단적 칼빈주의(Hyper Calvinism)[36]로 인하여 선교의 열정을 잃어버렸던 유럽의 수많은 교회들에게 큰 도전이 되었고, 선교협회를 설립하여 세계 선교의 열정을 불러일으키는 밑거름이 되었다. 네덜란드 선교협회의 선교사였던 칼 귀즐라프(Karl F. A. Gützlaff)는 한국을 거쳐 중국에 가서 성경을 나누어 주는 사역을 수행하였고, 1853년 중국에 도착한 허드슨 테일러(Hudson Taylor)는 1860년에 중국 내지선교회(CIM: China Inland Mission)를 조직하였다. 미국 선교사인 존 네비우스(John L. Nevius)는 현지화 선교전략의 필요성을 역설하여 우리나라 선교에도 자치(自治, 자립치리), 자립(自立, 자립개척), 자전(自傳, 자립전도) 등의 삼자원칙을 도입시켰다.

20세기에 들어 두 차례에 걸쳐 세계대전을 겪으며 유럽 열강들의 식민지 지배력이 약화되면서 세계 각지의 식민지들이 독립하였고, 이는 기독교의 복음 전도가 전 세계로 확장되는 계기가 되었다. 진보적인 진영에서 설립한 세계교회협의회(WCC: World Council of Churches)에 맞서서 복음주의 진영에서는 1974년 스위스 로잔에 모여 세계 복음화를 위한 회의(the 1974 Lausanne Congress on World Evangelization)를 개최하여 로잔운동(the Lausanne Movement)을 일으켰다.[37] 또한 20세기에는 오순절

---

36 극단적 칼빈주의는 하나님께서 인류를 보편적으로 사랑하신다는 일반은총(common grace)를 거부하고, 선택받은 사람들만이 구원을 받는다는 이중예정론(double predestination)을 신봉하여 교회 밖의 사람들은 구원받지 못할 것이 예정되었으므로 선교가 필요 없다고 주장하였다.

37 복음주의 진영의 선교 개념은 정치, 지리, 문화적 경계를 넘어 복음을 전파하는 것이라고 간주되었지만 로잔 대회를 계기로 그 개념이 복음전도와 사회적 책임을 지는 것으로 확대되었다. 이는 복음을 중심으로 하는 수직적 선교개념과 사랑을 중심으로 하는 수평적 선교개념을 종합하는 통전적

교단의 급성장과 함께 미전도 종족에 대한 인식 제고 및 이에 대응하기 위한 성경 번역 운동이 활발히 전개되었다. 20세기 후반 이후에는 CCC(Campus Crusade for Christ), Navigator, IVF(Inter-Varsity Christian Fellowship), UBF(University Bible Fellowship) 등 대학생 선교단체들이 복음전도에 앞장섰는데, CCC의 사영리 전도, 제임스 케네디(James Kennedy)의 전도폭발(Evangelism Explosion), 그리고 라이프스타일 전도법(Life-Style Evangelism) 등의 개인 전도가 활발히 이루어졌다.

2) 한국교회의 선교

한국교회는 선교 초기부터 중국 산동성의 존 네비우스(John Navius) 선교사를 통해 삼자정책인 자립치리, 자립개척, 자립전도의 방법을 통해 성장하였다. 1948년 네덜란드 암스테르담에서 세계교회협의회(WCC)가 설립되어 서구 선교사 철수 정책이 전개되면서 1954년 동아시아교회협의회(East Asia Conference of Churches)가 조직되어 에큐메니컬 선교의 시범지역인 태국에 한국과 필리핀의 선교사를 파송하기 시작했다. 이후 제도적 교회 밖의 선교단체들이 주도하는 파라처치(para-church) 선교 운동이 펼쳐져서 한국대학생선교회(CCC), 대학생성경읽기선교회(UBF), 한국기독학생회(IVF), 예수전도단(YWAM), 한국 네비게이토 선교회 등의 선교단체가 1970년대부터 2000년대 초반까지 한국교회의 선교 운동을 주도하는 세력으로 성장하였다.

1986년 초교파적인 선교훈련 전문기관인 한국선교훈련원(GMTC: Global Missionary Training Center)이 설립되었고, 1990년에는 한국세계선교협의회(KWMA: The Korea World Mission Association)가 설립되어 한국교회의 선교 사역을 수행하고 있다. 한국세계선교협의회(KWMA)와 한국선교연구원(KRIM: Korea Research Institute for Mission)이 2024년 3월 집계한 한국 선교사와 선교단체의 현황 보고서에 의하면 2023년 한국 선교사는 174개국을 대상으로 한국 국적 2만 1,917명의 장기 선교사와 451명의 선교단체 소속 단기 선교사 및 한국 선교단체가 파송한 타 국적 국제선교사 950명이 활동하

선교(Holistic Mission)를 주장한 것이다. Arthur P. Johnson, *The Battle for World Evangelism* (Wheaton, IL: Tyndale House, 1978), 141-154.

고 있다. 장기 선교사의 사역 대상국 상위국은 미국(1,893명), 필리핀(1,380명), A(Asia) 권역(1,353명), 일본(1,256명), 태국(992명) 등의 순이다. 또한 한국세계선교협의회 (KWMA)가 목회데이터연구소와 함께 발표한 "2024 해외선교 실태 조사"는 한국교회 선교정책의 문제점으로서 성과주의와 외형주의적 선교, 통일되고 체계적인 선교정 책의 부재, 선교지 문화와 상황에 부합되지 않는 선교, 교회 목회 중심의 선교사역 을 지적하였다. 서구 선교사가 떠난 자리를 한국 선교사가 메꾸는 비율이 27%를 상 회하는 현실을 고려하면 세계 선교를 위한 지도자를 육성하는 과업이 시급하며, 단 순히 복음전파만을 강조하는 것이 아니라 현지 문화와 상황을 고려하는 통전적 선 교의 활용이 요구된다.[38]

3) 선교학의 과제

선교 운동사의 관점에서 볼 때에 근대 선교는 인도의 해안 지역에 선교하며 18-19세기에 걸쳐 근대 선교 역사의 문을 연 윌리엄 캐리의 시대와 19세기 중반 부터 중국 내륙 선교의 개척자인 허드슨 테일러의 선교를 거쳐 20세기에 이르러 인 간집단과 문화에 집중하며 위클리프 성서번역선교회(Wycliffe Bible Translators)를 설립 함으로써 전문적인 성경 번역 선교에 주력했던 윌리엄 카메론 타운젠트(William Cameron Townsend)의 시대로 변모하였다. 1960년대 이후 미국의 선교학은 도날드 맥가브란(Donald McGavran)의 교회성장학, 찰스 크래프트(Charles H. Kraft)의 문화인류 학을 거쳐 소비자 추적 중심의 시장이론을 모방한 미전도 종족의 연구 이후 데이비 드 바렛(David Barrett)과 토드 존슨(Todd Johnson)의 통계적 선교조사연구로 흐름이 이어지고 있다.

오늘날 현대 선교학은 포스트모더니즘의 종교다원주의 사조 속에서 기독교와 타종교와의 관계를 조명해야 하는 과제를 안고 있는데, 이는 절대적 진리인 성경의 권위로부터 시작하여 타종교 및 문화에 대한 감수성을 제고하며 상호소통하는 것으 로 나아가야 함을 의미한다. 오늘날 교회의 안과 밖을 아우르며 지역사회를 섬기는

---

38 박영호, "글로벌선교학," 『21세기 실천신학 개론』 (서울: CLC, 2006), 401-404.

공공성을 요청받고 있는 선교학은 그리스도께서 주신 사랑의 실천이라는 대명령의 관점에서도 그러한 요청에 부응해야 한다. 사랑의 근원인 하나님을 만난 개인이 자기 자신을 하나님 사랑의 눈으로 바라보고 용납하고 수용하는 과정을 거쳐 그러한 시선이 필연적으로 이웃을 향해 확장되어야 하며, 따라서 케리그마 복음 선포는 필연적으로 이웃사랑이라는 디아코니아로 이어질 수밖에 없다. 특히 다문화사회로 진입한 우리나라의 상황 가운데에서 국내 선교가 해외 선교사를 파송하는 "보내는 선교"에 그치는 것이 아니라 국내에 있는 이주민을 대상으로 본격적으로 선교 활동을 전개하는 목회의 실천이 되었다는 사실을 직시해야 한다. 다문화 선교가 더 이상 파송지의 선교 영역이 아니라 유입된 이주민을 향한 선교가 실현되는 목회 실천의 영역이 되었기 때문이다.

참고문헌

박영호. "글로벌선교학": 381–406. 『21세기 실천신학 개론』. 서울: CLC, 2006.

배아론, 이현철. "선교학 영역의 연구 방법론 확장을 위한 근거이론의 적용." 「개혁논총」 58 (2021), 167–196.

신경직. 『애플전도』. 서울: 기독신문사, 2005.

정성구. 『실천신학개론』. 수정증보판. 용인: 킹덤북스, 2021.

장훈태. "선교신학 방법론 구축의 필요성과 방안." 「선교와 신학」 54 (2021), 491–526.

최성훈. 『성경으로 본 이단이야기』. 수정 2판. 서울: CLC, 2022.

_____. "복음전도의 역사와 패러다임의 변화." 「영산신학저널」 46 (2018), 283–312.

추영춘. 『다니엘전도법』. 서울: 쿰란출판사, 2013.

칼 뮐러, 테오 순더마이어. 『선교학사전』. 한국선교신학회 역. 서울: 다산글방, 2003.

홍기영. "신학의 모체로서의 선교와 선교학의 발전." 「복음과 선교」 13 (2010), 319–349.

Barrett, David B. *Evangelize!: A Historical Survey of the Concept*. Birmingham, UK: New Hope, 1987.

Bavink, Johan H. *An Introduction to the Science of Missions*. Translated by David H. Freeman. Phillipsburg, NJ: Presbyterian and Reformed Publishing Co., 1960.

Bosch, David J. *Transforming Missions: Paradigm Shifts in Theology of Mission*. Maryknoll, NY: Orbis Books, 1991.

Drummond, Lewis A. *The Word of the Cross: A Contemporary Theology of Evangelism*. Nashville TN: Broadman, 1992.

_____. *The Life and Ministry of Charles G. Finney*. Minneapolis, MN: Bethany House, 1983.

Glasser, Arthur F., and McGavran, Donald A. *Contemporary Theologies on Mission*.

Grand Rapids, MI: Baker Academic, 1983.

Hutton, Joseph E. *A History of Moravian Church*. London, UK: Moravian Publication Office, 1909.

Johnson, Arthur P. *The Battle for World Evangelism*. Wheaton, IL: Tyndale House, 1978.

Kane, J. Herbert *A Concise History of the Christian World Mission: A Paranomic View of Missions from Pentecost to the Present*, rev. ed. Grand Rapids, MI: Eerdmans, 1958.

Kreider, Alan. *Worship and Evangelism in Pre—Christendom*. Piscataway, NJ: Gorgias Press, 2010.

McDow, Malcolm, and Reid, Alvin L. *Firefall: How God Has Shaped History through Revivals*. Nashville, TN: B&H Publishing, 1997.

Neil, Stephen. *A History of Christian Mission*. Baltimore, MD: Penguin Books, 1964.

Ott, Craig, Strauss, Stephen J., and Tennent, Timothy C. *Encountering Theology of Mission: Biblical Foundations, Historical Developments, and Contemporary Issues*. Grand Rapids, MI: Baker Academic, 2010.

Schmidt, Richard H. *Glorious Companions: Five Centuries of Anglican Spirituality*. Grand Rapids, MI: Wm B. Eerdmans, 2002.

Schneider, N. E. *Augustine of England*. New York, NY: F. M. Barton, 1944.

Stott, John. "The Biblical Basis of Evangelism." In *Let the Earth Hear His Voice: International Congress on World Evangelization Lausanne, Switzerland*. Edited by J. D. Douglas: 65—78. Minneapolis, MN: World Wide Publications, 1975.

Sunquist, Scott W. *Understanding Christian Mission: Participation in Suffering and Glory*. Grand Rapids, MI: Baker Academic, 2013.

Terry, John M. "The History of Missions in the Early Church." In *Missiology: An Introduction to the Foundations, History, and Strategies of World Missions*, Edited by John M. Terry: 166—182. Nashville, TN: B&H Publishing, 2015.

Tippett, Alan R. *Introduction to Missiology*. Pasadena, CA: William Carey Library, 1987.

21세기 실천신학

3부는 실천신학의 현대목회적 적용이라는 관점에서 영성학, 리더십과 목회행정, 실버목회, 다문화목회, 통일목회 등 현대 사회에서 한국교회가 마주하고 있는 현실적 과제를 통해 전개하였다. 구체적으로 9장 영성학은 영성의 개념과 분류, 영성학의 발전과 방법론, 한국교회의 영성을 조명하였고, 리더십과 행정을 다룬 10장에서는 리더십의 정의와 발전을 살핀 후에 조직이론, 섬김의 리더십, 소그룹 운영과 관련한 수퍼리더십과 셀프리더십 등 리더십 이론과 한국교회의 관계를 점검하였고, 목회행정의 정의와 원리를 조명하고, 목회행정의 실제, 행정조직의 형태, 인사와 재정을 통해 목회행정의 과업을 정리하였다. 11장 실버목회는 노년의 개념을 노인의 정의, 노인의 연령과 분류, 노년의 성경적 의의를 통해 조명하였고, 노년의 특성과 다양한 노화이론들을 점검한 후 실버목회 프로그램의 목적, 고려사항, 개발 및 평가의 지침을 제시하였으며, 삶과 죽음의 윤리를 통해 실버목회를 정리하였다. 12장 다문화목회에서는 다문화의 개념과 우리나라의 다문화 현황을 관련 정책 및 법령을 통해 살펴보고, 성경의 다문화 사례 및 다문화이론과 다문화주의를 점검한 후 다문화교회의 유형과 목회적 과업을 점검하였다. 마지막으로 통일목회를 조명한 13장은 남북관계와 통일의 개념을 남북의 분열과 갈등, 통일의 개념과 기대효과를 통해 조명하고, 동서독의 분단과 교류를 통한 독일 통일의 교훈을 살펴본 후, 북한사회와 주체사상, 북한교회, 북한이탈주민의 현황을 통해 남북 간의 이해와 화해 방안을 모색하는 한편, 출애굽과 인권, 희년개념과 복음, 통일왕국의 희망을 통해 하나됨의 성경적 가치를 제고하였다.

영성학

1970년대 이후 서구에서 종교의 위상과 영향력이 감소함에 따라 현대 사회에서 영성은 종교적 의미를 뛰어넘어 초월적 존재와 연관된 모든 활동을 의미하게 되었다.[1] 현대의 신앙인들에게 있어서 두 가지 큰 사상의 흐름은 긍정적인 사고방식을 통한 번영, 즉 "채움의 신앙"과 모든 것을 내려놓는 "비움의 신앙"이다.[2] 긍정의 신앙은 간단히 말하면 하나님을 믿는 자에게는 모든 것이 형통하게 된다는 축복의 신앙이요, 번영의 신앙인데, 그 뿌리는 노먼 빈센트 필(Norman Vincent Peale) 박사의 적극적 사고방식과 수정교회(Crystal Church)의 로버트 슐러(Robert H. Schuller) 목사가 강조한 긍정적 사고방식이라는 채움의 신학, 축복의 신학이다. 브루스 윌킨슨(Bruce H. Wilkinson) 목사의 『야베스의 기도』(The Prayer of Jabez, 2000), 릭 워렌(Rick Warren) 목사의 『목적이 이끄는 삶』(The Purpose Driven Life, 2002), 죠엘 오스틴(Joel Osteen) 목사의 『긍정의 힘』(Your Best Life Now, 2004), 『잘되는 나』(Become a Better You, 2007)와 같은 베스트 셀러 저서들이 그러한 흐름을 잇는다.

---

1 Robert Wuthnow, *After Heaven: Spirituality in America Since the 1950s* (Berkeley, CA: University of California Press, 1998), viii.
2 최성훈, 『리더✝십』 (서울: CLC, 2016), 168-171.

그와 같은 채움의 신앙, 번영의 신학이 인기를 끈 이유는 현대 사회의 시대적 변화 때문이다. 두 차례의 세계대전과 포스트모더니즘의 영향으로 20세기 중반 이후 서구 신학은 신(神) 인식과 관련한 사변적 성격에서 탈피하여 인간의 실존적 경험과 사회 지향적 주제들에 대하여 새로이 주목하였다. 이와 더불어 밀레니엄을 앞둔 세기말의 불안감은 현실세계로부터의 도피 욕구를 자극하여 인도의 요가, 힌두사상, 뉴에이지 사상, 불교의 초월적 명상과 중국의 음양사상 등 동양의 신비주의적 세계관에 대한 관심이 증가되었고, 현실을 초월하는 어떤 신념이나 명상에 관한 관심이 신학에도 영향을 미쳐서 영성학이 대두하는 계기가 되었다.[3]

반대로 비움의 신앙 또는 신학이 20세기 말 이후 각광을 받고 있다. 그러한 성향의 영성을 견지하는 대표적인 인물인 가톨릭 사제 헨리 나우엔(Henry Nouwen)은 예일대학교(Yale University)의 교수로 재직하다가 교수직을 내려놓고, 남미로 가서 볼리비아와 페루의 가난한 사람들을 돕는 사역을 담당하였고, 다시 미국으로 돌아온 그는 하버드대학교(Harvard University)의 교수가 되어 남미의 실상을 알리고 가난한 사람을 돕는 사역을 지속했다. 이후 그는 프랑스의 발달장애인들을 돕는 "라르쉬 공동체"(L'Arche Community)를 방문하고 큰 도전을 받아 하버드대학교의 교수직을 내려놓고, 캐나다 토론토의 "데이브레이크 공동체"(Daybreak Community)에 가서 6명의 정신지체 장애인들을 돕는 사역에 평생 매진하다가 1996년, "나는 내 사랑하는 우리의 이웃들을 통해서 우리 주님 예수 그리스도를 새롭게 경험했다. 나는 참 행복했다. 나는 참 행복했다"라는 말을 남기고 세상을 떠났다.

1 영성의 개념

1) 영성의 어원과 개념

영성을 가리키는 영어 단어 "spirituality"는 라틴어 "스피리투알리타스"(spiri-

---

3 Ibid., 170.

tualitas)에서 유래된 것인데, 이는 "영"(靈)을 의미하는 헬라어 "프뉴마"(pneuma)를 라틴어로 번역한 "스피리투스"(spiritus)를 어원으로 한다. 프뉴마는 신약성경의 고린도전서(2:13-15, 9:11, 14:1)에서 "하나님의 거룩한 영"이라는 의미로 사용되었는데,[4] 이는 성령의 능력 안에서 사는 삶을 의미하는 바울신학적 개념이었다.[5] 사도 바울에게 영적인 것이라는 의미는 성령의 영향력 아래에서 사는 것 또는 성령의 임재를 의미했기 때문이다. 초대교회가 로마의 박해를 받을 때에 기독교 영성의 특징은 내주하시는 하나님의 성령과 동행하며 박해를 견디는 순교적 영성이었지만 3세기 이후 영성은 신플라톤주의의 영향으로 점차 금욕주의의 양상을 띠기 시작하여 초대교부인 터튤리안(Tertulian)과 암브로시우스(Ambrosius)는 독신을 거룩의 상징으로 간주하였고, 서방교회의 제롬(Jerome) 또한 결혼보다 독신을 우위에 둠으로써 비슷한 견해를 피력하였으며, 동방교회 역시 거룩한 영성을 위해 세속의 일상을 포기하는 수도원의 삶을 중시하였다.[6] 중세에 들어 스콜라주의(Scholasticism)가 대두하며 영성이 관상을 강조하며 사변적 성격을 띠게 되었고,[7] 그러한 주지주의적 성격이 수도원에 영향을 미치면서 육체, 물질, 세속 등과 대비되는 반물질적 의미를 담게 됨에 따라 영성이라는 개념이 세속 군주와 대비되는 성직자의 영적인 영역에 한정되는 의미로 축소되었다. 하지만 16세기 종교개혁의 물결은 만인 제사장설을 제시하며 성직자나 수도사의 영적 삶이 평신도의 세속적 삶에 대하여 우위를 차지한다는 견해를 거부하였다.

　　17세기 이후 영성의 개념은 프랑스 가톨릭교회에서 주로 논의되었는데, 당시 영성은 인간의 이성을 강조하는 계몽주의에 대항하여 열정, 기질, 감정과 어우러져

4　"spiritualitas"는 5세기 초 파우스투스(Faustus of Riez)가 쓴 것으로 간주되는 "위(爲) 제롬"(Pseudo-Jerome)의 서신에서 "영성의 발전을 위하여 행동하라"(Age ut in spiritualitate proficias)는 구절에서 찾을 수 있는데, 이는 성령을 따르는 삶을 권하는 사도 바울의 가르침을 근거로 하는 것이다. 정용석, "기독교 영성과 영성학(I)," 「기독교사상」 410 (1993), 90.

5　Philip Sheldrake, *Spirituality and History: Questions of Interpretation and Method*, 2nd ed. (Ossining, NY: Orbis Books, 1998), 34-35.

6　Cheslyn Jones, Geoffrey Wainwright, and Edward Yarnold, *The Study of Spirituality* (New York, NY: Oxford University Press, 1986), 110-131.

7　14세기에 교의학에서 윤리신학이 분리되었고, 윤리신학에서 다시 영성이 분리되어 관상을 강조하며 사색적 경향을 띠게 되었다. 유재경, "실천신학과 영성학의 창조적 만남," 「신학과 목회」 33 (2010), 73.

신앙인의 내적 완전함을 지칭하는 개념으로서 사용되었다.[8] 예수회의 지오바니 스카라멜리(Giovanni B. Scaramelli)가 1752년에 쓴 『수덕의 길』(*Direttorio Ascetico*)과 1754년에 집필한 『신비의 길』(*Direttorio Mistico*) 이후 영성 개념은 금욕적 신학(ascetical theology)과 신비신학(mystical theology)으로 구분되었다. 20세기에 영어 단어로 표기된 영성의 개념은 1922년 피에르 포레츠(Pierre Pourrats)의 『기독교영성』(*Christian Spirituality*)의 출간 이후 확산되었고, 1960년대 이후 가톨릭교회를 중심으로 "영성"이라는 용어가 널리 사용되었다. 하지만 18세기 이후 20세기 중반에 이르기까지 개신교에서는 영성이라는 용어 대신에 경건(piety), 헌신(devotion), 완덕(perfection)이라는 용어를 사용하였는데,[9] 이는 영성을 열정주의 또는 신비주의로 간주하여 신앙생활에 있어서 도덕적 요소를 무시한다고 우려하였기 때문이다.[10]

20세기에 들어 수덕과 신비로 구분되던 기존의 영성 개념이 영성신학(spiritual theology)으로 통합되며 완전한 삶이 수도사와 같은 종교인의 전유물이 아니라 평신도에게도 가능하다는 인식이 확산되었다.[11] 가톨릭교회의 경우 제2바티칸 공의회(Second Vatican Council)의 발표를 통해 모든 신자들이 동일한 거룩함으로 부르심을 받았다고 선언하였다. 그러한 선언이 영성이란 경건, 헌신, 완덕 등 개인적인 신앙의 삶뿐만 아니라 사회적이고 공적인 차원의 중요성을 띠고 있음을 동시에 강조함에 따라 영성은 신앙적 삶의 전 과정을 포괄하는 용어로 자리 잡았다. 그러한 변화와 더불어 그리스도인의 내면적 신앙의 삶에 초점을 맞춘 영성신학이라는 개념보다는 인간의 모든 영적 추구의 경험을 포괄하는 영성을 강조하는 영성학이라는 용어

---

8 Sandra M. Schneiders, "Theology and Spirituality: Strangers, Rivals, or Partners?" *Horizons* 13 (1986), 253-257.

9 이는 영성을 논하는 이들이 종교적 엘리트주의에 치우쳤다는 비난으로 인해 그 의미가 부정적인 색채로 얼룩졌기 때문이다. 따라서 18세기에 살레의 프란시스(Francis de Sales)나 영국 국교회의 윌리엄 로(William Law)는 헌신(devotion), 존 웨슬리(John Wesley)와 감리교인들은 완덕(perfection), 복음주의자들은 일반적으로 경건(piety)이라는 새로운 용어를 선호하였고, 가톨릭교회에서도 종교적 열광주의라는 오해를 피하기 위하여 영성이라는 용어 사용을 지양하였다. 유해룡, "영성과 영성신학," 「장신논단」 36 (2009), 307.

10 Jon Alexander, "What Do Recent Writers Mean by Spirituality?," *Spirituality Today* 32 (1980), 248.

11 Jordan Aumann, *Christian Spirituality in the Catholic Tradition* (San Francisco, CA: Ignatius Press, 1985), 218.

가 부각되었다. 20세기 말에 들어서 포스트모더니즘의 주관성이 심리학적 발전과 맞물리며 영성의 훈련 또는 형성에 대한 개신교의 관심이 급증하였다.[12] 하지만 영성 연구의 학문적 역사가 짧기 때문에 영성에 대한 명확한 정의를 내리는 데에는 어려움이 있다.[13] 그럼에도 불구하고 영성이 종교적 개념을 뛰어넘어 정치, 경제, 사회, 문화 등 인간 삶의 전(全) 영역을 포함하는 포괄적이고 체험적인 의미로 확장되었다는 데에는 이견이 없다.[14]

2) 영성의 분류

기독교 영성은 크게 분류하면 무념적(apophatic)인 영성과 유념적(cataphatic) 영성으로 이분할 수 있는데,[15] 전자는 자기를 부정하고 자신을 비워서 하나님의 임재를 기다리는 수동적이며 부정적 형태를 강조하고, 후자는 이성과 감성을 활용하여 영적 상상력을 통해 하나님의 활동을 그리는 긍정적이며 적극적 측면에 초점을 맞춘다.[16] 기독교의 영성, 특히 초기 및 중세의 영성은 전자의 관점에서 세속을 떠나 수도원에 은둔하거나, 경건의 수단으로서 금식을 통해 자신을 부인하는 것을 강조하였다. 하지만 온전한 영성의 모습은 사회 속에서 일상적인 성화의 삶을 통해 드러나야 하는 것임을 직시하여 균형감각을 유지해야 할 것이다.

어반 홈즈(Urban T. Holmes)는 기도와 관조의 방법으로 긍정적 방법과 부정적 방법을 제시하고, 이성의 계몽을 강조하는 방법과 감성의 계몽을 강조하는 방법이 있다고 설명하며 기독교 영성의 유형을 부정적/사변적, 긍정적/사변적, 부정적/감

---

12 이와 관련하여 심리학적 기제를 활용하여 20세기 말부터 각광을 받는 상담이 당면한 삶의 문제의 해결에 중점을 두는 반면, 영성지도는 하나님과의 관계를 증진시키는 데에 1차적인 목적이 있다는 점에서 차별화된다. 유해룡, "한국적 상황에서의 영성의 연구동향," 「신학과 실천」 47 (2015), 197-198.
13 유재경, "실천신학과 영성학의 창조적 만남," 75.
14 Sandra M. Schneiders, "Spirituality in the Academy," *Theological Studies* 50 (1989), 679.
15 apophatic은 부정(negation)이나 부인(denial)을 뜻하는 헬라어 "아포파시스"(ἀπόφασις)의 형용사 "아포파티코스"(ἀποφατικός)에서 유래한 개념으로 부정신학(negative theology)을 지칭한다. 이는 신과 같은 초월자나 초월 세계의 신비는 인간의 능력으로 인지할 수 없기 때문에 오직 부정적인 방법으로만 표현할 수 있다고 주장한다.
16 최성훈, "금식의 전통과 현대 영성적 의미," 「영산신학저널」 59 (2022), 89.

성적, 긍정적/감성적 유형의 네 가지로 구분하였다.[17] 한편 에드워드 키너크(Edward Kinerk)는 세상과 역사에 대한 태도에 따라 세상과 역사에 대한 부정을 통한 관조를 하나님께 이르는 길로 강조한 부정적(apophatic) 영성, 세상과 역사에 대하여 긍정적이므로 세상에 참여하여 변혁을 통해서 하나님을 찾는 사도적(apostolic) 영성, 세상에 대해서는 긍정적이지만 역사에 대하여는 부정적이라 수도원이나 사람의 마음을 통해 하나님과의 관계를 추구하는 하나님 도성(City of God)의 영성, 그리고 세상에 대하여는 부정적이지만 역사에 대하여 긍정적인 예언자적(prophetic) 영성으로 분류하였다.[18]

2 영성학의 발전

초대교회 시대부터 중세 초기까지 신학은 지적 탐구라기보다는 영적 생활의 길잡이였기 때문에 영성과 신학은 분리되지 않았다. 하지만 9세기 이후 스콜라 신학의 등장과 함께 수덕적 실천과 신비한 체험을 통해 삶의 완성을 추구하는 학문을 영성신학으로 부르며, 교리 중심의 교의학과 영적 삶을 추구하는 영성신학의 분리가 시작되었다. 이후 기독교 영성과 신학이 분리되어 영성이란 성직자 또는 특별한 은사를 받은 신도만이 누리는 것으로 간주되는 한편, 신학은 논리적 사변을 추구하는 학문으로 여겨져서 신자들의 신앙 체험과 믿음의 삶을 선도하는 일에서 멀어졌다. 하지만 기독교 영성에 바탕을 두지 않은 신학은 생명력과 삶의 적용력을 잃으며, 신학의 인도를 받지 않는 영성은 극단적 신비주의, 금욕주의, 또는 열정주의로 전락할 위험성을 내포함을 잊어서는 안된다. 제2바티칸 공의회는 모든 사람은 하나님의 신비로 초대받으며, 따라서 영적 성숙의 과정은 하나의 연속적인 과정이라고 선언하였다. 이는 수덕을 통한 능동적 완전함으로부터 하나님의 신비를 통한 수동

---

17 Urban T. Holmes, *A History of Christian Spirituality: An Analytical Introduction* (New York, NY: Seabury Press, 1980), 3-5.

18 Edward Kinerk, "Toward a Method for the Study of Spirituality," *Review for Religious* 40 (1981), 14-16.

적 완전함의 추구를 연속적인 성숙의 과정으로 보는 견해로서 그 같은 주장을 전개한 영성신학이 양자를 통합하였다. 한편 버나드 로너건(Bernard J. F. Lonergan)은 영성을 경험적 차원, 경험한 것을 탐구 및 이해하고 표현하는 지성적 차원, 지성적으로 파악한 것의 진위를 판단하는 이성적 차원, 판단한 것을 평가하고 행동으로 옮기는 책임적 차원으로 발전하는 것으로 설명하며 심리학적 관점에서 조명하였다.[19] 영성이란 그 너머의 차원을 포괄하므로, 심리학적 설명에 유용성이 있는 것을 인정할 만하지만 모든 영적인 경험과 활동을 심리적 작용으로 돌리는 심리환원주의의 위험은 경계해야 한다.

영성학의 발전과 더불어 기독교 영성은 인간의 심오한 중심을 탐구하는 활동으로서 진실과 비진실을 구별하며 성장하도록 하는 변증적 표현이며,[20] 예수 그리스도의 치유와 용서의 사랑 안에서 인간 존재의 전제적 진실을 밝히는 자기초월의 능력으로 정의되었다.[21] 월터 프린시프(Walter Principe)는 영성은 실질적이고 실존적인 영역과 영적 엘리트의 영향 아래에서 실재에 대한 가르침의 공식화라는 영역, 그리고 양자를 조명하는 학자들의 연구 영역으로 구분하여 탐구해야 한다고 주장하였다.[22] 이는 영성학이 본질적으로 다양한 학문적 방법론을 통해 종교적 경험을 분석하는 통합적 학문이라는 점을 지적하는 것이다. 영성학이라는 독립된 학문의 영역을 통해 영성에 대한 연구를 시행해야 한다고 주장하는 산드라 슈나이더(Sandra Schneiders) 역시 인류학적 견지에서 영성은 의식적으로 추구하는 기독교적 삶을 통합하는 인간의 경험을 표현하는 것이며, 따라서 영성학은 본질적으로 간학문적이고, 기술비평적, 에큐메니컬, 간종교적, 교차문화적 특성을 지니는 전체적 학문이라고 선언하였다.[23] 이는 영성의 정의와 방법론이 가지는 전체적 특성 때문에 하나의

---

19 Bernard J. F. Lonergan, *Method in Theology* (Toronto, Canada: University of Toronto Press, 1999), 9.

20 Edward Kinerk, "Toward a Method for the Study of Spirituality," 6.

21 Joan Wolski Conn, *Women's Spirituality: Resources for Christian Development*, 2nd ed. ed. Joan Wolski Conn (Eugene, OR: Wipf and Stock Publishers, 2005), 3.

22 Walter Principe, "Towards Defining Spirituality," *Sciences/Religions/Studies in Religion* 12 (1983), 135–136.

23 Sandra M. Schneiders, "The Study of Christian Spirituality: The Contours and Dynamics of a Discipline," *Christian Spirituality Bulletin* 1 (1998), 3–12.

종교에 제한될 수 없는 독립적 학문의 분야가 되어야 한다는 의미이다.

　　반면 브래들리 한슨(Bradley C. Hanson)은 영성학이 연구한 영성의 주제를 자아를 초월할 수 있는 인간의 능력, 초월적인 궁극적 실재를 지향하는 인간의 내적 차원, 인간의 삶에 통합과 의미를 부여하는 자아초월적 차원, 신앙의 살아 있는 경험과 관련 있는 영성으로 분류하며, 영성의 연구는 타학문 분야와 소통하는 종교학의 영역이 아니라 신학의 한 분과로서 연구되는 것이 바람직하기 때문에 이를 영성신학(Spiritual Theology)으로서 발전시켜야 한다고 주장하였다.[24] 이는 영성의 기원과 역사, 방법론을 고려하면, 영성의 연구는 결코 기독교 신학과 분리할 수 없는 신학의 한 분야라는 뜻이다. 21세기 들어 학자들의 주된 견해는 영성이 신학과 독립되거나 분리된 학문이라기보다는 신학적 숙고의 중요한 자료가 되는 개념이므로 영성학이 신학의 전체적 전망 아래에서 연구되어야 하는 분야라는 것이다. 그러한 차원에서 영성이 신학에서 분리되면 신학적 탐구에서 발견된 전통들과 분리되어 무비판주의에 빠질 수 있기 때문에 영성과 신학이 상호보완적이며 변증적법적인 관계를 통해 발전해야 한다는 주장이 힘을 얻는다.[25] 결국 영성학은 신학적 타당성의 판단 및 실천신학의 적용에 대한 기초자료를 제공하는 것이다.[26] 따라서 근대 이후 영성과 신학의 분리가 영적 결핍과 공허감을 유발하였다는 사실을 상기하여 기독교 신앙의 관점에서 영성학의 발전을 도모해야 할 것이다.

3 영성학 방법론

다원화된 현대 사회에서 기독교 영성은 전통적인 이원론을 거부하고 영혼과 육체, 정신과 물질, 성(聖)과 속(俗), 교회와 세상, 인간과 자연 등의 상호보완적 관계

---

24 Bradley C. Hanson, "Spirituality as Spiritual Theology," in *Modern Christian Spirituality: Methodological and Historical Essays*, ed. Bradley C. Hanson (Atlanta, GA: Scholars Press 1990), 46-50.
25 Philip Sheldrake, *Spirituality and History: Questions of Interpretation and Method*, 87.
26 유재경, "실천신학과 영성학의 창조적 만남," 24-25.

를 통해 조화를 이루는 전인적인 삶을 지향한다. 따라서 영성학 역시 성경적이고 신학적인 토대 위에서 역사적, 사회적 심리적인 방법론을 차용하는 간학문적 접근을 도입하지 않을 수 없다. 이처럼 기독교 영성학은 간학문성과 자기함축성을 본질적 특징으로 견지하는데, 이는 영성학의 연구 대상인 신앙적 경험이 다면적 성격을 띠고 있어서 하나의 관점으로 그 경험을 통전적으로 조명하는 것이 불가능하기 때문이고, 영성학자가 영성과 관련한 경험에 대하여 유사한 경험이 있어야 연구를 진행할 수 있기 때문에 연구의 중립을 유지하기 어렵다는 점에서 자기 함축성을 보유하는 것이다.27

과거 영성학은 신비신학과 수덕신학이라는 관점에서 조직신학에 속한 학문으로 간주되었고, 이후 영성신학으로 통합되었지만 여전히 조직신학 내에서 기능하였다. 하지만 오늘날 영성학은 단순히 계시적 사건이나 경험을 체계화시킨 조직신학과는 다른 것으로 간주되는데, 조직신학적 접근이 교리에서부터 출발하는 연역적 방법을 통해 경험을 규범적으로 제한하므로 영성의 관점에서 경험을 조명하는 데에 한계를 드러내기 때문이다. 연구 방법론상 역사적 기록물을 필요로 하는 교회사 역시 영성적 경험을 연구하는 모든 역사적 기록물을 확보하는 것이 불가능하다는 점에서 한계를 노출한다. 따라서 영성학은 신앙인의 영적 삶의 현상을 이해하고, 비판적으로 분석하는 구성적 해석을 통해 현대적 의미를 밝히는 것을 목적으로 하여 독립적 학문으로 자리매김하고 있다.28

생동력 있는 신학적 자료로서 신학을 영성과 구분 짓고자 하는 이들은 영성학 (the study of spirituality)이라는 용어를 선호하고, 신학과 영성이 상호보완적 관계에서 영향을 주고 받는다고 주장하는 진영은 영성신학(spiritual theology)이라는 용어를 선

---

27 일례로 기도하지 않는 연구자가 아빌라의 테레사(Teresa of Avila)의 기도와 관련한 영성을 연구할 수 없다. 따라서 영성학자는 연구의 주제나 결과를 의식적 또는 무의식적으로 조작할 위험성을 경계해야 한다. 이강학, "기독교 영성학 방법론과 그 적용: 샌드라 슈나이더스(Sandra M. Schneiders) 와 Graduate Theological Union의 기독교 영성 박사과정의 경우," 「한국기독교신학논총」 102 (2016), 229-230.

28 Sandra M. Schneiders, "A Hermeneutical Approach to Christian Spirituality," in *Minding the Spirit: The Study of Christian Spirituality*, eds. Elizabeth A. Dreyer and Mark S. Burrows (Baltimore, MD: The Johns Hopkins University Press, 2005), 56-57.

호한다. 영성학은 영성과 신학의 분리를 극복하고, 신학의 원천이 되는 영적 경험과 실천을 강화함으로써 양자의 균형과 통합을 추구한다.[29] 20세기 중반 이후 개인의 주관성을 중시하는 포스트모더니즘의 확산으로 인해 개인의 경험에서 출발하여 영성을 조명하려는 접근이 시도되기 시작했다. 그 결과 오늘날 영성은 영적 현상과 경험에 대한 설명과 분석을 필요로 하기 때문에 해석학적 성격을 띠며, 신앙과 종교적 관점은 물론 심리학, 사회학, 인류학 등 다양한 학문 분야의 관점을 필요로 하므로 간학문적이고 다문화적 특성을 보인다. 이와 관련하여 영성의 연구 방법론에 있어서 메리 프로리히(Mary Frohlich)는 개인의 내적 성찰은 물론 자신과 타인, 세상에 대한 인식을 통해 사회적 참여에까지 나아가는 확장된 내면성(interiority)을 강조하였고,[30] 버나드 맥긴(Bernard McGinn)은 영성은 개인적 상황보다는 특정 공동체의 역사에서 기인한다고 주장하며 역사적-맥락적 방법론을 제시하였다.[31]

마이클 다우니(Michael Downey)는 영성 연구를 위하여 해석학적 방법론을 제시하였는데, 그는 체험된 영성 자체를 서술하고 이를 비판적으로 분석하는 한편, 그러한 과정에 기반한 참된 이해를 통해 연구자의 변화와 확장을 추구하는 건설적 해석을 거쳐야 한다고 주장하였다.[32] 산드라 슈나이더(Sandra M. Schneiders) 역시 영성이란 인간 본성과 체험의 요소로서 인간 삶의 전 영역을 통합하며 얻은 것이기 때문에, 간학문적 방식으로 인간의 전인격적 종교 체험을 개인적인 동시에 공동체적으로 해석해야 함을 역설하며 해석학적 방법론을 견지하였다.[33] 그녀는 영성학 연구를 첫째, 그리스도인의 종교적 체험에 초점을 맞춘 역사적 접근, 둘째, 조직신학에 속한 교의신학이나 규범신학인 윤리학의 하위 분야로 존재하며 영적 발달에 필요한

---

29 남기정, "현대 영성과 초대 신비 사상,"「신학과 실천」 87 (2023), 148.

30 Mary Frohlich, "Spiritual Discipline, Discipline of Spirituality: Revisiting Questions of Definition and Method," in *Minding the Spirit: The Study of Christian Spirituality*, eds. Elizabeth A. Dreyer and Mark S. Burrows (Baltimore, MD: The Johns Hopkins University Press, 2005), 65-78.

31 Bernard McGinn, "The Letter and the Spirit: Spirituality as an Academic Discipline," in *Minding the Spirit: The Study of Christian Spirituality*, eds. Elizabeth A. Dreyer and Mark S. Burrows (Baltimore, MD: The Johns Hopkins University Press, 2005), 25-41.

32 Michael Downey, *Understanding Christian Spirituality* (Mahwah, NJ: Paulist Press, 1997), 115-141.

33 Sandra M. Schneiders, "Theology and Spirituality: Strangers, Rivals, or Partners?," 26-31.

지침을 제시하는 신학적 관점을 중시했던 과거의 영성신학과 달리 영성에 초점을 맞추어 영적 체험을 이해하는 귀납적 방식을 활용하는 신학적 접근법, 셋째, 인간 존재의 영적 체험에 대한 해석을 중시하는 해석학적 접근로 나누었다.[34] 슈나이더는 오늘날 영성학이 해석학적, 간학문적, 자기참여적, 전인적인 동시에 영성을 이해하고, 이를 통해 개인의 영성을 육성하며, 결과적으로 타인의 영적 성숙과 발달을 도모하는 삼중적 특성을 보인다고 지적하였다.[35]

사이먼 찬(Simon Chan)은 영성이란 하나님 계시의 진리와 개인의 종교적 경험으로부터 출발하여 초월적 삶의 본질을 정의하고 그러한 삶의 성장과 발달을 지시하며, 영적 삶으로부터 완덕에 이르는 영혼의 진전 과정을 설명한다는 조던 오먼(Jordan Aumann)의 정의를 인용하여 신학의 관점에서 영성학의 과제를 세 가지로 제시하였다.[36] 그는 영성학의 과제는 첫째, 초자연적 삶의 본질을 정의하고 예수 그리스도 안에서 새로워진 삶과 관련을 맺고, 둘째, 초월적 삶의 성장과 발달에 대한 지침을 공식화하며, 셋째, 영혼이 신앙적 삶의 시작부터 완전에 이르는 모든 과정을 설명하는 것이라고 주장하였다.[37] 영성학 연구에 있어서 해석학적 접근과 함께 학제간 연구의 필요성을 역설했던 슈나이더 역시 신학을 중심으로 그러한 논리를 전개했는데, 그녀는 영성학 연구에 참여하는 학문을 필수적인 구성 요소에 해당하는 학문 분야 및 특정한 문제를 다루는 학문 분야로 구분하였다. 전자에는 그리스도인의 종교 체험이라는 자료와 더불어 종교 체험의 규범과 해석학적 정황을 제시하는 성서학과 교회사가 포함되며, 후자에는 연구대상인 현상의 문제를 조명하는 신학 및 심리학, 사회학, 문학, 과학 등의 학문들이 포함된다.[38] 신학의 경우 필수적 구성

---

34 그녀는 해석학적 접근이란 종교적 체험을 이해하고 그 이해를 바탕으로 체험이 오늘의 상황에서 어떤 의미가 있는지를 발견하도록 하는 것이라고 설명하였는데, 이는 다우니의 주장과 같이 서술, 비판적 분석, 건설적 해석을 거치는 과정을 통해 진행되는 것이다. Sandra M. Schneiders, "Approaches to the Study of Christian Spirituality," in *The Blackwell Companion to Christian Spirituality*, ed. Arthur Holder (Malden, MA: Blackwell Publishing, 2005), 19-26.

35 Sandra M. Schneiders, "Theology and Spirituality: Strangers, Rivals, or Partners?," 268-273.

36 Cf. Jordan Aumann, *Spiritual Theology* (London, UK: A&C Black, 1980), 22.

37 Simon Chan, *Spiritual Theology: A Systematic Study of the Christian Life* (Downers Grove, IL: IVP Academic, 1998), 18.

38 Sandra M. Schneiders, "The Study of Christian Spirituality: The Contours and Dynamics of a Discipline," 7-8.

요소에 포함될 뿐만 아니라 구체적인 문제를 다루는 학문 분야에도 관여하므로 핵심적인 학문 영역으로 기능한다. 결국 영성을 연구하는 방법론은 해석학적 원리와 현상학적 원리의 조화를 통해 전개되어야 하는 것이다.[39]

4 한국교회의 영성

1) 새벽예배(기도)의 영성[40]

전 세계에서 유래를 찾아보기 어려울 정도로 독특한 예전인 우리나라의 새벽예배(기도)는 민속 고유의 신앙과 결탁된 산물이다. 북두칠성의 칠성신을 섬기는 도교의 전통을 따라 새벽에 정화수를 떠 놓고, 하늘의 일곱 별을 향해 "비나이다, 비나이다"하고 기도했던 새벽참선의 전통이 4세기 후반 삼국시대에 불교가 전래된 이후에 불교의 새벽예불로 변모했고, 기독교의 복음 전파 이후에는 기독교의 새벽예배로 연결되었다. 특히 1906년 길선주 목사의 평양 장대현교회가 새벽예배를 최초로 시작하며 새벽예배운동을 일으켰는데, 이는 다음 해인 1907년 평양대부흥이 일어나는 밑거름이 되었다.

구약 성경에서 아브라함이 소돔과 고모라에 임하는 심판의 불 속에 뛰어 들어가 조카 롯을 구해달라고 천사의 허리춤에 매달린 시간이 새벽이었고(창 18:16-33), 소돔과 고모라가 하나님의 심판으로 멸망당한 시간도 해가 돋던 새벽이었다(창 19:23). 홍해를 건넌 이스라엘 백성들을 추격해 오던 애굽 군대가 수장당해 멸망한 시간도 새벽이었고(출 14:24), 아침에 이스라엘 백성들은 광야에서 만나를 얻었으며(출 16:21), 모세가 시내산에서 하나님의 말씀, 십계명을 받았던 때도 이른 아침이었다(출 19:16). 다니엘이 사자 굴에서 나온 시간도 새벽이었고(단 6:19), 난공불락 여리고성이 무너져 내린 시간도 역시 새벽 이른 시간이었다(수 6:15). 하나님과 동행하며

---

39 김성원, "영성신학 방법론에 관한 연구,"「조직신학논총」5 (2000), 102.
40 새벽예배(기도)와 관련한 내용은 최성훈,『성경가이드』(서울: CLC, 2016), 343-348를 참조하라.

메시아 족보의 반열에 든 이스라엘의 2대 왕 다윗은 새벽의 신비를 알던 인물로서 그는 "여호와여 아침에 주께서 나의 소리를 들으시리니 아침에 내가 주께 기도하고 바라리이다"(시 5:3)라고 고백했고, 사울을 피해 도망하는 인생의 어두운 광야를 지날 때에도 그는 변함없이 "내가 새벽을 깨우리로다"(시 57:8, 108:2)라고 다짐했다.

사실 새벽에 기도하는 영성적 전통의 시초는 예수 그리스도이다. 신약 성경에서 예수께서 새벽에 기도하신 것을 기록하는 대표적인 사례는 복음을 전파하시기 전, 제자를 삼으시기 전, 그리고 십자가에 달리시기 전이다. 즉 인류 구원의 복음을 전파하시고, 십자가 대속을 통해 그것을 완성하시기 위하여 새벽 미명에 기도하셨고, 당신을 따르는 제자들과 그리스도인들에게 기도와 믿음의 본을 보여주셨다. 마가복음 1장 21-31절은 안식일에 가버나움 회당에 들어가셔서 말씀을 전하시던 예수께서 더러운 귀신 들린 자에게서 귀신을 쫓아주신 후 베드로의 집에서 그의 장모가 앓던 열병을 고쳐주신 사역을 기록하였다. 저물어 해질 때에 예수께 모여든 모든 병자들과 귀신들린 자들을 고치시는 신유와 축귀 사역을 통해 온종일 피곤하셨던(막 1:32) 예수님은 다음 날 새벽 이른 시간 아직 날이 밝아오기 전에 한적한 곳으로 가셔서 기도하셨다(막 1:35). 또한 예수님은 열두 제자들을 택하시기 전에 산으로 가셔서 밤이 새도록 기도하신 후 날이 밝자 제자들을 부르셔서 사도로 세우셨다(눅 6:12-13). 예수님이 십자가에 달리시기 전에 겟세마네라 하는 감람산에서 밤을 새워 기도하셨는데, 누가는 이를 "습관을 따라"(눅 22:39) 기도하셨다고 기록하였다. 하루를 말씀과 기도로 시작하는 습관이 오늘날에도 여전히 그리스도인의 삶에 있어서 핵심적인 요소임을 부정할 수는 없고, 교회에 모여서 함께 예배를 드리는 것이 유익함을 인정해야 하지만 이를 율법화하여 특수한 개인적 상황으로 인해 매일 새벽예배에 참석하지 못하는 이를 정죄하지 않도록 경계해야 할 것이다.

2) 금식기도의 영성[41]

금식은 괴로운 마음으로 인해 식음을 폐하는 인간 사회의 전통적인 생활풍습에 기인한 것이다. 따라서 구약 성경은 이스라엘 백성들이 하나님께 죄를 범했을 때에 또는 큰 전쟁을 앞두고 종종 금식을 통해 자신을 낮추고 하나님의 용서를 구하거나 하나님의 은혜를 구했던 기록들을 나열한다. 모세의 율법이 이미 금식을 제도화하여 대속죄일인 7월 10일에 모든 유대인들이 금식을 했고(출 20:10; 레 16:29), 특별히 참회가 요구되거나 하나님의 자비를 구할 때에 금식하며 기도했다. 일례로 사사 시대에 기브아의 범죄 사건으로 인해 이스라엘 각 지파들이 베냐민 지파를 치는 동족상잔의 전쟁을 벌일 때에 하나님께 금식하며 번제와 화목제를 드렸고(삿 20:26), 블레셋과의 전쟁을 앞두고 이스라엘 백성들은 미스바에서 금식하며 하나님 앞에서 회개하며 겸비하였다(삼상 7:6). 모르드개와 유대 족속은 하만의 계략으로 멸절당할 위기에서 금식하며 하나님의 도우심을 구했고(에 4:1-3), 왕후 에스더 역시 아하수에로 왕 앞에 서기 전에 유대 민족과 함께 3일간 금식하며 기도했다(에 4:16). 이방 족속인 앗수르의 니느웨 성 사람들은 요나를 통한 하나님의 심판 선포 앞에서 왕으로부터 짐승들에 이르기까지 금식하며 하나님 앞에서 회개하여 용서를 얻었다(욘 3:5-10).

비탄과 슬픔을 표현하는 방법으로서 이스라엘의 고대 전통에 자리 잡은 종교 의식이었던 금식은 포로기를 거치며 공식적인 제도로 자리 잡았다. 나라를 빼앗긴 이스라엘의 심각한 상황 속에서 정기적으로 행하는 금식을 신앙적 각성의 수단으로 삼은 것이다. 금식은 포로기 이후 주전 586년의 예루살렘의 멸망과 성전 파괴를 기념하여 제의로 행해졌는데, 그 가운데 스가랴 선지자는 금식 제의란 사회 정의의 실천을 뜻한다는 점을 지적하였다. 스가랴는 5월과 7월에 행해지는 금식은 자신들을 위한 것에 불과하며(슥 7:5-6), 이스라엘 멸망의 이유가 "진실한 재판을 행하며 서로 인애와 긍휼을 베풀며 과부와 고아와 나그네와 궁핍한 자를 압제하지 말며 서로 해하려고 마음에 도모하지 말라"(슥 7:9-10)는 명령을 거역하였기 때문이라는 하

---

41 금식과 관련한 내용은 최성훈, "금식의 전통과 현대 영성적 의미," 「영산신학저널」 59 (2022), 81-104를 참조하라.

나님 말씀을 선포하였다. 포로기를 거치며 제도화된 이스라엘의 금식일은 네 가지로서 예루살렘 함락 기념일(4월 9일, 왕하 25:3-4)에 행한 금식, 첫째 성전과 둘째 성전의 파괴를 기념하는 금식(5월 10일, 왕하 25:8-12), 그달리야의 살해 기념일(7월 2일, 렘 41:2)의 금식, 그리고 바벨론 군대가 예루살렘을 포위하여 공격하기 시작한 때를 기억하는 날(10월 10일, 렘 52:4)의 금식이 그것이다.[42] 그러나 금식이 제도화되며 금식의 의미보다는 외적인 형식에 초점을 맞추게 되어 하나님께서 원하시는 모습의 금식과 멀어지게 되었고, 따라서 선지자를 통한 하나님의 질책에 직면하게 되었다. 신약 성경에서는 공관복음과 사도행전만 금식에 관해서 언급하고 있는데, 금식을 강제하는 권고나 명령은 나타나지 않는다. 예수님도 금식을 배격하지 않으신 반면, 금식의 참다운 의미를 일깨우셔서 온전한 금식의 태도를 제시하셨다(마 9:14-17; 막 2:18-22; 눅 5:33-39).

구약 성경에서 금식과 관련된 대표적인 구절은 이사야 58장으로서 이는 하나님께서 기뻐하시는 금식과 안식일의 유익이라는 두 가지 주제들을 포함하는데, 앞부분의 58장 1-12절이 금식에 대한 내용을 다룬다. 이사야 58장에서 금식을 가리키는 히브리어 단어는 "촘"(מׄצ)으로서 이는 식사의 일부 또는 전부를 끊는 행위 또는 기간을 의미한다. 이스라엘 공동체 안에서 금식이란 죄를 범한 자가 회개하는 마음을 나타내는 수단으로서 죄에 대한 심판으로 임하는 재난을 피하게 해 준다는 신념 아래에서 행해졌다. 하지만 이는 내적인 마음의 변화가 없이 단지 외형적인 방법을 통해 하나님의 은혜를 강요하는 행태로 전락하였고, 이는 금식을 하는데 어찌하여 하나님께서 은혜를 베풀어주지 않느냐는 오만하고 이기적인 탄원으로 이어졌다(사 58:3-4). 따라서 하나님께서는 이사야 선지자를 통해 참된 금식의 의미는 "흉악의 결박을 풀어 주며 멍에의 줄을 끌러 주며 압제 당하는 자를 자유하게 하며 모든 멍에를 꺾는 것"(사 58:6)이며, 이는 주린 자에게 양식을 나누어 주고, 유리하는 빈민을 집에 들여서 대접하며, 헐벗은 자를 입히고, 골육을 모른 체하지 않는 것임을 일깨워 주셨다(사 58:7).

---

[42] Adela Y. Collins, *Mark: A Commentary* (Minneapolis, MN: Fortress, 2007), 138.

신약 성경에서 금식은 복음서에 나타난 예수님의 교훈과 사도행전에서 지도자들을 세우는 일을 위하여 하나님께 기도한 것과 연관되어 나타난다. 예를 들어 안디옥 교회의 선지자들과 교사들은 금식하며 기도한 후에 바울과 바나바를 따로 세워 선교사로 파송하였고(행 13:1-3), 파송된 바울과 바나바는 각 교회에서 장로들을 택하여 금식 기도하며 그들을 지도자로 세웠다(행 14:23). 산상수훈에 해당하는 마태복음 6장에서 예수님은 사람들에게 보이려고 그들 앞에서 의를 행하지 말라는 권고(마 6:1)로 시작하여 유대교 경건의 실천양식인 구제(마 6:2-4), 기도(마 6:5-15), 그리고 금식(6:16-18)에 대하여 소개하셨다. 이는 경건의 행위 자체가 중요한 것이 아니라 경건의 실천 속에 자리 잡은 개인의 마음 중심이 중요함을 강조하며, 금식 역시 외적인 행위보다 내적인 태도가 핵심이라는 사실을 드러낸다. 많은 세리와 죄인들과 함께 먹고 마시며(막 2:15), 가난하고 병든 이들을 가르치시고 치유하신 예수님은 결코 금식을 부정하지 않으셨지만, 금식이 정형화된 의례가 아니라 생명을 살리는 사랑의 실천이 되기를 요청하셨다. 또한 구제와 기도와 금식이 유대인들에게 새로운 것이 아니었지만 예수님의 가르침은 금식이 슬픔이 아니라 기쁨의 표현이라는 사실을 새로이 드러내고 있다. 그 같은 차원에서 마가복음의 금식에 관한 질문과 응답은 혼인잔치의 비유를 통하여 메시아 시대의 도래를 나타내는 종말론적 완성과 연관되어 소개된다. 바리새인들은 금식을 수행하는 취지보다는 금식이라는 행위 자체를 준수하는 것에 목적을 두었는데, 그것은 자발적인 열심을 높이는 인간 중심적인 태도를 드러낸다. 그들은 금식하는 모습을 통해 자신의 경건을 과시하기 위하여 얼굴을 흉하게 하고 슬픈 기색을 보였기 때문에 예수님의 비판을 받을 수밖에 없었다(마 6:16-18).

참고문헌

김성원. "영성신학 방법론에 관한 연구." 「조직신학논총」 5 (2000), 90-120.

남기정. "현대 영성과 초대 신비 사상." 「신학과 실천」 87 (2023), 141-163.

유재경. "실천신학과 영성학의 창조적 만남." 「신학과 목회」 33 (2010), 61-88.

유해룡. "한국적 상황에서의 영성의 연구동향." 「신학과 실천」 47 (2015), 177-206.

_____. "영성과 영성신학." 「장신논단」 36 (2009), 303-331.

이강학. "기독교 영성학 방법론과 그 적용: 샌드라 슈나이더스(Sandra M. Schneiders)와 Graduate Theological Union의 기독교 영성 박사과정의 경우." 「한국기독교신학논총」 102 (2016), 221-246.

정용석. "기독교 영성과 영성학(I)." 「기독교사상」 410 (1993), 89-103.

최성훈. "금식의 전통과 현대 영성적 의미." 「영산신학저널」 59 (2022), 81-104.

_____. 『리더†십』. 서울: CLC, 2016.

_____. 『성경가이드』. 서울: CLC, 2016.

Alexander, Jon. "What Do Recent Writers Mean by Spirituality?" *Spirituality Today* 32 (1980), 247-256.

Aumann, Jordan. *Christian Spirituality in the Catholic Tradition*. San Francisco, CA: Ignatius Press, 1985.

_____. *Spiritual Theology*. London, UK: A&C Black, 1980.

Chan, Simon. *Spiritual Theology: A Systematic Study of the Christian Life*. Downers Grove, IL: IVP Academic, 1998.

Collins, Adela Y. *Mark: A Commentary*. Minneapolis, MN: Fortress, 2007

Conn, Joan Wolski. *Women's Spirituality: Resources for Christian Development*, 2nd ed. Edited by Joan Wolski Conn. Eugene, OR: Wipf and Stock Publishers, 2005.

Downey, Michael. *Understanding Christian Spirituality*. Mahwah, NJ: Paulist Press,

1997.

Frohlich, Mary. "Spiritual Discipline, Discipline of Spirituality: Revisiting Questions of Definition and Method." In *Minding the Spirit: The Study of Christian Spirituality*. Edited by Elizabeth A. Dreyer and Mark S. Burrows: 65−78. Baltimore, MD: The Johns Hopkins University Press, 2005.

Hanson, Bradley C. "Spirituality as Spiritual Theology," in *Modern Christian Spirituality: Methodological and Historical Essays*, Edited by Bradley C. Hanson. Atlanta, GA: Scholars Press 1990.

Holmes, Urban T. *A History of Christian Spirituality: An Analytical Introduction*. New York, NY: Seabury Press, 1980.

Jones, Cheslyn, Wainwright, Geoffrey, and Yarnold, Edward. *The Study of Spirituality*. New York, NY: Oxford University Press, 1986.

Kinerk, Edward. "Toward a Method for the Study of Spirituality." *Review for Religious* 40 (1981), 3−19.

Lonergan, Bernard J. F. *Method in Theology*. Toronto, Canada: University of Toronto Press, 1999.

McGinn, Bernard. "The Letter and the Spirit: Spirituality as an Academic Discipline." In *Minding the Spirit: The Study of Christian Spirituality*. Edited by Elizabeth A. Dreyer and Mark S. Burrows: 25−41. Baltimore, MD: The Johns Hopkins University Press, 2005.

Principe, Walter. "Towards Defining Spirituality." *Sciences/Religions/Studies in Religion* 12 (1983), 127−141.

Schneiders, Sandra M. "A Hermeneutical Approach to Christian Spirituality." In *Minding the Spirit: The Study of Christian Spirituality*. Edited by Elizabeth A. Dreyer and Mark S. Burrows: 49−60. Baltimore, MD: The Johns Hopkins University Press, 2005.

_____. "Approaches to the Study of Christian Spirituality." In *The Blackwell Companion to Christian Spirituality*. Edited by Arthur Holder: 15−34. Malden, MA: Blackwell Publishing, 2005.

_____. "The Study of Christian Spirituality: The Contours and Dynamics of a Discipline," *Christian Spirituality Bulletin* 1 (1998), 3−12.

_____. "Spirituality in the Academy." *Theological Studies* 50 (1989), 676−697.

_____. "Theology and Spirituality: Strangers, Rivals, or Partners?" *Horizons* 13 (1986), 253−274.

Sheldrake, Philip. *Spirituality and History: Questions of Interpretation and Method.* 2nd ed. Ossining, NY: Orbis Books, 1998.

Wuthnow, Robert. *After Heaven: Spirituality in America Since the 1950s.* Berkeley, CA: University of California Press, 1998.

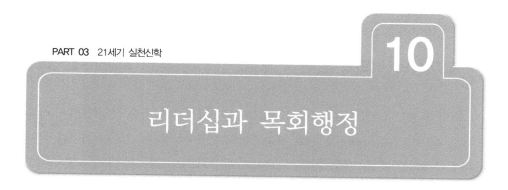

리더십과 목회행정

10

온전한 리더는 "우리가 아직 죄인되었을 때에 그리스도께서 우리를 위하여 죽으심으로 하나님이 우리에 대한 자기의 사랑을 확증하셨느니라"(롬 5:8), "그런즉 누구든지 그리스도 안에 있으면 새로운 피조물이라 이전 것은 지나갔으니 보라 새것이 되었도다"(고후 5:17)와 같은 말씀을 가슴 깊이 새긴다. 그리스도인 리더는 자신의 인간적인 힘과 능력이 아니라 참 포도나무 된 그리스도께 붙어있을 때에만(요 15장) 열매 맺는 능력을 발휘할 수 있다는 사실을 잘 알기 때문이다. 그러한 마음 중심을 가진 리더가 목회행정의 사역을 원활히 수행할 수 있다. 바울이 갈라디아 교회에 보냈던 서신에 나타난 그의 고백은 그런 면에서 목회행정을 담당하는 이들에게 귀감이 된다. "이제 내가 사람들에게 좋게 하랴 하나님께 좋게 하랴 사람들에게 기쁨을 구하랴 내가 지금까지 사람들의 기쁨을 구하였더면 그리스도의 종이 아니니라"(갈 1:10). 이처럼 목회행정의 성경적 원리는 행정 담당자의 능력이나 권력을 과시하는 것이 아니라, 하나님의 지혜를 통해 그리스도의 핏값으로 사신 사람들을 섬기며 교회 공동체를 세움을 통해 궁극적으로 하나님께 영광을 돌리는 것이다.

1 리더십의 정의와 발전

리더십이란 "리더"(leader)와 "십"(ship)이라는 단어가 합쳐진 합성어이다. 리더란 "이끄는 사람"(a person who leads) 또는 "인도자"를 의미하며, "십"(ship)이란 어떤 위치에 부합되는 자질, 역량, 성격, 기술(character, skill, condition, position, quality, state, act) 등을 의미하므로 리더십이란 지도자의 행동, 자질, 성향 등을 뜻하는 것이다.[1] 하지만 여러 가지 요소들이 복합적으로 작용하여 리더십을 구성하기 때문에 이를 정의하는 것은 쉬운 일이 아니며,[2] 따라서 리더십에 대한 보편적인 정의를 내리는 데에는 아직 합의가 이루어지지 않았다.[3]

경영학자 조셉 로스트(Joseph Rost)는 리더십 정의의 역사를 연대별로 구분하였는데, 그는 1900-1929년까지를 리더의 지배와 통치, 통제와 권력의 집중을 강조하는 시대로 요약했고, 1930년대는 리더의 특성과 영향력을 리더십으로 개념화했던 시대, 1940년대는 집단접근법이 대두되어 집단 활동을 지도하는 리더의 행동을 리더십으로 강조하는 흐름이 있던 시대, 그리고 1950년대는 집단이론이 이어지면서 리더의 관계성, 집단의 효과성에 미치는 영향을 리더십으로 정의하던 시대라고 분류하였다.[4] 그는 1960년대는 세계대전 등 격변을 겪은 후 일치된 목소리를 강조하며 공유된 목표를 달성하도록 하는 영향력으로서 리더십을 정의했고, 1970년대는 당시 조직을 강조하는 토요타 자동차(Toyota Motor Corporation), 소니(Sony) 등 일본 기업들의 부상으로 인해 연구된 조직행동론의 영향을 받아 리더십이란 조직의 목표 달성을 위해 조직의 업무수행을 촉진하고 유지하는 능력이라는 주장이 설득력을 얻었으며, 1980년대에 들어 리더십의 본질에 대한 연구가 폭증하며 리더십을 리더의 영향력, 특성, 변화와 변혁을 이끄는 능력 등으로 복합적으로 이해하는 움직임이 전

---

1 최성훈, 『리더 † 십: 리더십 이론의 성경적 적용』 (서울: CLC, 2016), 32.

2 Bernard M. Bass, *Bass and Stogdill's Handbook of Leadership: Theory, Research, and Managerial Applications*, 3rd ed. (New York, NY: Free Press, 1990), 11.

3 Peter Northhouse, *Leadership: Theory and Practice*, 6th ed. (Thousand Oaks, CA: Sage Publications, 2013), 1-5.

4 최성훈, 『리더 † 십: 리더십 이론의 성경적 적용』, 32-33.

개되었다고 구분하였다. 이러한 흐름을 따라 각종 리더십 이론들이 대두하거나 사라지기를 거듭하며, 리더십의 정의에 대하여도 수많은 정의들이 제시된 끝에 21세기 들어서 학자들은 리더십 정의에 대하여 한 가지 일치된 의견을 내고 있다. 그것은 모든 사람이 공감할 수 있는 리더십 정의를 찾을 수는 없다는 것이다. 하지만 오늘날에도 여전히 리더십 이론들은 시대적 변화의 흐름을 반영하며 강조점을 바꾸어 다양한 정의를 제공하고 있다.

20세기 들어 리더십 이론은 리더라는 인물 자체에 관심을 가지며 발전하기 시작했다. 따라서 초기의 리더십 이론은 리더라는 개인에 초점을 맞추어, 리더의 특성(특성이론)과 문제해결력(역량이론), 그리고 행동유형(유형이론)에 관심을 두었고, 이러한 인물 연구는 리더십 이론의 고전적 토대를 형성하였다. 1960년대 들어서 기존의 연구가 보편적인 리더의 특성과 행동을 찾는 데에 실패하며 상황이론이 대두되었다. 리더의 특성이나 행동을 조명하는 연구는 모든 상황에서 성공적일 수 있는 특성과 행동을 찾으려고 노력해 왔지만 그러한 일반적인 요인이 있을 수 없다며 기존의 리더십 연구에 대한 중요한 비판들이 목소리를 높였기 때문이다.[5] 리더십에 대한 패러다임이 상황변수를 포함하는 방향으로 변화되어 "리더십 효과=f(leader, follower, situation)"의 함수로 정리한 것과 같이, 리더십 효과는 리더와 구성원의 행위와 특성과 함께 상황적 조건에 따라 달라진다는 주장이 고개를 들었다. 상이한 상황은 상이한 유형의 리더십을 요구한다는 전제 하에 구성원의 성숙도에 리더십 스타일을 맞추는 상황적 접근법, 리더-구성원 관계(leader-member relation), 과업구조(task-structure), 지위권력(position power)이라는 세 가지 상황에 리더십을 맞추는 상황적합이론, 구성원들의 특성과 과업의 특성을 고려하여 리더십 유형을 조정하는 경로-목표이론 등의 상황이론이 확산되었다.

1970년대 이후에 리더십 연구는 심리학을 포함하는 사회과학 전반에 걸쳐 인지주의적 관점과 인본주의적 관점의 확장과 다국적 기업의 국제적 경쟁의 심화로 인해 조직 문화가 주요 관심사로 부각되었다. 따라서 리더가 모든 부하들과 질적으

---

5 최성훈, "포스트 코로나 19 시대의 목회 리더십: 리더십 의사결정모형을 중심으로," 「선교와 신학」 53 (2021), 466.

로 높은 수준의 관계를 가질 의향이나 시간, 여유가 없음을 가정하여, 리더십을 리더와 내집단 및 외집단으로 나뉘는 구성원들 간의 상호 작용을 중심으로 조명한 리더-구성원 교환이론(LMX theory: Leader-Member Exchange theory), 리더가 미래의 트렌드를 예측하고 구성원들로 하여금 이에 대비하는 가능성있는 비전을 이해하고 받아들이도록 고취하는 변혁적 리더십(Transformational leadership), 다변화 및 다원화되는 현대 사회의 추세 속에서 리더와 팀원들이 협력하여 급변하는 환경에 발 빠르게 대처할 것을 강조하는 팀 리더십(Team leadership) 등 조직이론이 주목을 받았다. 빠른 변화와 불확실성이라는 특징을 보이는 21세기 현대 사회에서 특정 유형의 리더십으로 다원화된 사회적 요구를 충족할 수 없기 때문에 리더십의 종합화가 이루어지고 있다. 여성과 문화의 특성을 반영한 여성 리더십(Women's leadership)과 문화적 리더십(Cultural leadership) 및 윤리적 측면을 고려하여 진정한 리더십 요인을 밝히려는 진성 리더십(Authentic Leadership) 등 최근의 리더십 이론은 기존의 리더십 구성요소가 복합적으로 작용하는 것에 초점을 맞추어 과거에 비하여 훨씬 다각화된 양상을 조명하고 있다.[6] 다양한 리더십이 융합된 통합적 리더십은 급속히 변화하는 조직을 둘러싼 환경에 신축적으로 대응하도록 하며, 시간의 경과에 따라 각기 다른 리더십 유형을 요구하는 조직의 필요를 충족시킬 수 있는 이점이 있다.[7]

2 리더십 이론과 한국교회

1) 조직문화의 변화

의사결정력은 점차 복잡해지는 현대 사회에서 개인과 조직 모두에게 있어서 중요한 리더십의 요인이다. 의사결정에 있어서 가장 중요한 요인은 리더와 구성원

---

6 최성훈, 현대 사회와 여성 리더십: 개신교의 조직문화를 중심으로," 「장신논단」 54 (2022), 180-182.
7 Daniel Goleman, "Leadership That Gets Results," *Harvard Business Review* 2 (2000), 87-90.

간의 대화와 협력이지만 그동안 한국교회에서 의사결정은 소수의 리더에 의해 독점되는 경우가 많았다. 그러나 그러한 문제를 해결해야 할 한국교회의 리더십 연구가 성경적 리더십의 정의와 특성을 발견하는 데에 국한되거나 섬김의 리더십과 같은 특정 주제를 다루는 연구에 초점을 맞추어 진행되었기 때문에 목회의 운영과 밀접한 관계가 있는 의사결정 및 이의 효과성을 점검하는 연구는 미미하다.8

빅터 브룸(Victor H. Vroom)과 아더 제이고(Arthur G. Jago)는 결정의 유의성, 몰입의 중요성, 리더의 전문성, 몰입가능성, 팀 지원도, 팀 전문성, 팀 역량 등 일곱 가지의 상황변수들에 대응하는 리더십 스타일을 지시형, 개별상담형, 팀 상담형, 촉진형, 위임형으로 분류하였다.9 지시형은 리더가 혼자 결정을 내리고 구성원들에게 지시하거나 설득하는 유형이며, 개별상담형이란 리더가 구성원들 모두에게 개별적으로 문제를 설명하고, 아이디어나 제안도 개인적으로 모색하지만 리더가 최종 의사결정을 내리는 유형에 해당한다. 팀 상담형의 경우, 리더가 회의를 통해 문제를 설명하고 의견을 구한 후에 의사결정을 내리는 유형이다. 촉진형은 리더가 회의를 통해 문제를 제시함으로써 의사결정을 촉진하는 것인데, 이 경우 리더는 토론을 조정하고 문제의 의제가 흐려지지 않도록 회의를 이끄는 의장의 역할을 수행한다. 마지막으로 위임형이란 리더가 미리 설정된 한계 내에서 팀원들이 의사결정을 내리도록 허용하는 유형이다.

한국교회의 전통적 리더십 유형은 브룸과 제이고의 리더십 의사결정모형에 의하면 지시형에서 개별상담형과 팀상담형에 걸쳐 있다. 특히 한국 사회의 전통적 유교 사상에 따라 담임 목사를 주축으로 당회를 중심으로 하는 리더십 유형이 대표적인 유형으로 기능해왔다. 정보통신기술의 발달로 인한 정보의 확산, 고학력사회의 진입, 민주화 등으로 인해 오늘날 담임 목회자가 모든 결정을 독단적으로 내리고 목회사역을 이끄는 지시형 리더십 유형은 거의 사라졌다. 그러나 담임 목회자가 리더로서 당회의 시무장로 몇 사람들의 의견을 구하고, 그 과정에서 막강한 영향력을

---

8 최성훈, "섬김의 리더십으로 조명한 기독교교육의 원리," 「기독교교육논총」 40 (2014), 441–442.
9 Victor H. Vroom, and Arthur G. Jago, "The Role of Situation in Leadership," *American Psychologist* 62 (2007), 18–19.

발휘하며 자신이 최종적인 의사결정자로서의 역할을 수행하는 개별상담형 유형이 여전히 상당수를 차지하고 있다. 그러나 오늘날 고학력 민주주의 사회는 상식적이고 투명한 목회 리더십을 요구하며, 그러한 요구에 부응하기 위한 의사결정 리더십의 유형은 단순히 팀 상담형, 촉진형, 위임형의 형태에 고착하는 것이 아니라 창조적인 수용과 변혁을 요청한다.

현대 교인들이 원하는 상식이라는 의미는 투명한 교회의 운영은 물론 개인의 인권을 존중하는 민주적인 방식의 소통을 뜻한다. 특히 다양한 의견들이 엇갈리는 상황에서 합리적 의사결정을 내리기 위해서 상황의 해석, 주장의 근거 탐색, 반론의 점검, 그리고 최종적 의사결정의 단계가 필요하다.[10] 이는 필연적으로 의사결정 과정에서 촉진형과 위임형에 가까운 형태의 리더십을 요구한다. 교회 구성원들 간의 충분한 소통이 원만한 합의를 통해 교회의 공동체성을 유지하고, 사회를 섬기는 공교회성으로 연결되는 원동력이 되기 때문이다. 특정한 상황에 직면한 리더의 기본적인 역량도 중요하지만, 리더가 상황을 어떤 식으로 해석하고 이를 구성원들에게 동기부여하느냐 여부가 의사결정의 효율성 증진은 물론 조직의 효과적인 목표 달성에 기여한다. 따라서 의사결정 과정에서 한국교회는 담임 목회자와 일부 시무 장로들 위주로 논의를 전개할 것이 아니라 교인 전체의 대의를 모아서 이를 반영할 방안에 대하여 지속적으로 고민해야 할 것이다.

2) 섬김의 리더십

1970년대 AT&T의 CEO 출신인 로버트 그린리프(Robert Greenleaf)에 의해 시작된 섬김의 리더십 연구는 이후 리더십 연구자들의 주된 관심의 대상이 되었다.[11] 이

---

10 Marian Mattison, "Ethical Decision Making: the Person in the Process," *Social Work* 45 (2000), 205-207.

11 그린리프는 통신사인 AT&T에 40여 년 근무하고, CEO로 정년퇴임 후, 사회의 단체나 기관들이 어떻게 기능하는지를 탐구하였다. 그는 1964년, "Center for Applied Ethics"를 창설했고, 이는 "Greenleaf Center for Servant Leadership"으로 확대, 발전되었다. 그린리프는 헤르만 헤세(Hermann Hesse)의 소설 『동방순례』(The Journey to the East, 1956)를 읽으며, 순례단의 단원들을 위해 허드렛 일을 하던 하인 레오가 실질적인 조직의 리더로서 기능하였다는 점에서 영감을 얻

타주의라는 인간중심의 가치를 강조하는 섬김의 리더십은 섬김의 대상이 하나님의 형상으로 창조되어 잠재력을 발휘하는 사명을 부여받은 사람이며, 섬김의 전제는 하나님과의 관계를 통해 하나님의 마음을 담는 것이라는 점을 강조한다.12 그러므로 온전한 리더십을 답보하는 섬김은 인간성 회복, 자유, 섬김의 의지를 통해 전개되는데, 인간성의 회복은 진리를 깨닫는 데에서 시작하고 자유함은 죄와 사망의 권세로부터의 해방이라는 복음의 본질에 입각한 인간 존중의 사고를 통해 섬김의 실천으로 이어지는 것이다.

섬김의 리더십의 가장 뚜렷한 특징은 조직의 목표보다 사람을 우선하는 것이다. 이처럼 섬김의 리더십의 모든 가치는 인간 중심적이다. 그린리프가 소개하는 섬김의 리더십은 리더십 이론 중에서는 유일하게 "이타주의"를 리더십의 중심 요소로 제시하고 있다. 윤리적 차원을 포함하는 다른 리더십 이론으로는 변혁적 리더십, 진성 리더십 등이 있지만, 이타주의를 직접적으로 제시하는 리더십 이론은 섬김의 리더십뿐이다. 섬김의 리더십의 강점은 권력과 영향력이라는 일반적 시각에서 벗어나는 인격적인 측면이며, 어디에서나 유용한 것이 아닌 상황적 요인을 인정하는 신축성을 보유한다. 또한 섬김의 리더십은 다른 사람을 섬기고 싶다는 자연스러운 감정으로 시작하여 그 같은 감정을 가지고 다른 사람을 올바른 방향으로 인도하려는 의식적인 선택으로 이어진다. 섬김의 리더십과 다른 리더십과의 차이점은 리더가 구성원들을 위한 봉사자로서 구성원들을 돌보고 살핀다는 데에 있다. 그러므로 섬김의 리더십에서 최선의 평가 기준은 도움을 받고 있는 사람이 도움을 받는 동안에 그 잠재력을 실현하는 과정에서 성장하며, 더 성숙한 모습으로 자율적으로 다른 사람을 돕는 사람이 되는 것이다.

21세기 현대 사회의 복잡성이 종종 유발하는 조직의 위기 상황에서 필요로 하는 리더십은 일반적인 상황에서 요구하는 리더십과 상이할 수 있으며, 이는 긍정적

고 섬김의 리더십을 공식적으로 발전시키기 시작하였다. 이후로 『리더로서의 종』(*The Servant as Leader*, 1970), 『종으로서의 기관』(*The Institution as Servant*, 1972), 그리고, 『섬김의 리더십: 합법적 권력과 위대함의 본질을 향한 여행』(*Servant Leadership: A Journey into the Nature of Legitimate Power and Greatness*, 1977)을 출간하며, 섬김의 리더십 연구에 박차를 가하였다.

12 최성훈, "섬김의 리더십으로 조명한 기독교교육의 원리," 421.

측면에 초점을 맞춘 리더십 이론이라 할지라도 모든 상황에서 효과적인 것은 아니라는 점을 재확증한다.13 그 같은 점을 고려할 때에 섬김과 리더십이라는 두 개의 상충되는 단어가 결합하는 원리가 우선순위에 있음을 간과해서는 안 된다. 섬김의 리더십이란 개념은 우선순위의 확인을 통하여 그 내용이 점검되어야 하는데, 섬김을 핵심의 가치로 강조하기는 하지만 주가 되는 것은 리더십이므로 리더십을 전제로 해야 한다. 성경적 가르침에 대한 숙지 및 리더로서 보유해야 할 지식과 경험을 갖추고 이를 섬김으로 연결할 때에 섬김의 리더십은 발휘되는 것이지, 리더로서 갖추어야 할 기본적인 자질들을 구비하지 않고 섬기는 것은 리더십과는 무관한 것이다. 섬김의 리더십이란 일방적으로 희생하고 봉사하는 것으로만 이루어지는 것이 아니라 지도하며 이끌어 가는 능력을 전제하고 있기 때문이다.

3) 수퍼리더십과 셀프리더십

수퍼리더십(Super-Leadership)이란 리더 자신이 역할모델이 됨으로써 구성원들이 셀프리더십(Self Leadership)을 발휘할 수 있도록 동기부여하는 한편, 구성원에게 자율권을 부여함으로써 스스로의 힘으로 목표를 달성할 수 있도록 격려하고 지지하는 리더십이다.14 이는 정보통신기술의 발전이 견인하는 4차 산업혁명 시대의 급변하는 지식과 정보 홍수의 상황에 적합한 리더십 유형으로서 이를 주창한 찰스 만즈(Charles Manz)와 헨리 심스(Henry P. Sims, Jr.)는 수퍼리더십을 발휘하는 7단계로서 스스로 셀프리더 되기, 셀프리더의 모델 되기, 구성원의 목표 설정을 격려하기, 긍정적 사고 패턴 구축하기, 보상과 건설적 견책을 통해 셀프리더십 발전시키기, 팀워크를 통해 셀프리더십을 증진하기, 그리고 셀프리더십 문화 촉진하기를 제시하였다.15 셀프리더십은 리더의 수퍼리더십과 연계되어 구성원들이 발휘하는 리더십으로서 어떤 개인이라도 자신만의 가치, 신념, 비전을 보유하므로 스스로 과업의 표준

---

13 최성훈, "부정적 리더십과 한국교회," 「장신논단」 55 (2023), 222.
14 Charles C. Manz and Henry P. Sims, Jr, "SuperLeadership: Beyond the Myth of Heroic Leadership," *Organizational Dynamics* 19 (1991), 22-23.
15 Ibid., 23-30.

을 설정하고, 자신의 과업을 점검 및 평가하는 한편, 이에 대한 보상과 처벌을 부과할 수 있다는 믿음에 기초하고 있다.16

개인의 주관성과 인권을 강조하는 포스트모더니즘과 민주화 사조로 인해 개인주의가 심화되어 공동체가 붕괴되고, 인간 관계가 깨어지는 인간소외 현상이 가중되는 작금의 현실 속에서 자신이 용납되어 마음을 나눌 수 있는 소그룹 공동체는 한국교외의 매우 큰 영적, 심리적 자산으로 기능한다. 다원화된 현대 사회에서는 리더 개인의 능력보다는 공통의 목표를 향해 함께 힘을 합치는 구성원들과의 조화가 리더십에 있어서 중요한 요소로 부각되기 때문에 리더십 분야에서도 조직이론이 영향력을 확대하고 있으며, 소그룹 관련하여 구성원들 스스로가 리더십을 발휘하도록 육성하는 한편, 자신이 리더십의 모범이 되는 수퍼리더십과 이를 기반으로 구성원들이 발휘하는 셀프리더십이 새롭게 조명되고 있다. 셀프리더십을 발휘하는 구성원은 신앙 행위의 면에 있어서 교회 내 예배는 물론 지역사회를 섬기는 교회 외적인 사역에 대하여 적극적으로 참여하며, 공동체의 교제 및 상호 돌봄의 사역을 자연적 보상으로 받아들이는 성숙한 신앙 인식 및 복음의 의미를 중심으로 인간적인 비합리적 신념과 불신을 타파하며 자신과 공동체를 세우는 건설적 사고 전략을 반영하는 모습을 보인다. 한국교회는 장기적인 관점에서 수퍼리더십과 셀프리더십을 활용하여 투철한 복음의 기반 위에서 사람을 일으켜 세우고, 삶을 통해 신앙의 모범을 보이는 소그룹 리더들을 양성함으로써 교회의 공동체성을 회복하고 급변하는 시대와 조화를 이루며 복음을 전하는 과업을 온전히 수행해야 할 것이다.

3 목회행정의 정의와 원리

행정(administration)이란 단어의 어원은 "어드미니스트라레"(administrare)로서 "~에"라는 뜻을 가진 "ad"(to)와 "관리하다, 섬기다, 실행하다"라는 의미를 가진

---

16 Charles C. Manz, "Self-Leadership: Toward an Expanded Theory of Self-Influence Processes in Organizations," *Academy of Management Review* 11 (1986), 586.

"ministare"(manage, serve, or execute), 두 단어로 이루어져 있다. 특히 "미니스타레"(ministare)는 "섬기는 사람"이라는 뜻을 가진 "성직자"(minister=servant)와 같은 어원을 공유하고 있다. "ministare"라는 라틴어를 헬라어로 번역한 단어가 "섬김" 또는 "봉사"의 뜻을 가진 "디아코니아"(διακονία)이며, 이는 고린도전서 12장 28절에서 "다스리다", "돕다"라는 의미로 해석되었다. 그러므로 목회행정이란 목회사역이 원활히 이루어질 수 있도록 돕기(섬기기) 위한 모든 활동과 노력을 의미하는 한편, 목회사역에 필요한 인적, 물적 자원을 포함한 여러 가지 자원을 지원, 관리하는 공적 활동을 뜻한다. 목회행정을 교회를 중심으로 하는 활동으로 좁게 이해하였던 과거에는 교회행정을 교회의 질서를 유지하고 선교하도록 도와주는 훈련으로 정의하기도 하였지만,[17] 오늘날에는 방법론이 아니라 목회이고, 서류작업이 아니라 사람이며, 비인격적인 정책들이 아니라 인격적인 과정인 동시에 조작이 아닌 관리라고 설명한다.[18] 후자와 같은 현대적 정의는 교회행정이 단순히 사역업무가 아니라 목회 그 자체임을 뜻한다. 목회행정은 교회행정학이라는 이름으로 1920년대에 미국의 신학교에서 강의되기 시작했는데, 우리나라의 신학교에서는 조동진 목사가 1961년부터 강의한 교회행정학이 시초이다. 그는 교회행정학이란 교회의 목적과 의사를 실현시키고 사역을 수행하기 위한 조직 및 운영의 기술과 능률의 학문이라고 정의하였다.[19]

기본적으로 행정은 조직 목표를 달성하기 위해 필요한 인재와 자원을 적재적소에 배치하여 모든 활동을 원활하게 하는 것이다. 일반행정에서도 행정적 원리를 이루는 구성요소를 사람과 활동, 그리고 양자 간의 상호작용으로 손꼽는다. 행정이란 목적을 이루거나 문제를 해결하는 활동이므로 필연적으로 목적을 설정하고 문제를 해결하고자 하는 주체로서의 사람이 그 중심에 있다. 교회에서 수행하는 목회행정이란 예수 그리스도를 머리로 하는 교회의 사역이 원활하게 이루어지도록 함으로써 그리스도의 몸 된 교인들에게 유익을 주며, 더 나아가서는 사회에서 빛과 소금

---

17 Harris W. Lee, *Theology of Administration: A Biblical Basis for Organizing the Congregation* (Minneapolis, MN: Augsburg Fortress Pub., 1981), 5.

18 Robert Dale, "Managing Churches and Not-for-Profit Organizations," in *Church Administration Handbook*, ed. Bruce P. Powers, 3rd ed. (Nashville, TN: B&H Publishing, 2008), 20.

19 조동진, 『목회행정학』 (서울: 크리스천 헤럴드, 1977), 54.

의 역할을 수행하며 세상에 유익을 끼치는 행위이다(마 5:13-16). 목회 활동을 통해 복음과 사랑의 기독교 정신으로 섬김으로써 교인들로 하여금 하나님의 형상으로서의 잠재력을 실현하고, 영향력을 발휘하며 자신들의 삶과 공동체의 삶을 유익하게 하는 것이 바로 목회행정의 목적인 것이다. 목회행정의 목적을 이루는 기반인 교회의 본질적 사역은 마리아 해리스(Maria Harris)가 제시한 바와 같이 교육목회적 커리큘럼의 기능을 통해 지향하는 하나님 나라의 확장인데, 그 같은 교육목회적 커리큘럼은 초대교회의 공동체 안에 나타난 코이노니아(κοινωνία, 교제), 레이투르기아(λειτουργία, 예배), 디다케(διδαχή, 교육), 케리그마(κήρυγμα, 설교), 그리고 디아코니아(διακονία, 봉사)로 구성되어 있다.[20] 다섯 가지의 커리큘럼은 서로 통합적으로 연결되어 교회를 세우고, 복음 전파 사역을 이루는 소명의 목적을 이루어 왔다.

4 목회행정의 과업

행정의 과업은 학자들에 따라 다양하게 분류되는데, 일찍이 헨리 페욜(Henry Fayol)은 1916년 출간한 자신의 저서 『산업의 일반관리론』(Administration Industrielle et Générale)을 통하여 관리 활동의 5대 요소로서 예측과 기획, 조직, 명령, 조정, 통제를 지적했는데, 이는 행정의 기본과업으로 받아들여져서 교회의 목회행정에도 반영되고 있다. 루터 귤릭(Luther Gulick)은 이를 확장하여 행정에는 7대 기능이 필요하다고 보고, 기획, 조직, 인사, 지휘, 조정, 보고, 예산편성을 강조하였다.[21] 한편 찰스 티드웰(Charles Tidwell)은 교회행정을 교회를 교회답게 하도록 준비시키는 지도력으로 정의하며, 교회행정에 필요한 8대 기능으로서 목적설정, 목표설정, 프로그램 작성, 기구 조직, 인적 자원 확보, 물리적 자원 확보, 재정확보, 통제를 제시하였다.[22]

---

20 Maria Harris, *Fashion Me a People: Curriculum in the Church* (Louisville, TN: Westminster John Knox Press, 1989), 64.

21 Cf. Luther Gulick. "Principles of Administration," *National Municipal Review* 14 (1925), 400-403.

22 Charles Tidwell, *Church Administration: Effective Leadership for Ministry* (Nashville, TN: B & H Academic, 1985), 27.

현대 사회의 광범위하고 복잡한 조직으로 인해 목회자는 더 많은 행정적 기술과 더불어 조직적인 시무의 방법론을 구비해야 하기 때문에 목회행정의 중요성이 더욱 강조되고 있다.[23]

1) 목회행정의 실제

오늘날 목회행정의 실제적 단계는 목표, 계획, 조직, 조정과 통제, 평가의 다섯 가지로 나눌 수 있다.[24] 우선 목회행정을 수행하는 목회자와 제직들은 하나님 나라의 확장이라는 교회의 목적을 기반으로 특정 지역에 위치한 개교회의 목표를 설정해야 하는데, 이는 성경의 가르침 및 건전한 교회론의 기반 위에서 교회의 건강한 성장을 담보할 수 있는 목표이어야 한다. 이후 교회가 그 목표를 성취하기 위해 연계된 세부적인 계획을 수립해야 하며, 이를 실행하기 위하여 각 기관과 부서를 조직하여 필요한 역할을 부여하고 자원을 배치하여야 한다. 조직화의 과정에서 각 기관의 관계적 구조를 기능적으로 구성하고, 은사를 중심으로 적임자들을 배치하는 것이 요구된다. 이후 조정과 통제 단계는 다양한 기관들이 인적, 물적 자원들을 활용하여 계획대로 기능을 수행하며 개교회의 목표를 이루고 있는지를 점검하며 세부적인 조정과 감독을 하는 단계이다. 마지막으로 평가 단계는 각 기관의 사역 결과를 평가하고, 그 결과를 다음 사역의 목표 설정에 참고지표로 삼는 것이다. 온전한 평가를 위해 목회자와 담당자들은 각 기관의 특성과 가치를 파악하고, 적절한 평가 항목을 선택하여 도입해야 한다. 목표, 계획, 조직, 조정과 통제, 평가의 단계는 순환적 단계로서 되풀이되며, 섬김과 봉사라는 행정의 의의에 부합되는 구속적 방법을 통해 수행되어야 한다.

교회는 목표지향적이면서 동시에 그 목표가 사람을 대상으로 하는 인간지향적 조직이다. 교회의 사역이란 영혼에 관한 것, 다시 말하면 각 사람에게 복음을 증거해서 영원한 생명을 누리도록 하는 것이기 때문이다. 그러므로 교회가 건전한 신학

---

23 정성구, 『실천신학개론』, 수정증보판 (용인: 킹덤북스, 2021), 324.
24 권오서, 『교회행정과 목회』 (서울: KMC, 2008), 124-131.

을 바탕으로 올바른 목회철학을 가지고 바른 목표를 세워야 한다. 조직, 프로그램, 방법론은 모두가 영혼을 살리기 위한 수단에 불과하므로, 주객이 전도되어 업무절차를 강조하다가 사람의 심령을 상하게 하는 일이 없도록 주의해야 한다. 그렇게 개인에 집중하여 그 안에 있는 하나님의 형상을 존중하며 섬김의 공동체를 이루다 보면 불필요한 절차들, 행정 편의적 자세들이 사라지고, 여러 단계를 거칠 일들이 담당자들 간의 소통을 통해 단번에 해결되기도 한다. 그러므로 복음의 본질에 근거하여 교회의 역량과 상황에 적합한 목표를 세우고 성령의 도우심을 의지하면서 사랑으로 섬기는 공동체 조직을 만들어 가는 것이 목회행정의 바람직한 모습이다. 각 기관별 권한과 책임의 한계를 명료하게 설정하고, 성문화된 규정을 통해 조정과 통제의 방법을 마련해 놓는다면 목회행정의 과업은 하나님 나라의 확장을 이루는 동시에 지역사회를 섬기며 복음을 전파하는 교회의 목표를 원활히 이룰 수 있을 것이다.

2) 행정조직의 형태

조직의 목표에 따라 구성해야 할 행정조직의 형태가 결정되는데, 대표적인 행정 조직으로는 라인(line) 조직, 스탭(staff) 조직, 위원회(committee) 조직, TFT(Task Force Team) 또는 프로젝트(project) 조직 등이 있다. 라인 조직은 의사전달이 상부에서 하부로 직선적으로 전달되는 전통적인 형태의 조직인데, 일례로 교회학교의 경우 담임목사로부터 교장목사, 교회학교 부장, 주임교사, 교사 등의 라인으로 이어지는 조직의 구성이 이에 해당한다. 라인 조직은 위계가 뚜렷하고 책임의 한계가 명확하다는 장점이 있지만, 라인 체계로 인하여 전반적으로 능률과 사기가 저하될 우려도 있다.

스탭 조직은 라인 조직을 보완하기 위한 조직으로서 전문성을 보유한 참모 조직이다. 스탭은 라인 조직에 대하여 조언을 할 뿐 의사결정을 이끌 지휘명령권은 없지만, 전문성이 강력한 권력의 원천으로 작용하므로 기능적 측면에서 영향력을 발휘할 수 있다. 교회 행정에 있어서 대표적인 스탭 조직으로는 대형 교회의 목회 비서실이 있다. 위원회는 라인과 스탭 사이에서 각 기능 부문 사이의 불일치와 부조화의 문제를 해결하기 위한 통합 조직이다. 예를 들면 교육위원회, 정책위원회, 인사위원회, 예산위원회 등이 민주적인 방법으로 문제를 조정하고 전체 조직을 통합하는 기능을 담당한다. 하지만 위원회 조직은 의사결정 관련한 책임이 분산되고, 위원회가 제시한 창의적 제안이 잘 받아들여지지 않고 타협안에 머무르는 경향을 보이는 등 한계를 노출하기도 한다.

태스크포스 팀 또는 프로젝트 팀은 특정 과제수행을 위해 잠정적으로 해당 과제를 담당하고, 과제 수행 기간이 종료되면 해체되는 소그룹 조직이다. 일례로 글로벌 행사 또는 대외적 행사 등 규모가 큰 프로젝트와 관련하여 행사를 기획하고 운영한 후에 종료된다. 이는 라인 조직과 스탭 조직과 같은 정적인 조직의 한계를 극복하기 위한 동적인 제도로서 기능하는 조직에 해당한다. 이 외에도 여러 프로젝트 팀과 기존 부문의 기능을 연결시킨 혼합형 매트릭스 조직, 자율적 그룹들이 공동의 목적을 이루기 위해 연합하여 정책 결정을 내리는 협의회 조직 등 다양한 조직 형태들이 존재하지만, 앞서 언급한 것처럼 공동체의 목표, 규모와 특성에 따라 구성할 조직의 형태와 규모 등이 결정된다.

3) 인사와 재정

한국교회는 우선 직분과 직무의 개념 정립 및 직분자에 대한 교육을 정교화할 필요가 있다. 교회의 공공성을 강조하는 오늘날 단순히 교회 내의 사역 업무뿐만 아니라 교회 외부의 사회적 이슈 및 사역에 대한 대처가 요구되고 있기 때문이다. 따라서 담임목사의 청빙, 부교역자와 직원의 모집 및 선발, 보수와 복지규정의 구비, 교육훈련과 보직배치, 근무평정 등 인사관리를 위한 규정 마련과 제도적 지원책을 짜임새 있게 갖추어야 한다. 직분 관련 임직, 휴직, 사직, 교육 및 회의의 규정, 총회, 지방회 등 교단의 조직 및 당회, 운영위원회 등 교회 내부의 조직 정비 등도 병행되어야 한다. 이는 교회의 목회철학과 비전과 깊은 연관이 있기 때문에 당회 또는 운영위원회에서 규정을 마련하여 교인들의 동의를 얻어 교회법(Church Bylaws)에 명시할 필요가 있다. 은사에 따라 구성원을 선발하여 적재적소에 배치하는 것은 원활한 목회 사역 수행을 위하여 가장 기본이 되는 행정 업무이기 때문이다.

　　21세기 민주사회의 현대인들은 투명한 교회의 운영에 매우 큰 가치를 두며, 재정의 입, 출입 관련 절차와 운영 전반에 대하여 깊은 관심을 가지고 있다. 특히 교회의 가장 큰 수입원이 교인의 헌금이므로 교인 개인이 자신이 낸 헌금이 어떤 용도로 어떻게 사용되었는지를 확인할 수 있도록 결산하여 보고하는 것은 교회의 기본적인 책무이다. 따라서 교회의 사정에 맞추어 사역 업무를 기획하고, 이에 따라 재정을 편성하고 이를 통제하고 집행하는 제반 절차에 대한 투명한 공개 시스템을 갖추어야 한다. 헌금에 대한 성경적 교육과 함께 성경의 가르침과 교단법에 따른 재정의 올바른 사용을 위한 기준과 지침의 구비, 정확한 기록과 투명한 공개가 재정 운영의 핵심이다. 전문 행정 인력들이 인사, 노무, 세금, 관리 등의 업무를 분담하는 대형교회가 담임 목회자 또는 부서 사역자가 행정을 겸하는 경우가 대부분인 소규모 교회와 연대하여 종교인 과세 및 인사와 재정 관련 행정 업무를 분담한다면 더욱 의미가 있을 것이다.

참고문헌

권오서. 『교회행정과 목회』. 서울: KMC, 2008.

정성구. 『실천신학개론』. 수정증보판. 용인: 킹덤북스, 2021.

조동진. 『목회행정학』. 서울: 크리스천 헤럴드, 1977.

최성훈. 부정적 리더십과 한국교회." 「장신논단」 55 (2023), 209-230.

_____. 현대 사회와 여성 리더십: 개신교의 조직문화를 중심으로," 「장신논단」 54 (2022), 177-201.

_____. "포스트 코로나 19 시대의 목회 리더십: 리더십 의사결정모형을 중심으로." 「선교와 신학」 53 (2021), 461-487.

_____. 『리더 † 십: 리더십 이론의 성경적 적용』. 서울: CLC, 2016.

_____. "섬김의 리더십으로 조명한 기독교교육의 원리." 「기독교교육논총」 40 (2014), 421-447.

Bass, Bernard M. *Bass and Stogdill's Handbook of Leadership: Theory, Research, and Managerial Applications*. 3rd ed. New York, NY: Free Press, 1990.

Dale, Robert. "Managing Churches and Not-for-Profit Organizations." In *Church Administration Handbook*, Edited by Bruce P. Powers: 20-37, 3rd ed. Nashville, TN: B&H Publishing, 2008.

Goleman, Daniel. "Leadership That Gets Results." *Harvard Business Review* 2 (2000), 78-90.

Gulick. Luther. "Principles of Administration." *National Municipal Review* 14 (1925), 400-403.

Harris, Maria. *Fashion Me a People: Curriculum in the Church*. Louisville, TN: Westminster John Knox Press, 1989.

Lee, Harris W. *Theology of Administration: A Biblical Basis for Organizing the Congregation*. Minneapolis, MN: Augsburg Fortress Pub., 1981.

Manz, Charles C., and Sims, Jr, Henry P. "SuperLeadership: Beyond the Myth of Heroic Leadership." *Organizational Dynamics* 19 (1991), 18—35.

Manz, Charles C. "Self—Leadership: Toward an Expanded Theory of Self—Influence Processes in Organizations." *Academy of Management Review* 11 (1986), 585—600.

Mattison, Marian. "Ethical Decision Making: the Person in the Process." *Social Work* 45 (2000), 201—212.

Northhouse, Peter. *Leadership: Theory and Practice*. 6th ed. Thousand Oaks, CA: Sage Publications, 2013.

Tidwell, Charles. *Church Administration: Effective Leadership for Ministry*. Nashville, TN: B & H Academic, 1985.

Vroom, Victor H., and Jago, Arthur G. "The Role of Situation in Leadership." *American Psychologist* 62 (2007), 17—24.

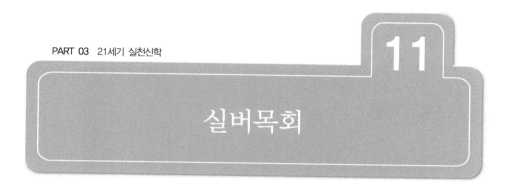

실버목회

행정안전부(www.mois.go.kr)에 의하면 우리나라는 2024년 12월 23일부로 65세 이상 인구가 전체 인구의 20%를 상회하는 초고령사회(Super-Aged Society)에 진입하였다. 한편 통계청의 "2024 고령자 통계"에 의하면 2024년 현재 한국의 노년부양비는 27.4명으로서 15-64세의 생산가능인구 약 3.6명이 고령자 1명을 부양하며, 노령화지수(Ageing Index)[1]는 181.2로 2005년의 48.6에 비해 20년이 채 되지 않아서 네 배로 증가하였다. 또한 통계청은 노년 인구가 2036년에는 30%, 2050년에는 40%에 이를 것이라는 전망을 내놓았다. 우리나라의 노령인구 증가세는 전 세계에서 유례를 찾아볼 수 없을 정도로 가파르다. 일례로 프랑스의 경우 고령화사회에서 초고령사회로 진행하는 데 155년이 소요되었고, 고령화 속도가 빠르다고 알려진 일본의 경우에도 36년이 소요될 것으로 예상되지만 우리나라의 경우 25년이 채 되지 않아서 초고령사회에 이른 것이므로 고령화에 대응할 시간이 매우 부족한 편이라 혼란과 부담이 가중되었다. 한국교회 역시 급증하는 노인 세대를 대상으로 하는 실버목

---

[1] 노령화지수는 14세 이하 유소년인구 100명에 대한 65세 이상 고령 인구의 비율로서, 이 지수가 높아질수록 전체 인구에서 노인인구가 차지하는 비중이 높은 것이며, 노령화지수의 상승은 노년층 부양에 대한 부담 증가로 이어져 사회적 활력이 저하될 것이 예상된다.

회의 원만한 운영이라는 도전에 직면하고 있다.

1 노년의 개념

1) 노인의 정의

"노인"(老人)이라는 용어는 나이 든 사람에 대한 가장 일반적인 호칭으로 사용되고 있다. 노인이라는 한자어는 그 자체로서 나이 든 사람이라는 의미이며, 우리말로도 "늙은 이(사람)"라는 뜻이다. 그러나 낡고 해어졌다는 부정적인 의미를 전달할수 있기 때문에 "노년"(老年)이라는 표현을 사용하기도 하지만 노년이란 주로 인간발달의 단계상 시간을 지칭하는 개념이므로 협소한 의미를 지닌다. 우리말 "어르신"은 인생의 경륜을 존중하는 "어른"에서 파생된 용어로서 중립적인 용어를 사용해야하는 학문적 용어로는 적당하지 않으며, 영어단어 "시니어 시티즌"(senior citizen)의 약자인 "시니어" 또는 "연장자"(elderly) 역시 노인을 긍정하는 표현으로서 중립적인 용어가 아니다. 따라서 본서에서는 만 65세 이상 연령에 해당하는 이들을 지칭하는 표현으로서 일반적인 용어인 노인을 사용하되, 부모를 공경하라는 십계명의 제5계명을확장하여 모든 노인들을 부모로서 존중하는 의미를 내포하여 통칭하기로 한다.

미국에서는 1935년 국가 사회보장법(The National Social Security Act)을 제정하며 65세를 은퇴하는 나이로 규정하여 65세부터 사회보장연금을 수령하도록 함에 따라 65세가 노년을 규정하는 연령으로 인식되기 시작하였다. 이후 유엔 경제사회이사회(UN ECOSOC: United Nations Economic and Social Council)가 1950년 12월 총회에서 65세를 세계 각국의 고령화 지표 기준으로 정하며 대부분의 세계 각국은 65세를 노령이 시작하는 시기로 받아들이고 있다. 우리나라에서는 전통적으로 만 60세를 회갑(回甲) 또는 환갑(還甲)이라 하여 노인의 시기에 들어서는 연령으로 받아들였으나 최근 고령화의 추세를 따라 점차 60세는 장년에 속하는 것으로 인식이 변화하고 있다.[2]

---

2 최성훈, 『고령사회의 실버목회』 (서울: CLC, 2017), 43-44.

2) 노인의 연령과 분류

노인의 연령을 구분하는 다양한 기준들이 있는데, 일례로 역연령(chronological age)은 출생 후 보낸 달력상의 시간에 의한 연령으로서 이는 일반적으로 은퇴 및 각종 연금 혜택을 부여하는 기준이 되는 연령으로 이용된다. 생물학적 연령(biological age)은 개인의 건강상태나 신체적 능력 등 생명유지에 필요한 신체기관의 수명과 연관되는 연령이고, 심리적 연령(psychological age)은 변화하는 환경적 요구에 대처하기 위해 개인이 활용할 수 있는 기억, 지능, 감정, 동기, 자존감 등을 발휘할 수 있는 수준과 관련된 연령이며, 기능적 연령(functional age)은 보다 포괄적인 차원에서 개인의 신체적, 심리적 기능의 정도에 따라 규정하는 연령이다. 사회적 연령(social age)은 문화적 규준과 비교한 개인의 현재 상태를 나타내는 것으로서 특정한 연령의 개인에게 기대하는 사회적 행동양식을 반영한 연령을 의미하며, 인생주기 연령(life stage age / life-cycle age)은 유아기, 아동기, 청소년기, 청년기, 장년기, 노년기 등 인생의 주기를 바탕으로 구분한 연령을 의미한다.

노년에 대한 이해에 따라 노인의 시기를 과거에는 65-74세의 "젊은 노인"(The young old), 75-84세에 해당하는 "고령 노인"(The old-old), 그리고 85세 이상의 "최고령 노인"(The oldest old)으로 구분하였다. 그러나 평균수명이 늘어난 최근에 들어서는 55-64세는 "거의 고령인"(The nearly old), 65-74세는 "젊은 노인"(The young old), 75-84세는 "중고령 노인"(The middle old), 85-94세 "더 고령 노인"(The older-old), 95-104세는 "최고령 노인"(The oldest old), 그리고 105세 이상의 "하이퍼 고령 노인"(The hyper-old)으로 구분하기도 한다.[3] 하지만 인생의 연수만큼 다양한 경험과 차이를 나타내는 노인을 단순히 연령에 따라 일반화하여 구분하는 것은 큰 의미가 있는 것은 아니다.

---

3 Robert C. Atchley, *Spirituality and Aging* (Baltimore, MD: The Johns Hopkins University Press, 2009), 43.

3) 노년의 성경적 의의

구약성경에서 노년과 관련한 구절은 250여 회나 등장한다. 특히 구약에 나타난 인간의 수명은 주목할 만한데, 창세기 초기의 원역사(창 1-11장) 시기에는 므두셀라 969세, 야렛 962세, 노아 905세, 에노스 950세, 아담 930세, 셋 912세, 게난 910세, 마할랄렐 895세 등으로, 역사 초기의 인류는 900세를 전후한 엄청난 장수를 누렸다. 창세기 후기의 족장사(창 12-50장) 이후에도 아브라함 175세, 야곱 147세, 여호야다 130세, 모세 120세, 요셉 110세, 여호수아 110세 등으로 100수를 훨씬 넘기는 경우가 다반사였다. 그러나 레위기에 나타난 보통 사람들의 수명은 60세에 불과했고(레 27:1-8), 구약성경이 가정하는 일반적인 수명의 한계는 120세였다(창 6:3). 구약의 유대 왕들의 평균수명은 44세에 불과했는데, 나이 많아 죽은 다윗이 70세(삼하 5:4-5), 장수했던 므낫세도 67년을 살았을 뿐이었다(왕하 21:1-18). 다윗은 30세에 왕위에 등극하여(삼하 5:4), 40년간 통치한 후, 70세에 생을 마무리했는데, 이때 70세는 천수를 누린 아름다운 나이로 기록되었다(대상 29:28). 모세도 사람의 년수는 70이요, 건강하면 80세라고 말하며 인간 수명의 한계를 80세로 언급하였다(시 90:10).

성경의 연령 분류는 유년, 청년, 장년, 노년으로 나뉘는데(렘 51:22), 레위인의 봉사연령은 30-50세였고(민 4:3, 23), 서원의 규례에서 장년기에서 노년기로 바뀌는 시기는 60세였다(레 27:1-8). 히브리어 "조켄"(זקן)은 "수염이 희다"는 뜻으로 성경의 도처에서(창 43:27, 48:10; 삼하 19:32; 대하 24:15; 스 3:12; 욥 12:20, 32:9; 시 71:18) 등장하는 표현이다. 이의 명사형 "제쿠님"(זקנים)은 구약성경에 178회 등장하는, 노인에 대한 일반적인 표현이다. "세바"(שיבה)는 문자적으로 "흰 머리"라는 뜻으로서 역시 구약성경의 곳곳(창 15:15, 42:38; 삼상 12:2; 왕상 14:4; 시 71:81)에서 노인을 지칭하는 용어로 사용된다. 예를 들면 "흰 머리"와 함께 노년은 시력, 청력, 미각, 치아의 상실과 함께 기력이 쇠하여 지팡이를 의지하고(슥 8:4), 고독과 소외의 두려움(시 71:9)을 느끼게 된다. 이처럼 구약성경에서 노인에 대한 묘사는 흰 머리와 수염뿐만 아니라, 삶의 완성과 인간의 쇠약을 통해 전개되었다. 이삭은 죽음에 가까웠을 때 눈이 보이지 않았고(창 27:1), 엘리 제사장(삼상 3:2)과 선지자 아히야(왕상 14:4)도 동일한 경험을 하였다. 다윗도 노년에 육체적으로 쇠약하여 따뜻하지 않았기 때문에, 젊은 처녀인 수넴 여자 아비삭을 가까이 했으며(왕상 1:1-4), 길르앗 사람 바르실래는 노년(80세)에 미각과 청각을 잃어버렸다(삼하 19:31-35). 따라서 구약성경에서 노화를 겪으며 노년이 되어감은 인생의 마지막을 의미하였다.

하지만 구약성경에 의하면 노년의 시기는 하나님께서 인간에게 복을 주시는 통로로 기능하므로 노인의 백발은 지혜와 명철의 상징이 되어서 노인은 존경과 영광의 대상이었고, 영적인 스승으로서 존중되어야 마땅했다. 그러나 노인은 단순히 백발이나 흰 수염 때문에 존경받는 것이 아니라, 온전한 신앙의 본을 보여온 노년의 세월이 존경을 받는 것이었다. 그러므로 "백발은 영화로운 면류관이라, 공의로운 길에서 얻으리라"(잠 16:31)는 말씀은 노인의 영광이 공의로운 삶에서 얻어진다는 사실을 강조하였다. 한편 노년에 대한 공경은 하나님의 명령이며, 하나님을 경외하는 것을 배우는 방법이었다. 모세의 율법, 즉 십계명의 제5계명은 "네 부모를 공경하라, 그리하면 너의 하나님 나 여호와가 네게 준 땅에서 네 생명이 길리라"(출 20:12; 신 5:16)고 명령하였고, 이는 신약성경에서도 바울의 가르침을 통해 계승되는 중요한 원리가 되었다(엡 6:1-3). 레위기 19장 32절의 "너는 센 머리(세바, שֵׂיבָה) 앞에서 일어나고, 노인의 얼굴을 공경하며, 네 하나님을 경외하라, 나는 여호와니라"라는 말씀도 동일한 가르침을 제공한다.

신약성경에서 헬라어 "게론"(γερών)은 "자녀 출산이 불가능한 늙은 사람"(요 3:4)을 의미하는 호칭으로 사용되었고, "게라스"(Γῆρας)는 단순히 "고령자"(눅 1:36)를 뜻하였다. 또한 "프레스뷔테로스"(πρεσβύτερος)는 "늙은 사람," "연장자"(눅 1:18; 딛 2:2; 빌 1:9)를 가리키는 말로 사용되었는데, 따라서 신약성경에서 노인이란 자녀 생산의 능력이 없는 생리적 노령과 연령적 연장자를 지칭하는 개념이었다. 신약성경에서 회당(마 21:23; 눅 7:3; 행 25:25) 또는 교회의 지도자(행 15:2; 딤전 5:17; 딛 1:5; 약 5:14)라는 의미를 갖는 장로는 "프레스뷔테로스"에서 유래한 말이다. 하지만 "프레스뷔테로스"는 어떤 지위나 리더십을 나타내지 않고 단순히 나이든 사람을 가리키는 데 사용되기도 하였다(행 2:17; 딤전 5:1; 벧전 5:5).

신약성경에서 노년은 체험적 신앙과 인내로 영적 성숙함에 이르는 시기(고후

4:16)로 나타나며, 따라서 신약성경에 등장하는 수많은 노인들은 성숙한 믿음을 표명하는 인물들이었다. 누가복음 1-2장에 나타난 세례 요한의 부모인 사가랴와 엘리사벳, 그리고 메시아를 소망하고 기다리던 시므온과 안나는 그러한 믿음의 표상이었다. 과부는 보살핌이 필요한 사회적 약자(딤전 5:1, 7; 약 1:27)로서 과부로 명부에 올릴 자는 나이가 60세 이상이어야 하는데(딤전 5:9), 나이든 과부들은 신앙 공동체 안에서 선한 사역, 중보기도, 섬김과 구제 사업의 봉사를 위임받았다(딤전 5:5, 9-10). 또한 노인들은 진리의 수호자(엡 6:1-4; 딛 2:4-5; 딤후 3:16)로서 공경의 대상자(롬 13:7; 엡 6:1-3; 딤전 5:17)였다. 이처럼 신약성경의 노년에 대한 이해 역시 연장자와 젊은이의 관계에 초점을 두고 노인을 순종과 공경의 대상으로 묘사했고, 따라서 노인을 향한 공경과 존경을 통해 젊은 세대가 복을 받는다는 사실을 강조하였다.

2 노년의 특성과 노화이론

노화는 단일한 과정이 아니며 생물학적, 사회적, 심리적 과정에서 일어나는 1차적 노화, 질병에 기인한 2차적 노화, 그리고 사망 직전에 발생하는 빠른 상실을 의미하는 3차적 노화 등의 단계로 구성된다.[4] 요약하면 노화란 전 생애에 걸쳐 발생하는 현상으로서 개인에 따라 각기 다른 속도와 방법으로 일어나며, 모든 생명은 하나님으로부터 온 것이므로 노화 역시 하나님께서 창조하신 사역의 일부이다.[5] 일반적으로 사람의 육체적 발달의 전성기는 19~26세로서 이후로는 노화가 시작되어 기초대사량이 저하되기 시작한다. 노년기에는 척추의 완충작용 손상으로 인하여 신장(키)이 감소하고 골밀도 감소로 인한 골다공증 및 관절염이 증가한다. 따라서 뼈와 관절의 손상으로 인해 균형감각을 유지하는 데에 어려움을 겪게 되고 걸음의 속도 또한 저하된다. 단백질 세포의 쇠약으로 인해 피부의 탄력이 저하되고 건조해지

---

4 장휘숙, 『전생애 발달심리학』 4판 (서울: 박영사, 2007), 329.
5 Richard H. Gentzler Jr., *Aging and Ministry in the 21st Century: An Inquiry Approach* (Nashville, TN: Discipleship Resources, 2008), 23, 55.

므로 반점과 주름살이 증가한다. 또한 작은 자극에 상처를 쉽게 받는 반면, 손상시 회복은 늦어진다. 근육도 탄력이 저하되고 근력이 상실되며, 머리숱이 감소하고, 기초대사의 저하로 인해 체열이 떨어진다. 소화 체계 및 심장도 노화로 인해 변화를 경험하는데 예를 들면 장기의 노화로 인해 소화능력이 저하되며, 심장혈관 조직의 기능이 저하되어 동맥 경화증을 유발하기 쉬우나 운동 부족 및 노화로 인하여 약물 사용이 부담스러워진다. 신경 체계도 노화로 인해 신경의 반응시간이 증가하고, 운동능력과 인지능력이 저하된다.

수면 형태 역시 변화하는데 25세 청년의 평균 수면시간이 7시간 가량인데 비해 기초대사량이 적은 60세는 평균 6시간, 75세가 되면 평균 5시간으로 줄어드는 한편, 깊이 잠들기가 어려워 숙면의 감소로 인한 수면의 질 저하도 노년의 불리한 면이다. 오감의 감각 역시 변화를 겪는데 시각에 있어서는 수정체의 조절 능력 저하로 인하여 초점을 맞추기가 곤란해지고, 수정체의 투명성 상실로 인해 백내장의 위험이 높아지며, 안구액 분비의 부족으로 녹내장의 가능성도 증대된다. 청력의 저하는 20대에 이미 시작하는데, 중이에서 고막과 이소골의 기능이 점진적으로 퇴화함에 따라 초기에는 고음 영역의 청력이 감소하다가 점차 중간음과 저음까지 잘 들리지 않게 된다. 노화에 따라 미각돌기의 상실 및 점막이 탄력을 잃어 미각이 저하되는 한편, 침의 생산이 줄어 소화의 문제가 발생하게 된다.

노인의 우울증은 생물학적 요인과 사회적 요인에 의해 발생한다. 성별에 따라 구분하면 남성보다 여성 노인들에게서 우울 증상의 빈도가 더 높게 나타나는데, 여성들의 경우 신체질환, 자기 역할의 불만, 결혼 관계 유지 등과 관련된 우울 장애를 많이 경험하고, 남성들은 생명을 위협하는 신체적 중병이 가장 큰 우울증의 요인으로 작용한다.[6] 또한 신체적 질병과 기능 상실은 물론 가족과 배우자의 사별로 인한 충격, 은퇴로 인한 경제사정의 악화, 뇌혈관 질환 등으로 인해 노인의 우울증이 촉발된다. 그러나 우울증 자체는 노화의 과정이 아니라 일종의 정서장애로서 다양한 요인에 의해 나타나는 증상이므로 객관적 조명과 이해를 통해 대비하고 극복해야 한다.

---

6 이호선, 『노인상담』 2판 (서울: 학지사, 2012), 250.

1) 마모 이론(The wear-and-tear theory)

이는 기계적 인간관에 입각한 이론으로서, 인간의 몸은 기계와 비슷하여 오랜 세월 동안 사용하면 마모되고 닳는다는 이론이다.[7] 마모 이론에 의하면 세포의 마모 현상은 개인의 내외부적 스트레스에 의해 가중되므로 노화를 방지하기 위해서는 신체를 잘 보존하는 것이 요구된다. 그러나 이 이론은 인간이 가진 유기체의 특성을 고려하지 않고 있다는 점에서 비판을 받는데, 유기체는 기계와 달라서 손상을 복구할 수 있는 능력을 보유하기 때문이다. 예를 들어 노화의 큰 흐름을 막을 수는 없겠지만 건강한 생활습관과 규칙적인 운동은 신체의 전반적인 기능을 오랫동안 유지, 향상시킬 수 있다. 따라서 마모이론은 더 이상 노화를 설명하는 효과적인 이론이 되지 못하게 되었다.

2) 면역 이론(The auto-immune theory)

면역 이론은 노화란 면역계의 기능저하로 인한 것이라고 인식한다.[8] 면역 이론은 면역반응 이론과 자동면역 이론으로 구분되는데 면역반응 이론에 의하면 항체의 이물질에 대한 식별능력이 저하되어 노화가 진행되는 것이고, 자동면역 이론은 체내의 면역체계가 항체를 생성할 때에 정상세포까지 파괴하는 자동면역 항체를 만들어냄에 따라 정상세포가 파괴되어 노화가 진행된다고 본다. 따라서 면역 기능을 적절히 유지한다면 노화는 지연될 수 있다고 믿는다. 적절한 식이요법, 체온조절, 수술과 투약의 병행 등으로 노화에 따른 기능 손상을 방지하고 교정함으로써 노화를 늦출 수 있다고 보는 것이다.

---

7 David L. Wilson, "The Programmed Theory of Aging," in *Theoretical Aspects of Aging*, eds. Morris Rockstein, Marvin L. Sussman, and Jeffrey Chesky (New York, NY: Academic Press, 1974), 11-22.

8 William H. Adler, "An Autoimmune Theory of Aging," in *Theoretical Aspects of Aging*, eds. Morris Rockstein, Marvin L. Sussman, and Jeffrey Chesky (New York, NY: Academic Press, 1974), 33-42.

3) 교차연결 이론(The cross-linkage theory)

교차연결 이론은 콜라겐(collagen)이라고 불리는 단백질의 변화에 초점을 맞추어 노화를 설명한다. 교차연결 이론에 의하면 화학적 반응에 의해 정상적으로 분리되어야 하는 분자 사이에 연결 구조가 형성되는 것이 문제인데, 세포의 내외부에서 두 개의 큰 분자들이 서로에게 부착되어 움직이지 못하게 함에 따라 화학적 반응을 일으키고 조직은 탄력성을 상실하게 되어 노화가 진행되는 것이다.9 즉 세포의 구조에서 노화된 콜라겐의 교차연결이 증가함으로 인해 주름살이 생기고, 혈관 및 근육과 피부의 신축성이 저하되는 등 노화가 일어난다. 교차연결이론은 콜라겐의 변화에 따라 교차연결의 축적이 일어남에 따라 코와 귀의 크기가 커지며, 일반적인 세포의 기능을 저하시킴으로써 노화가 가속된다고 주장한다.10

4) 생체시계 이론(The aging-clock theory)

생체시계 이론은 유전적계획 이론 또는 프로그램 이론으로도 불리는 것으로 노화 과정이 이미 인간의 몸속에 프로그램화되어 있으며, 따라서 노화와 관련된 변화는 예측이 가능하다고 주장한다.11 레오나드 헤이플릭(Leonard Hayflick)은 신체의 세포 속에 노화시계가 내장되어 있어서 세포의 수명은 유전적으로 한정되어 있다고 주장했는데, 그의 이름을 따서 "헤이플릭 한계"(Hayflick limit)라고 불리는 이 현상은 배양기 속에서 세포가 생존할 수 있는 최대한계를 의미한다.12 과학자들은 이 이론을 설명하기 위한 연구 끝에 인간은 수정 단계에서부터 생체시계가 작동되기 시작

---

9 Ari Gafni, "Protein Structure and Turnover," in *Handbook of the Biology of Aging*, 5th ed. eds. Edward J. Masaro, and Steven N. Austad (San Diego, CA: Academic Press, 2001), 59–83.
10 Nancy Hooyman and H. Asuman Kiyak, *Social Gerontology: A Multidisciplinary Perspective*. 8th ed. (Boston, MA: Allyn and Bacon, 2008), 72.
11 John C. Cavanaugh and Fredda Blanchard-Fields, *Adult Development and Aging*, 7th ed. (Stamford, CT: Cengage Learning, 2014). 59–60.
12 Leonard Hayflick. "The Cell Biology of Human Aging," *New England Journal of Medicine* 295 (1976), 1302–1308.

하는데, 염색체 끝 부분에 있는 유전자 조각인 텔로미어(telomere)가 세포분열에 따라 점점 더 짧아지고 70~80회의 세포분열 뒤에는 극적으로 짧아져 더 이상의 세포분열이 불가능해져서 결국 사망에 이르게 된다고 결론을 내렸다.[13] 다른 연구자들은 내분비체계와 면역체계에서 유전적으로 계획된 변화에 의해 노화가 촉발되고, 그 결과로 사망한다고 주장했다.[14] 일례로 사춘기와 폐경기 동안 호르몬 변화를 일으키는 뇌의 시상하부는 인생의 후기에 이르면 호르몬과 뇌의 화학물질을 변화시켜서 신체 기능을 적절히 유지하지 못하게 함으로써 사망을 일으킨다는 것이다. 따라서 생체시계 이론의 모든 연구들은 노화와 죽음을 인간의 생물학적 특성에 기인한 불가피한 결과로 여긴다.

3 실버목회 프로그램

초고령사회의 진입으로 인해 노인들에 대한 실버목회의 중요성이 날로 증대되는 오늘날 한국교회는 노인층에 대한 새로운 이해를 요구받고 있다. 우선은 노인들에 대하여 가지는 편견과 부정적인 통념들을 해소하는 것이 실버목회를 위한 시발점이 된다. '모든 노인들은 다 비슷하고, 건강의 악화와 지능 감소, 그리고 비생산적인 삶의 태도 때문에 배울 수 없으며, 또한 대부분의 노인들은 자녀들과 함께 살기를 원하며, 늙어감에 따라 죽음을 두려워함으로써 더욱 종교적인 성향을 보이므로 교회사역에는 유리하다'는 등의 편견은 교회가 실버목회 프로그램을 운영하는 데 있어서 노인들의 요구수준을 맞추지 못하도록 하는 걸림돌로 작용하며, 그들의 영적인 필요보다는 교회의 편의를 우선시하는 오류를 범하게 함으로써 사역의 우선순위에서 노인층을 대상으로 하는 실버목회 프로그램이 뒷 순위로 밀리게 한다.

하지만 편견과는 달리 노인들은 실버목회를 지지할 만한 활동성과 진취성을

---

13 Jerry W. Shay and Woodring E. Wright, "The Use of Telomerized Cells for Tissue Engineering," *Nature Biotechnology* 18 (2000), 22–23.

14 Vincent J. Cristofalo, "Ten Years Later: What have We Learned about Human Aging from Studies of Cell Cultures?," *Gerontologists* 36 (1996), 737–741.

보유하고 있다. 노인들은 실버목회 프로그램 자체를 싫어하는 것이 아니라 창의적인 프로그램을 선호하고, 온정과 사랑을 원하고 교회 공동체 내에서 이를 나누기를 원하며, 가치 있는 것에 자신을 희생할 준비가 되어 있다.[15] 또한 노인들은 목회자와 사역자들을 좋아하며, 안정감과 예견성을 추구하며, 권위에 대한 존경심을 기대한다. 노년층은 변화를 받아들이되, 의미 있는 목적을 향해 나아가는 단계적 변화를 선호하기 때문에 그 변화가 자신들의 필요를 만족시킬 수 있으리라는 확신과 주도권 부여를 통한 동기부여가 필요하다. 노인들은 이야기를 나누고 감정을 교류하기를 원하며, 자원봉사 활동 등을 통하여 보살핌과 돌봄을 제공하는 것을 좋아한다. 특히 교회 안의 노인들은 건강이 허락하는 범위 내에서 적당히 바쁜 삶을 즐기며, 자신이 가진 믿음을 단순한 방법으로 나누며 다음 세대를 사랑하고 품으려 하는 성향을 보인다.

1) 실버프로그램의 목적

실버목회는 노인들이 하나님의 빛 속에서 그들의 존재를 경험하고 살도록 도움을 제공하고 용기를 통해 영혼을 세우는 사역이다.[16] 기독교교육의 관점에서도 노년기는 가장 소중한 추수의 시기로서 그 중요성이 강조된다.[17] 또한 노년기야말로 가장 진지하게 인생의 본질과 하나님의 존재에 대하여 사색하는 은총의 시기이며, 고독을 통해서조차 하나님의 현존을 체험하고 위로와 은총을 경험하는 최적의 시기이므로 실버목회의 중요성은 증대된다. 그러므로 실버사역이 성취하여야 할 목표는 노인 참여자들로 하여금 현대 사회와 문화에 적응하고 지도적 역할을 회복하도록 하고, 노인에 대한 편견을 제거하는 한편, 건강과 긍정적 자세를 유지하며, 다양한 취미와 건전한 인생관을 함양하여 아름다운 삶을 영위할 수 있도록 하는 것이

---

[15] Cf. David P. Gallagher, *Senior Adult Ministry in the 21st Century: Step-By-Step Strategies for Reaching People Over 50* (Loveland, CO: Group Publishing Inc., 2002).

[16] Heije Faber, *Striking Sails: A Pastoral Psychological View of Growing Older in Our Society.* trans. Kenneth R. Mitchell (Nashville, TN: Abingdon Press, 1984), 146.

[17] 추부길, 이옥경, 『실버사역 어떻게 할 것인가』 (고양: 한국가정상담연구소, 2005), 92.

며, 실버사역 프로그램을 운영하는 교회가 품어야 할 목적은 전도와 복음전파, 경건 훈련의 일환, 그리고 노인문제에 대한 국가적 과제 수행 및 지역사회를 위한 봉사 차원까지 확장된다.[18]

2) 실버목회 프로그램의 고려사항

한국교회는 실버목회 프로그램을 운영함에 있어서 노인들의 자기주도성, 경험, 발달단계, 문제해결의 가능성, 내적 동기 등을 고려해야 한다. 노인들은 실버목회 프로그램의 방향과 성격을 스스로 정립하기를 원하며, 그렇게 프로그램의 세부사항 을 자신들이 결정할 경우 훨씬 효과적으로 프로그램을 운영할 수 있다. 일례로 교 육프로그램의 경우 노인들은 자신들이 직접 학습 목표를 세우고, 자신들에게 효과 적인 방법으로 학습받기를 원하므로 학습 목적, 학습 내용(교육 과정), 교수 방법을 선정할 때에 노년 학습자들의 참여를 유도하는 것이 좋다. 프로그램의 참여도나 수 준은 개인의 다양한 경험에 따라 달리 나타나는데, 과거에 프로그램을 성공적으로 완수한 사람은 자아개념이 높아지기 때문에 다음 프로그램에서도 스스로 참여 및 수행 방법을 결정하는 편이다. 그러나 그렇지 않은 사람은 인도자(교수자)의 지지와 도움이 절실하므로 참여자들의 경험과 프로그램과 관련한 현재 수준을 고려하여 프 로그램을 개설하여 운영하여야 한다.

삶의 연수가 많다는 것은 그만큼 다양한 경험과 지식의 차이를 의미하므로 실 버목회 프로그램을 기획함에 있어서 노인들이 가장 이질적 집단임을 유념해야 한 다. 아동의 학습이 미래의 유용성에 초점을 두는 데 비하여 노년의 학습은 경험에 근거하여 현실의 삶의 유용성을 강조하므로 이미 보유한 지식과 새로이 습득할 지 식의 연관성이 중요 동기 요인이 된다. 그러므로 경험이 학습의 촉진 요인이 될 수 도 있고, 반대로 때로는 장애 요인이 될 수도 있다. 그러므로 실버목회 프로그램을 개설할 때에는 예비참여자로서 노인들의 다양한 경험을 조사하여 그들의 요구 사항 을 반영할 수 있도록 충분한 시간을 두고 준비하여야 한다.

---

18 이승익, 『노인학교 운영의 실제: 두란노 목회자료 큰 백과 19권』 (서울: 두란노, 1997), 274-275.

노인들의 다양한 경험이 노년의 상이성의 근원이라면, 발달 단계를 통한 접근은 노년의 동질성에 기반하는 것이다. 따라서 프로그램의 일반적인 성격을 개인의 심리적, 인지적 발달이 아닌, 사회적 차원에서의 발달 과제에 초점을 맞추어야 한다. 예를 들면 신체의 쇠약으로 인한 대처방안, 은퇴 후 자산관리 및 재정 운영, 배우자 상실에 대한 대처 등의 주제는 노인들의 발달 단계에 따라 자연스럽게 맞이하는 동질적 도전이므로 이와 관련한 프로그램을 기획하는 것이 유용하다. 또한 프로그램의 내용이 노년층에게 유의미하기 위해서 실질적인 삶의 문제의 해결 방안이 포함되어야 한다. 그러므로 노인들이 선호하는 방법론(교수-학습법)은 스스로 참여하여 직접 관찰 후 생활에서 반복하여 체득하도록 하는 것이다. 노년기는 인생을 돌아보고 정리함으로써 생의 의미를 통합하고 다음 세대와 소통하고 유산을 전수하는 시기이므로 실버목회 프로그램의 역할은 노인들이 이해가 어려웠던 부분을 이해하고 인생의 의미를 발견하고 삶을 활용하도록 도움을 제공해야 한다.

이처럼 노인들의 실버목회 프로그램 참여에 대한 내적 동기는 문제해결의 원리와 관련이 있기 때문에 노년의 프로그램 참여 동기 또는 학습 동기는 다른 사람의 기대치 도달이 아닌, 자신의 문제에 대한 해답을 추구하는 데에 있다.[19] 그러므로 노인의 프로그램 참여는 외적인 권고보다 내적인 동기가 훨씬 강력하게 작용하며, 그러한 내적 동기는 프로그램의 목표 수립은 물론 달성 과정에도 책임감을 유지하도록 하는 원동력이 된다. 노년의 학습에 있어서 때로는 교육 내용보다 휴식시간의 사교가 유의미하다는 사실, 그리고 양질의 강의와 학습 기자재는 물론, 분위기 좋은 그룹 형성이 중요하다는 사실은 실버목회 프로그램에 있어서도 동일하게 적용된다. 참여 노인들 상호 간의 교류 증진과 사랑의 실천을 위하여는 짜임새 있는 프로그램의 구성과 더불어 적절한 지원 및 소통의 기회 제공이 실버목회 프로그램 성공의 필수 불가결한 요소이다.

---

19 최성훈, 『고령사회의 실버목회』, 141.

3) 실버목회 프로그램의 개발 및 평가

실버목회 프로그램을 개발하는 데 있어서 가장 선행되어야 할 과업은 프로그램 위원회를 조직하는 것이다. 위원회의 역할은 라인과 스탭 조직 사이에서 각 기능조직 사이의 이견을 조율하는 것이므로 위원회 구성원(위원)은 교역자와 프로그램 담당자를 포함하여, 프로그램 참여대상자인 노인 가운데 선별하여 선정함으로써 노인들의 참여도를 제고하여야 한다. 다음 작업은 참가자 풀(participants pool)에 대한 정보를 수집하는 것인데, 성명, 성별, 연락처 등의 기본적인 신상은 물론, 학습과 관련한 요구사항을 설문지, 인터뷰 등으로 수집하여야 한다. 또한 기존의 프로그램의 효과성(목표 달성의 여부)과 효율성(최소비용으로 최대효과를 이루었는지의 여부)을 점검하여 지속할 프로그램, 개선할 프로그램, 중지할 프로그램을 결정해야 한다. 프로그램의 규모가 크다면 지역사회의 유관기관들이 운영하는 프로그램들을 조사함으로써 지역사회와 연계하여 중복을 지양하고, 협력하여 효율성을 제고하는 것이 지역사회와의 소통과 화합, 그리고 예산절감의 면에서 바람직하다.

공유할 수 있는 비전과 프로그램의 목표를 설정하되, 목표는 명확해야 하며, 이를 기반으로 목표를 수행하기 위한 과정에 필요한 담당자들을 결정하여야 한다. 또한 보유하고 있는 인적, 물적 자원 현황을 검토하되, 어떤 자원이 어느 정도나 필요한지, 그리고 어디에서 어떻게 필요 자원을 확보할지를 결정해야 한다. 이후에 비로소 프로그램을 개발할 수 있고, 프로그램의 종료 후에는 프로그램을 평가하여 프로그램의 개선방안 및 향후 운영방안을 결정해야 한다. 실제적인 프로그램 개발에 있어서는 기간 및 영향을 고려한 전략을 수립하여 프로그램의 내용과 진행 방법 등을 선정하고, 지역사회와의 연계를 고려하여 프로그램의 규모를 결정하여야 한다. 또한 프로그램을 운영할 지역과 장소, 환경, 장거리 이동 참여자를 위한 환경과 기술공학을 점검하며, 프로그램의 효과를 검증하기 위한 기준과 결정의 절차를 통하여 프로그램 전체를 평가해야 한다. 이를 통해 프로그램의 성장 목표와 규모를 가늠하여 프로그램의 연속성과 성장 가능성을 타진할 수 있으며, 프로그램의 성과로 나타난 결과물은 출판 또는 전시를 통해 홍보하고, 프로그램에 공헌한 이들에 대한 표창으로 마무리하여 향후 프로그램의 참여도 제고 및 지속성을 확보한다.

노인들은 자신들의 프로그램 참여 및 학습에 대한 어떠한 형태의 평가라도 피하고 싶어 하기 때문에 프로그램 인도자와 참여자인 노인들이 함께 프로그램 관련 평가의 목적과 필요성, 평가의 활용도에 대하여 의논하는 것이 바람직하다.[20] 또한 참여자들로 하여금 평가가 자신들의 프로그램 관련 성적을 평가하는 것이 아니라, 프로그램 자체를 통해 자신들에게 도움을 주기 위한 참고자료로 활용될 것이라는 것을 인식하도록 도와야 한다. 따라서 프로그램 운영 전과 후의 비교를 통해 프로그램의 효과를 점검하는 형성적 평가가 유용하며, 이는 노인참여자의 실생활에 대한 도움 정도, 프로그램 인도자의 명확한 전달여부 등을 포함한 종합적 평가가 되어야 한다.

프로그램의 실제적 평가에 있어서 평가의 주체, 프로그램 자체, 지원조건 등을 고려하여야 한다. 평가의 주체로서는 프로그램의 운영 대상인 노인들이 참여하여야 하며, 제3자인 전문가가 참여할 때에도 기존의 프로그램 참가자들 및 현 프로그램에 참여한 노인들을 초청하여 다양한 의견을 수렴하여 종합적으로 평가하여야 한다. 프로그램 참여자들을 평가 과정에 참여시키는 것은 노인들을 존중한다는 신호를 보내는 것이므로 프로그램에 대한 참여도를 제고하는 수단이 되기도 한다. 프로그램 자체에 대한 평가항목으로는 목표 설정의 타당성, 프로그램 내용의 선정 및 조직, 프로그램 진행 방법(교수-학습법), 그리고 평가 측정의 타당성, 신뢰성, 객관성에 대한 검증이 포함된다. 강사, 시설, 관리, 재정 등의 프로그램 지원조건에 대한 평가도 간과해서는 안 될 부분이며, 참가자에 대한 질문지법, 면접 참여자 및 참여자 가족, 친지 등에 대한 개별 및 집단 면접법, 프로그램의 현장에서 수행되는 관찰법 등의 다양한 평가 방법을 활용함으로써 프로그램의 양적 성장 및 질적 개선을 도모할 수 있다.

---

20 Bruce A. Goodrow, "Limiting Factors in Reducing Participation in Older Adult Learning Opportunities," *The Gerontologist* 15 (1975), 421.

4 삶과 죽음의 윤리

종교적인 차원에서 삶과 죽음은 연결되어 있다. 삶의 의미에 대한 인식은 죽음에 대한 명확한 선(先) 이해를 기반으로 하기 때문이다.[21] 죽음에 대한 의학적 기준은 뇌, 심장, 폐의 기능을 중심으로 심폐기능의 소실이 확인되고, 이의 기능이 회복될 가능성이 사라진 생물학적인 상태를 의미한다.[22] 1968년 하버드대 의과대학은 뇌와 심장, 폐의 기능 소실 및 회복이 불가능한 상태를 죽음이라 정의하였고, 뒤이어 1971년 미네소타 대학 및 1972년 코넬 대학 등도 그러한 기준에 동의하였다.[23] 그러나 심폐소생술의 발달로 인해 심폐기능 손상 회복 가능성이 높아지게 됨에 따라 1970년대 들어서 뇌기능 상실이 최종적인 죽음의 판정기준으로 등장하였다. 하지만 인간을 신체, 정신, 영혼의 통합적인 존재로 인식하는 종교의 죽음에 대한 이해는 의학적 또는 생물학적 견해와는 전혀 다르다. 일례로 삶의 윤리에 있어서 기독교가 핵심적 가치로 강조하는 사랑(愛)은 삶과 죽음에 대한 복합적인 이해에 뿌리를 내리고 있다.

죽음에 대한 정의가 다양한 이유는 그 정의가 죽음을 받아들이는 태도에 영향을 받기 때문이다. 죽음을 받아들이는 태도는 크게 분류하면 불안, 부정, 공포 등의 회피적 태도와 자신의 죽음에 대한 전망을 의식하고 그 결과들을 긍정적으로 수용하는 수용적 태도로 나눌 수 있다.[24] 죽음에 대한 불안과 공포를 구성하는 요소들은 개인적 성숙이나 사용 가능한 대처기술의 종류, 종교성향, 연령, 사회적 지위, 문화적 맥락 등에 따라 다르게 나타난다. 자녀의 독립, 은퇴, 배우자 사망 등의 가족환경적 요인, 체력, 활동성 감퇴, 대인관계 축소 등의 신체적 요인, 그리고 노화의 자각 및 대처와 관련한 심리적 요인이 복합적으로 작용하여 죽음에 대한 태도를 결정하는 것이다.

---

[21] 최성훈, 『고령사회의 삶과 죽음에 대한 이해』 (서울: CLC, 2018), 35.
[22] 최성훈, "기독교 죽음교육의 원리: 유교 불교와의 비교를 통한 조명," 「장신논단」 51 (2019), 186-187.
[23] 최성훈, "삶과 죽음에 대한 종교적 이해: 불교, 유교, 기독교를 중심으로," 「영산신학저널」 55 (2021), 137.
[24] 최성훈, 『고령사회의 실버목회』, 197.

죽음에 대한 반응은 연령에 따라 다르게 나타나는데, 노인들이 젊은 사람들보다 수용적이라는 연구와[25] 노인들이 죽음에 대해 더 불안하다는 연구결과,[26] 그리고 연령과 죽음에 대한 인식 사이에는 아무런 상관관계가 없다는 견해가 팽팽히 맞서고 있다.[27] 성별에 따른 죽음에 대한 태도에 있어서도 여성이 타인에 대한 슬픔과 임종의 고통에 더 많은 관심을 갖기 때문에 더 불안하다는 의견과[28] 남성이 사후의 처벌, 현세적 개인적 성취에 관심을 두므로 죽음을 더 두려워한다는 의견,[29] 그리고 성별과 죽음에 대한 견해에는 아무런 연관이 없다는 주장이 엇갈린다.[30] 종교와 죽음에 대한 인식 사이의 관계에 대하여도 신앙을 가진 사람이 덜 불안하다는 주장,[31] 신앙을 가진 사람이 더 불안하다는 주장, 그리고 죽음에 대한 생각과 태도는 신앙과는 상관이 없다는 주장으로 갈리고 있다.[32] 한편 종교성과 죽음에 대한 공포는 곡선 관계를 보여서 매우 종교적인 사람은 가장 죽음에 대한 공포가 적고, 비종교적인 사람은 중간 정도의 공포를 가지며, 중간 수준의 종교성을 가진 사람이 가장 죽음을 두려워한다는 연구는 죽음에 대한 균형잡힌 신앙적 인식을 보유하지 못하면 오히려 더 죽음에 대한 공포를 느낄 수 있음을 시사한다.[33]

한국교회의 종교적 기능은 의미가 있는데, 특히 노년층의 경우 젊은 세대보다 종교성을 더 강조하는 사회적 풍토를 겪었으며, 생의 말기에 접어들며 삶과 죽음에 대한 주의가 환기되어 종교성이 더욱 증가하는 경향을 보이므로 신앙의 도움으로 사회문제에 대응하기에 유리하기 때문이다.[34] 기독교의 구원이란 단순히 내세의 천

---

25 서혜경, "한미 노인의 죽음에 대한 태도에 대한 연구," 「한국노년학」 7 (1987), 57.
26 김태현, 손양숙, "노인의 죽음에 대한 태도연구," 「한국노년학」 4 (1984), 15.
27 최성훈, "기독교 죽음교육의 원리: 유교 불교와의 비교를 통한 조명," 188.
28 서혜경, "한미 노인의 죽음에 대한 태도에 대한 연구," 56.
29 김태현, 손양숙, "노인의 죽음에 대한 태도연구," 15.
30 최성훈, "기독교 죽음교육의 원리: 유교 불교와의 비교를 통한 조명," 188.
31 임송자, 송선희, "죽음에 대한 태도가 죽음불안에 미치는 영향," 「한국콘텐츠학회 논문지」 12 (2012), 252.
32 이민아, 김석호, 박재현, 심은정, "사회적 관계내 자살경험과 가족이 자살생각 및 자살행동에 미치는 영향," 「한국인구학」 33 (2010), 80.
33 Cf. Harold G. Koenig, *Aging and God: Spiritual Pathways to Mental Health in Midlife and Later Years* (New York, NY: Haworth Press, 1995).
34 전혜정, "노년기 종교활동이 정신건강에 미치는 영향," 「노인복지연구」 25 (2004), 173-174.

국과 지옥을 가르는 심판으로부터의 구원이 아니라 현세에서 죄로부터 구원을 통해 변화된 삶으로서 복음을 증거하는 성화를 전제하는 통합적 성격을 띠고 있다.[35] 그리스도의 구속을 통해 인간은 죽음이라는 실존적 한계를 극복하게 되었고, 이는 현세를 넘어서 내세의 영원한 생명으로 연결됨으로써 현세의 의미를 재회복시키는 것이다. 오늘날 기독교는 그 본연의 가치를 중심으로 현세적 삶을 풍요롭게 하는 섬김의 직분을 담당하고 있으며, 그리스도의 몸으로서 그러한 직무를 위임받은 한국교회는 삶과 죽음 사이의 균형 잡힌 통합적 사고를 통해 그러한 사명을 수행할 것을 요청받는다. 사회적 관계에 의해 형성되는 사회적 자본은 사회적 자본의 결핍을 반영하는 사회적 고립과 달리 사회구성원으로서 노인이 느끼는 심리적 안정감과 삶의 만족도를 통해 노인차별을 방지하는 매개로 간주된다.[36] 사회적 자본을 매개하는 주요 변수는 공동체 의식인데,[37] 이는 한국교회가 선택과 집중의 측면에서 우선순위를 조명하는 데에 중요한 지침을 제공한다. 따라서 한국교회 전체의 차원에서는 사회적 자본을 제공하는 전략을 입안하는 센터의 역할을 담당하고, 개교회를 통해 지역사회의 지원을 지원할 수 있도록 이원화된 균형감각이 필요하다.[38]

35 Seong-Hun Choi, "John Calvin's Understanding of Faith Based on the Doctrine of Justification and Sanctification," *Journal of Youngsan Theology* 45 (2018), 312-313.

36 Jeanne S. Hurlbert, John J. Beggs, and Valerie A. Haines, "Social Networks and Social Capital in Extreme Environments," in *Social Capital: Theory and Research*, eds. Nan Lin, Karen Cook, and Ronald S. Burt (New Brunswick, NY: Aldine Transaction, 2005), 219-220.

37 진재문, 김수영, 문경주, "노인차별에 대한 사회적 자본의 영향에 관한 연구: 공동체 의식의 매개효과를 중심으로," 「사회적경제와 정책연구」 7 (2017), 159-160.

38 최성훈, "코로나19 관련 노인차별에 대한 공공신학적 분석: 위험인식, 여가와 돌봄, 사회적 자본을 중심으로," 「선교와 신학」 55 (2021), 443-444.

참고문헌

김태현, 손양숙. "노인의 죽음에 대한 태도연구."「한국노년학」 4 (1984), 3–19.

서혜경. "한미 노인의 죽음에 대한 태도에 대한 연구."「한국노년학」 7 (1987), 39–59.

이민아, 김석호, 박재현, 심은정. "사회적 관계내 자살경험과 가족이 자살생각 및 자살행동에 미치는 영향."「한국인구학」 33 (2010), 61–84.

이승익.『노인학교 운영의 실제: 두란노 목회자료 큰 백과 19권』. 서울: 두란노, 1997.

이호선.『노인상담』. 2판. 서울: 학지사, 2012.

임송자, 송선희. "죽음에 대한 태도가 죽음불안에 미치는 영향."「한국콘텐츠학회 논문지」 12 (2012), 243–255.

장휘숙.『전생애 발달심리학』. 4판. 서울: 박영사, 2007.

전혜정. "노년기 종교활동이 정신건강에 미치는 영향."「노인복지연구」 25 (2004), 169–186.

진재문, 김수영, 문경주. "노인차별에 대한 사회적 자본의 영향에 관한 연구: 공동체 의식의 매개효과를 중심으로."「사회적경제와 정책연구」 7 (2017), 135–166.

최성훈. "코로나19 관련 노인차별에 대한 공공신학적 분석: 위험인식, 여가와 돌봄, 사회적 자본을 중심으로."「선교와 신학」 55 (2021), 423–453.

_____. "삶과 죽음에 대한 종교적 이해: 불교, 유교, 기독교를 중심으로."「영산신학저널」 55 (2021), 135–165.

_____. "기독교 죽음교육의 원리: 유교 불교와의 비교를 통한 조명."「장신논단」 51 (2019), 183–204.

_____.『고령사회의 삶과 죽음에 대한 이해』. 서울: CLC, 2018.

_____.『고령사회의 실버목회』. 서울: CLC, 2017.

추부길, 이옥경.『실버사역 어떻게 할 것인가』. 고양: 한국가정상담연구소, 2005.

Adler, William H. "An Autoimmune Theory of Aging." In *Theoretical Aspects of Aging*. Edited by Morris Rockstein, Marvin L. Sussman, and Jeffrey Chesky:

33−42. New York, NY: Academic Press, 1974.

Atchley, Robert C. *Spirituality and Aging*. Baltimore, MD: The Johns Hopkins University Press, 2009.

Cavanaugh, John C., and Blanchard−Fields, Fredda. *Adult Development and Aging*. 7th ed. Stamford, CT: Cengage Learning, 2014.

Choi, Seong−Hun. "John Calvin's Understanding of Faith Based on the Doctrine of Justification and Sanctification." *Journal of Youngsan Theology* 45 (2018), 291−317.

Cristofalo, Vincent J. "Ten Years Later: What have We Learned about Human Aging from Studies of Cell Cultures?" *Gerontologists* 36 (1996), 737−741.

Faber, Heije. *Striking Sails: A Pastoral Psychological View of Growing Older in Our Society*. Translated by Kenneth R. Mitchell. Nashville, TN: Abingdon Press, 1984.

Gafni, Ari. "Protein Structure and Turnover." In *Handbook of the Biology of Aging*, 5th ed. Edited by Edward J. Masaro, and Steven N. Austad: 59−83. San Diego, CA: Academic Press, 2001.

Gallagher, David P. *Senior Adult Ministry in the 21st Century: Step−By−Step Strategies for Reaching People Over 50*. Loveland, CO: Group Publishing Inc., 2002.

Gentzler Jr., Richard H. *Aging and Ministry in the 21st Century: An Inquiry Approach*. Nashville, TN: Discipleship Resources, 2008.

Goodrow, Bruce A. "Limiting Factors in Reducing Participation in Older Adult Learning Opportunities." *The Gerontologist* 15 (1975), 418−422.

Hayflick, Leonard. "The Cell Biology of Human Aging." *New England Journal of Medicine* 295 (1976), 1302−1308.

Hooyman, Nancy, and Kiyak, H. Asuman. *Social Gerontology: A Multidisciplinary Perspective*. 8th ed. Boston, MA: Allyn and Bacon, 2008.

Hurlbert, Jeanne S., Beggs, John J., and Haines, Valerie A. "Social Networks and Social Capital in Extreme Environments." In *Social Capital: Theory and Research*, Edited by Nan Lin, Karen Cook, and Ronald S. Burt: 209−232. New Brunswick, NY: Aldine Transaction, 2005.

Koenig, Harold G. *Aging and God: Spiritual Pathways to Mental Health in Midlife and Later Years.* New York, NY: Haworth Press, 1995.

Shay, Jerry W., and Wright, Woodring E. "The Use of Telomerized Cells for Tissue Engineering." *Nature Biotechnology* 18 (2000), 22−23.

Wilson, David L. "The Programmed Theory of Aging." In *Theoretical Aspects of Aging.* Edited by Morris Rockstein, Marvin L. Sussman, and Jeffrey Chesky: 11−22. New York, NY: Academic Press, 1974.

12

다문화목회

단국대학교 이희근 교수는 "백정"(白丁)의 유래를 소개하며 우리민족이 단일민족이라는 통념이 잘못되었음을 지적하였다. 백정은 원래 북방 유목민 출신으로 "양수척, 재인, 화척, 달인" 등으로 불렸는데, 성종실록에 의하면 한때 백정이 차지하는 비율이 평민의 1/4~1/3에 이르렀다.[1] 미국의 외교관 윌리엄 샌즈(William F. Sands)가 제물포항에서 만난 조선인들 중에도 백정들이 있었는데, 샌즈는 그들을 보며 갈색, 회색, 푸른 색의 눈빛과 기골이 장대한 모습 때문에 조선이 단일민족국가가 아니라고 생각했었을 정도였다.

1904년의 러일전쟁에서 일본이 승리한 이후로 위기의식을 느낀 조선 내에서는 민족주의 담론이 강화되었고, 일제강점기인 1934년에는 일제에 대항하는 진단학회가 설립되었다. 진단학회는 폐쇄적 민족주의를 극복하고, 외부로는 개방적이지만 내부에서는 평등과 친화를 강조하는 신민족주의를 추구하였다. 한편 문헌상 "단일민족"이란 표현은 1949년 손진태의 "국사대요"에 처음으로 등장하였는데, 일제 강점과 해방 이후의 남북분단의 혼란한 시기를 배경으로 단일민족주의가 강조되기 시

---

1 이희근, 『백정, 외면당한 역사의 진실』 (서울: 책밭, 2013), 15-22.

작하였다. 특히 1961년 5·16 쿠데타로 집권한 박정희 정권은 군사혁명의 정당성과 명분을 위해 민족적 민주주의의 실현을 강조하였다. 그러나 족보상 적어도 26%의 한국인은 역사의 한 시점에 한반도로 이주해 온 귀화인의 후손이다.[2] 우리나라 성씨 250여 개 중 130여 성씨가 중국계로서 예를 들면 남양 홍씨, 한양 조씨, 밀양 변씨, 곡부 공씨, 진주 강씨, 광주 안씨, 남양 제갈씨, 추계 추씨, 전주 추씨, 전주 연씨, 서산 정씨, 남양 방씨, 평산 소씨 등이 이에 해당한다. 이외에 다양한 배경을 가진 성씨로는 우록 김씨(일본), 연안 인씨(몽골), 청해 이씨(여진), 경주 설씨(위구르), 덕수 장씨(아랍), 화산 이씨(베트남) 등이 있다. 또한 북방인의 특징은 기골이 장대하고 눈이 작고 코는 크며, 광대가 튀어나온 것이며, 반대로 남방인은 작고 아담한 골격에 갸름한 얼굴, 큰 눈과 낮은 코가 특색이지만 우리나라 사람들은 북방계와 남방계의 외모상 특징이 섞여서 그러한 모습이 고루 분포되어서 나타난다.

1 다문화의 개념과 현황

다문화사회란 둘 이상의 다양한 인종이나 민족, 언어, 종교, 사회문화적 배경을 가지는 구성원으로 이루어진 사회를 의미한다. 대부분의 서구 사회의 경우, 출산율 저하로 인한 인구감소와 그로 인해 부족한 노동력을 충원하기 위해 제3세계 국가 출신의 이민자들의 수용하면서 다문화사회가 도래하게 되었다. 우리나라의 경우에도 1986년 아시안게임과 1988년 서울올림픽을 계기로 세계화의 붐이 일었고, 글로벌화와 경제성장으로 인해 이동성이 급격히 촉진되었다. 따라서 국제결혼을 통한 이민, 외국인 근로자의 방한, 해외 동포의 귀국, 탈북자 증가 등을 통한 이주민의 국내 유입으로 인해 다문화사회에 대한 인식이 확산되었다.

지구촌화로 인한 국제적 이주 역시 촉진되고 있는데, 유엔난민기구(UNHCR: United Nations High Commissioner for Refugees)에 의하면 2023년 말 현재 1억 1,730만

---

2 Cf. 김정호, 『한국의 귀화성씨』 (서울: 지식산업사, 2003).

명의 난민이 강제로 본국을 떠나야 했는데, 미국(120만 명), 독일(329,100명), 이집트 (183,100명), 스페인(163,200명), 캐나다(146,800명)의 순으로 난민을 수용하였다. 국제이 주기구(IOM: International Organization for Migration)의 2024년 보고서는 2억 8천 1백만 명의 이주자가 발생하였는데 이는 전 세계 인구의 약 3.6%에 해당하며, 대한민국의 경우 2022년 말 기준 0.78%의 출산율을 보이므로 세계에서 가장 출산율이 낮은 국 가로서 향후 외국인 노동자를 비롯한 이주민의 유입이 예상되는 국가라고 설명하였 다. 보고서는 우리나라를 유학생의 유입이 가파르게 상승하는 국가로도 소개하였는 데, 이는 선진국인 대한민국의 위상과 한류의 확산에 기인한 측면이 강하다.

1) 다문화의 개념

우리나라의 다문화에 대한 관심은 지난 2006년 미국의 NFL(National Football League) 슈퍼볼 우승팀인 피츠버그 스틸러스(Pittsburgh Steelers)의 라인 배커로서 MVP(Most Valuable Player)를 수상한 하인즈 워드(Hines E. Ward)가 방한하며 고조되었 다. 단일민족의 신화를 강조하며 다른 문화와의 접촉을 꺼렸던 우리나라에서 모친 이 한국인인 하인즈 워드의 성공 이전까지 다문화에 대한 관심이 크지 않았다. 그 러나 이미 1990년대에 들어 경제성장과 내국인의 소위 "3D 업종"에 대한 기피로 인해 노동력이 부족해져서 외국인 노동자들이 입국하기 시작했고, 농촌 총각의 결 혼 문제 해결을 위한 결혼이주 여성의 유입도 왕성하게 이루어지고 있었다. 최근에 는 대한민국의 국력 신장과 한류로 인해 외국인 유학생의 수 또한 급증하고 있다.

다문화는 어느 날 갑자기 생긴 사회적 현상이 아니라, 인류가 공동체 생활을 하면서 자연스럽게 형성된 현상으로서 오랜 역사를 지니고 있다. 하지만 다문화는 동질성보다는 이질성을 전제로 형성된 것이므로 상호존중과 이해를 요구한다. 특히 기독교의 다문화 이해에 있어서는 하나님의 형상으로서 동등하게 창조된 인간 이해 와 그리스도의 몸 된 교회를 위한 다양한 은사를 고려할 때 피부색이나 인종 등 겉 으로 드러나는 외모를 뛰어넘어서 사고방식, 문화, 신앙 등의 내면적인 부분이 훨씬 다양한 모습을 보인다는 사실을 직시하고 서로 이해하고 배려하며 존중하는 자세를 취해야 한다.

2) 우리나라의 다문화 현황과 전망

법무부(www.moj.go.kr)의 출입국 통계에 의하면 2023년 말 체류 외국인의 수는 250만여 명으로서 전체 인구의 4.89%를 차지한다. 전체 인구 대비 체류 외국인의 비율은 2019년 4.87%를 기록한 이후 코로나 19로 인한 이동성 제한 때문에 2021년 3.79%까지 감소했다가 2022년 이후 다시 증가하는 추세를 보인다. 경제협력개발기구(OECD)는 내국인 귀화자, 내국인 이민자 2세 및 외국인 인구를 합친 이주 인구가 총인구의 5%를 넘을 경우 "다문화·다인종 국가"로 분류하는데, 법무부의 "출입국·외국인 정책 통계월보"에 의하면 2024년 8월 말부로 체류 외국인의 수가 2,639,521명을 기록하며 전체 인구의 5.15%를 차지함에 따라 우리나라는 이미 다문화 국가에 진입하였다.

이처럼 우리 사회에서 다인종이 차지하는 비율이 높아지고 있음에도 불구하고 대다수의 국민들은 그러한 변화에 대처하지 못하고 있고, 다문화 감수성 역시 그리 높은 수준을 보이지 못하고 있다. 우리나라가 다문화로 변모하는 과정에서 유입된 이주민의 대다수는 결혼이민 및 귀화자, 유입 노동자, 탈북민이다.[3] 그들을 대상으로 하는 다문화목회와 관련하여 한국교회는 다문화선교 교육기관의 설립 및 안정적 운영, 독립적 다문화 선교협의체의 설치, 다문화선교 훈련의 시행과 자격증 부여, 생활로서의 다문화에 대한 연구 등의 과제를 안고 있다.[4]

3) 다문화 정책 및 법령

(1) 다문화와 헌법

대한민국 헌법 제9조는 국가는 전통문화의 계승 발전과 민족문화의 창달에 노

---

3 이형하, 박상희, 손선화, 김정오, 김훈희, 권충훈, 최희철, 『다문화사회와 다문화교육의 이해』 (서울: 도서출판 공동체, 2015), 17-38.

4 안영혁, "실천신학의 관점으로 본 한국다문화선교의 어제와 오늘 그리고 내일," 「성경과 신학」 89 (2019), 121-124.

력하여야 한다고 명시하고 있다. 우리나라 헌법은 기본권의 주체를 원칙적으로 "국민"으로 한정함으로써 국적과 상관없는 "만인"의 권리로 규정한 독일의 헌법과 대조가 된다. 헌법의 전문에서는 "정치, 경제, 사회, 문화 모든 영역에서 각인의 기회를 균등히 하고"라고 제시함으로써 "각인"이라는 일반적인 개인의 권리를 존중하는 듯 보이지만, 헌법 전문에서는 "민족의 단결"을, 그리고 제9조에서는 "민족 문화의 창달"을 국가적 의무로 강조함으로써 강한 민족주의적 경향을 드러낸다. 이러한 민족주의적 경향은 1945년 이후 식민 지배로부터 벗어난 신생 독립국가들의 일반적 경향으로서 세계화가 진척된 오늘날의 현실에 단순 적용하기에는 무리가 있다.

헌법 제6조 1항은 "헌법에 의해 체결, 공포된 조약과 일반적으로 승인하는 국제법규는 국내법과 같은 효력을 가진다"라고 명시함으로써 조약과 국제사회의 보편적인 국제법규에 대하여 국내법과 동일한 효력을 인정한다. 따라서 외국인의 지위를 보장할 수 있는 근거가 마련되어 있는 것이다. 동조 2항은 "외국법은 국제법과 조약이 정하는 바에 의하여 그 지위가 보장된다"라고 덧붙임으로써 법원과 헌법재판소는 국제법규의 국내법적 효력을 제한적으로 인정하고 있으나, 외국인의 법적 지위는 서로에게 유익한 법적 보장을 주고 받는 상호주의 원칙에 따르는 경향이 강하므로 후진국 출신의 이주노동자에게는 그다지 도움이 되지 않는다. 헌법 제10조는 "모든 국민은 인간으로서의 존엄과 가치를 지니며 행복을 추구할 권리를 가진다. 국가는 개인이 가지는 불가침의 기본적 인권을 확인하고 이를 보장할 의무를 진다"고 규정하고 있다. 이는 인간 존엄성과 행복추구권처럼 성격상 "국민"의 권리로 한정하기보다 포괄적인 "인간"의 권리로 인정할 수 있는 기본권에 대하여는 외국인의 기본권과 주체성을 인정하는 것으로서 향후 이주노동자의 인권을 보호하는 기반으로 기능할 가능성을 열어 준다.

(2) 다문화와 국제법

1989년 11월 20일, 유엔총회는 만장일치로 "아동의 권리에 대한 협약(Convention on the Rights of the Child)"을 채택하였다. 아동권리협약의 제2조는 "당사국은 자국의 관할권 내에서 아동 또는 그의 부모나 법정 후견인의 인종, 피부색, 민족적, 인종적 출신에 관계없이 어떠한 종류의 차별함이 없이 이 협약에 규정된 권리를 존중하고 각 아동에게 보장하여야 한다"고 명시하며, 제28조는 불법체류 등 부모의 출입국상 지위와 관계없이 18세 이하의 모든 아동에게 교육의 기회를 제공하도록 규정하고 있다. 우리나라는 1991년에 이 조약을 비준함으로써 그 부모의 체류 신분과 관계없이 다문화 가정의 자녀들의 인권을 보장하는 근거를 마련하였다. 또한 1990년 12월 18일, 유엔총회는 모든 이주민과 그들의 가족을 보호하는 국제협정을 승인하였다. 이 협정은 비정규 노동자를 포함한 모든 이주노동자의 기본적 인권을 보장하고, 그들의 가족들을 보호하는 최소한의 보편적 기준을 인정하는 것을 목적으로 한다. "이주노동자와 그 가족의 권리 보호에 관한 국제협약"은 2003년 7월부터 발효한 국제법규로서 이주노동자와 가족의 자유권, 사회권, 참정권까지 광범위하게 보장하며, 불법체류 노동자 2세의 교육권을 보호한다. 가입국은 주로 아시아, 아프리카, 중남미의 인력 송출국가이며, 우리나라를 포함한 산업 선진국가들은 불법 노동자의 조장과 이행에 따른 비용 부담 때문에 가입하지 않고 있다.

(3) 다문화와 국적법

국적법이란 헌법 제2조 1항에 따라 대한민국의 국민이 되는 요건을 규정하는 법률로서 우리나라는 원칙적으로 속인주의(혈통주의)를 채택하고 있다. 우리나라와 같이 속인주의를 시행하는 나라는 오스트리아, 중동 산유국, 대만, 일본, 싱가폴 등이며, 부모의 국적과 상관없이 해당국에서 태어나면 국적을 부여하는 속지주의를 적용하는 나라는 미국, 영국, 캐나다, 오스트레일리아, 뉴질랜드 등이다. 거주지주의는 출생주의(속지주의)와 혈통주의(속인주의)를 혼합한 것으로서, 외국인이라도 해당국에서 태어나고 일정 기간 이상 거주하면 국적을 부여하는 제도이며 독일, 프랑스, 스웨덴, 네덜란드, 벨기에 등의 유럽 국가들이 이를 시행하고 있다.

우리나라는 지난 1997년 국적법을 개정하여 부계혈통주의에서 부모양계 혈통주의로 기준을 완화하였고, 2004년 국적법 제6조 2항에 제3호와 제4호를 신설하여 혼인에 의한 간이귀화 요건을 완화하였다. 개정전 구 국적법에 의하면 대한민국의 국민과 결혼한 외국인이 귀화하려면 혼인 후 3년이 경과하고 혼인 상태로 대한민국에 1년 이상 주소를 두거나 결혼 후, 혼인 상태로 국내에 2년 이상 거주하는 경우에만 가능했었다. 하지만 개정 국적법에 의하면 본인의 귀책 사유 없이 혼인이 파탄된 경우와 미성년 자녀를 양육하는 경우도 간이귀화 요건에 포함될 수 있어서 결혼 이주자의 인권과 자녀양육권을 보장하고 있다.

(4) 다문화 관련 법률

2007년 6월 제정된 재한 외국인 등의 처우 기본법 제12조는 결혼 이민자 및 그 자녀의 처우 문제를 다루고 있다. 1항은 "국가 및 지방자치 단체는 결혼 이민자에 대한 국어교육, 대한민국의 제도, 문화에 대한 교육, 결혼 이민자의 자녀에 대한 보육 및 교육 지원 등을 통하여 결혼 이민자 및 그 자녀가 대한민국 사회에 빨리 적응할 수 있도록 지원할 수 있다"고 규정하며, 2항에서는 "제1항의 규정은 대한민국 국민과 사실혼 관계에서 출생한 자녀를 양육하고 있는 재한 외국인 및 그 자녀에 대하여 이를 준용한다"고 그 범위를 지정하였다. 한편 우리나라의 아동복지법은 UN 아동권리협약(Convention on the Rights of the Child)에 의거, 2006년 9월에 개정되어 제3조에서는 인종적 차별을 금지하였고, 제4조 5항은 인종 등에 따른 어떠한 종류의 차별도 받지 않을 시책을 강구하여야 한다는 원리적인 토대를 마련하였다.

교육관련법은 다문화 교육과 가장 직접적으로 관련되는 법인데, 다문화 가정의 교육 관련하여, 우리나라는 국제아동권리협약이나 이주노동자협약과 같은 국제적 기준에 미치지 못하고 있다. 일례로 외국인 자녀에 대하여 방문동거자격(F-1)을 부여하나, 불법체류 외국인 자녀에 대하여는 질병 등 인도적 사유가 있을 때에만 예외로 기타체류자격(G-1)을 제한적으로 인정한다. 교육기본법 제4조에 인종 등에 따른 법 차별을 금지하는 일반적인 조항이 존재하지만 이것은 국민에 대한 규정이지 외국인 대상이 아니다. 하지만 초, 중등교육법 시행령은 2006년 6월, 제19조 1항을 개정하여 외국인 노동자 자녀의 초등학교 입학 절차를 간소화하는 등 개선의 여지를 보이고 있다.

출입국관리법은 국민과 외국인의 출입국 관리, 외국인의 체류관리 및 난민 인정 절차에 관한 법률로서 제31조는 90일 이상 거주하는 외국인의 경우, 외국인 등

록을 하여야 한다고 명시하고 있다. 2002년에는 출입국관리법 시행령 제23조 4항(영주권 제도)을 신설하여 화교를 비롯, 5년 이상 국내에 장기 체류한 외국인에게 영주 자격을 부여하였고, 2005년 시행령 개정을 통해 결혼이민자와 미성년 자녀에 대하여는 영주권 신청 자격을 체류 기간 2년으로 단축하였다.

우리나라는 1991년 10월에 제정된 법무부의 "외국인 산업기술 연수사증 발급 등에 관한 업무지침" 및 그 시행세칙에 따라 그 해 11월부터 실시된 "해외투자기업 산업기술연수생제도"를 통해 이주노동자를 관리하였다. 이러한 연수생 제도는 이주노동자를 이주민이나 노동자로서 받아들인 것이 아니라 연수생으로 대우함으로써 노동법에 적용을 받지 않아 부적절한 처우를 받도록 하는 계기가 되었다. 이 같은 문제를 해결하기 위해 2003년에 제정한 "외국인 근로자의 고용등에 관한 법률"은 그동안 "산업연수생제도"를 통하여 수급되던 외국인 고용을 "고용허가제"로 전환하여 3년의 취업 기간을 보장하였다. 고용허가제는 2007년부터 시행되었는데, "외국인 근로자의 고용 등에 관한 법률" 제22조와 근로기준법 제5조에 의하여 국내 노동자와 같은 노동 3권(단결권, 단체교섭권, 단체행동권)을 부여하는 것을 주된 내용으로 한다. 2012년 8월 이후 "성실근로자 재입국제도"를 도입함으로써 이주노동자의 권리는 더욱 축소되었다. 총평하면 우리나라의 다문화 관련하여 기본적인 방향이나 지침을 제공하는 독립적 법령이 부재하며, 개별사안에 대한 관계법령도 모호하다는 한계가 드러난다.

2 성경의 다문화 사례

구약 성경에서 이주민은 전쟁(삼하 4:3; 사 16:4), 기근(룻 1:1), 전염병 등으로 인해 모국을 떠나 거주하는 나그네, 우거하는 타국인, 이방인 등의 장기체류자인(신 1:16, 5:14, 10:18, 24:17, 27:19; 삿 17:7, 19:16) 게르(גר), 게르보다 불안정한 지위를 가지고 잠시 거주하는 임시 거주자(출 12:45; 레 22:10, 25:45; 민 35:15)인 토사브(תושב), 일시적인 미등록 체류 노동자인(신 29:22; 삼하 15:19-20; 왕상 8:41-43) 네카르(נכרי)와 상업과 여행을 목적으로 하거나 용병 신분으로 체류하는(민 16:40; 신 25:5) 자르(ㄱ)로 구분된다.[5] 신약 성경의 이주민은 유대교 개종자로서(마 23:15; 행 2:10, 6:5, 13:43) 장기 체류자인 프로세루토스(προσήλυτος), 외국인 나그네와 체류자인(엡 2:12, 19; 히 11:13) 미등록 체류 노동자 제노스(ξένος), 그리고 외국인 순례자, 이방인 등 일반적인 의미의 외국인(히 11:13)을 지칭하는 파라피데모스(παρεπίδημος)로 나뉜다.

믿음의 조상 아브라함은 갈대아 우르에서 태어나 자란 후 가나안 땅으로 이주해 온 이민자였으며(창 12장), 출애굽 역시 히브리인들 외에 "수많은 잡족"(출 12:38)이 함께한 사건이었다. 그래서 애굽에서의 해방을 허락하신 하나님은 모세를 통해 "너는 애굽 땅에서 종 되었던 것과 네 하나님 여호와께서 너를 속량하셨음을 기억하라"(신 15:15)고 말씀하시며 하나님께 감사할 것과 다른 민족에게도 은혜를 베풀 것을 명령하셨다. 이스라엘 백성들 중에 섞여 사는 다른 인종들이 애굽의 풍성한 과일과 채소에 대해서 탐욕을 품자 이스라엘 자손들도 애굽을 그리워하며 한탄하였다는 대목(민 11:4-6)도 이스라엘 공동체가 다른 인종들을 포함한다는 사실을 잘 드러낸다. 구약에 등장하는 믿음의 여인들 중 많은 이가 타민족이었으며, 그중 아둘람 사람 다말(창 38장), 가나안 원주민 기생 라합(수 2장), 모압 여인 룻(룻 1장), 헷 사람 밧세바(삼 11장)는 예수님의 직접적인 조상이 되었다.

신약은 보다 구체적으로 다문화적 신앙공동체의 원형을 제공한다. 사도행전 2장에 나타난 오순절의 역사는 복음이 다양한 언어로 다양한 문화적 배경의 사람들에게 전달되어 마침내 초대 다문화 신앙 공동체가 탄생되었음을 전하고 있다. 사도행전 10장은 베드로가 당시 유대교 풍습으로는 감히 먹을 수 없는 벌레들을 환상으로 본 후 이방인들에게 전도하는 획기적인 전환점을 보여준다(행 10:9-33). 로마군대 백부장인 고넬료와 베드로의 만남은 곧 예수 그리스도 안에서 이방인과 유대인이 한 형제됨을 확인해주는 사건이다. 당시 기독교인이 된다는 것은 유대교의 전통을 따름을 의미했지만 베드로의 환상과 사역을 통하여 제시된 하나님의 가르침은 기독교인이 되기 위해 꼭 유대교에 동화될 필요가 없다는 것, 즉 이방인이면 이방인인

---

5 구성모, "다문화사회로 진전에 따른 한국교회의 선교적 방향 모색," 「다문화와 평화」 9 (2015), 89-90.

그대로 누구나 자신의 문화적 배경을 유지하면서 예수를 따를 수 있다는 것이었다. 이처럼 첫 번째 초대교회인 예루살렘 교회는 다문화를 지향하였고, 안디옥 교회는 모든 종족을 향한 다문화교회로서 안디옥 교회가 파송한 바울은 가장 다문화적 방법으로 선교하였다.

③ 다문화이론과 다문화주의

다문화 의식의 차원에서 필요한 다문화역량을 "다문화 감수성"(multicultural sensitivity)이라고도 한다. 다문화 감수성이란 다문화적 의사소통이 일어나기 위해 문화적 차이를 인식하고 존중하는 정서적 태도를 의미하며, 이는 주로 의사소통능력에 초점을 맞춘 개념으로서 개인이 지닌 다문화 역량을 지칭한다.[6] 다문화적 감수성은 개인이 자신과 타인의 문화의 차이를 구별하여 문화 간 차이를 인정하고 존중하는 태도를 견지하는 데 기여한다. 밀턴 베넷(Milton J. Bennett)은 문화적 차이에 대한 감수성이 부정, 방어, 최소화, 수용, 적응, 통합의 6단계를 거쳐서 발달한다고 설명하며, 다문화 감수성을 문화적 차이를 이해하고 조절하는 능력으로 보았다.[7]

쟈넷 베넷(Janet M. Bennett)과 밀턴 베넷(Milton J. Bennett)은 이러한 차원에서 다문화역량을 자신이 속한 사회의 문화양식에 따라 적절하게 행동할 수 있고, 타 문화와의 접촉과정에서 대안적 행동을 적절하게 할 수 있는 능력이라고 정의하였다.[8] 다문화역량은 먼저 자신이 속한 사회의 문화를 이해하고, 그 문화적 정체성을 바탕으로 다른 문화에 대하여 열린 마음을 가지고 대응하는 행위능력이다. 그러므로 다

---

6 손소연, 이륜, 『살아있는 다문화교육 이야기』 (서울: 테크빌닷컴, 2013), 40.

7 Milton J. Bennett, "Toward Ethnorelativism: A Developmental Model of Intercultural Sensitivity," in *Education for the Intercultural Experience*, ed. R. Michael Paige (Yarmouth, ME: Intercultural Press, 1993), 21-71.

8 Janet M. Bennett and Milton J. Bennett, "Developing Intercultural Sensitivity: An Integrative Approach to Global and Domestic Diversity," in *Handbook of Intercultural Training*, eds. Dan Landis, Janet M. Bennett, and Milton J. Bennett (London, UK: Sage Publications, 2004), 147-165.

문화역량은 자신과 타인의 정체성을 규정하는 사회적 조건들을 성찰하고, 사회구조의 불평등과 부조리를 유발하는 권력의 속성을 경계하며, 다양성을 존중하는 의지로 연결되는 실천적 개념이다.9 특히 다문화목회를 위한 다문화 역량은 다문화적 이해능력을 요구하는데, 이는 자신의 신념과 가치, 태도에 영향을 끼치는 자신의 문화적 상황에 대한 이해, 문화적으로 상이한 개인과 집단의 세계관에 대한 이해, 문화적으로 적절한 개입과 의사소통의 기술을 의미한다.10

1) 다문화이론

다문화이론은 이민을 통해 나라를 이루었기 때문에 다양한 인종들이 함께 모여 살고있는 미국을 중심으로 발전하였는데, 네이티비즘(Nativism)은 구 이민자가 신 이민자의 미국 이주를 멈추기 위한 움직임을 의미한다. 1620년 영국을 떠난 메이플라워호가 플라이머스(Plymouth)에 정착하며 유럽인의 미국 생활이 시작되었는데, 1890년 이전의 이민자는 대부분 영국, 독일, 스웨덴, 스위스 등 북부 및 서유럽 출신의 개신교인이었다. 하지만 20세기 초부터 남부, 중부, 동부 유럽 출신의 가톨릭 신자들이 이민을 오기 시작하며, 100% 미국주의를 주창하던 초기 이민자(구 이민자)들은 외국인과 이민자에 대한 불신을 바탕으로 학교와 대학의 미국화를 추구하며 국가에 대한 맹목적 충성을 강요하였다.

용광로 이론(Melting-Pot Theory)은 여러 나라의 문화를 용광로에 녹여 종합된 하나의 새로운 동질 문화를 형성하려는 이상주의적 이론이다. 용광로 이론은 1차 대전 이후 미국 사회의 이민자 수의 증가로 사회 통합을 위한 이론의 필요성이 대두되어 등장한 이론인데, 이상과 현실과의 괴리로 갈등을 유발하였다. 이는 미국의 주류 앵글로색슨 문화가 소수 인종 문화를 용해하고 흡수하기 위한 이론으로서 학교교육에 있어서 소수집단의 특성을 배제하고 앵글로색슨의 가치를 습득하게 함으

---

9 박선미, "교사의 다문화 역량," 『다문화교육연구의 이론과 적용』 김영순 외 (파주: 한국학술정보, 2014), 32–48.

10 Derald W. Sue, "Multidimensional Facets of Cultural Competence," *The Counseling Psychologist* 29 (2001), 797–799.

로써 소수민족 집단이 정치, 경제, 사회적으로 참여하기 위해서 자신의 문화적 특성을 버리고 주류 사회에 영속하게 하는 도구로 전락하였다.

앵글로 일치이론(Anglo-Conformity)은 1920년대 이후 이민자와 토착민족 집단의 앵글로색슨의 가치와 행동 습득을 통한 동화를 강조하며 대두한 이론이다. 그러한 가치를 토대로 1917년과 1924년에 개정된 이민법은 북부, 서부 유럽을 제외한 유럽 이민자의 수를 극단적으로 제한하였다. 이에 반발하여 대두한 샐러드볼 이론(Salad Bowl Theory)은 미국 사회에서 각 민족의 문화는 고유한 역할을 할 것이며, 사회 전체를 풍성하게 하는 데 기여할 것이라고 주장하는 문화다원주의적 입장을 취했으나 앵글로 주의로 인해 주목받지 못하고 말았다.

집단간 교육이론(Inter-Group Education)은 2차 대전 이후, 정치, 경제, 사회적 변화를 배경으로 형성된 것으로서 인종 폭동의 발생을 예방하기 위한 국가적 조치로서 집단 간 교육을 통해 소수집단에 대한 사실적 지식이 다른 인종과 민족에 대한 수용과 이해를 증진시키고자 하였다. 이는 지방에 거주하던 흑인, 히스패닉이 군수산업 종사를 위해 북부와 서부의 도시로 이주하며 북부에서 발생한 앵글로색슨계 백인과 흑인의 갈등과 서부에서 발생한 백인과 히스패닉 사이의 갈등을 배경으로 한다.

새로운 다원주의 이론(The New Pluralism)은 1960년대 인권운동을 기반으로 대두하였다. 마틴 루터 킹(Martin Luther King Jr.) 목사가 전개한 흑인인권운동, 피임알약 개발 및 시판에 의한 성 혁명과 병행한 여성인권운동, 1965년 차별적 이민법 개정을 통해 국가별 이민의 쿼터를 제거하며 남미와 아시아에서 유입된 이민의 폭발적 증가가 새로운 다원주의 이론을 촉발하였다. 결과적으로 대학에 소수민족 연구소들이 개설되었고, 흑인, 인디언, 아시아 연구를 위한 과목들이 개설되었으나 내용과 지식에 초점을 맞추는 한편 앵글로 우월의식이나 차별에 대한 고려가 배제되어 여전히 유색인종에 대한 배타적인 모습을 유지한다는 한계를 보였다.

2) 다문화주의의 유형

차별적 배제 유형은 인적 민족주의를 기반으로 한 민족관념이 강한 국가들에서 나타나는 유형으로서 주류 민족집단의 자신들이 구성한 국가는 이민국가가 아니라는 강한 신념을 토대로 한다. 차별적 배제 유형에 해당하는 국가는 외국인의 입국심사를 강화하고, 까다로운 체류조건을 통해 이민자들을 육체노동 중심의 2차 노동시장으로 제한하는데, 이러한 유형에 해당하는 나라로는 한국, 일본, 2000년 이전의 독일 등이 있다. 공화주의적 동화 유형은 이민자들을 주류 사회의 문화에 일방적인 과정을 통해 편입시키려는 정책을 펼치므로 이민자는 자신의 고유 언어, 문화, 사회적 특성을 버리고 수용국의 주류 사회의 언어와 문화에 흡수되어야 한다. 이러한 유형의 대표적인 국가로는 속지주의 전통을 고수하는 프랑스가 있다. 자유주의적 다문화주의 유형은 사회 통합을 위해 문화적 다양성을 허용하고 소수 민족의 존재 및 사적 영역의 다양성은 인정하지만 공적 영역에서는 주류 문화와 언어, 사회 관습을 따를 것을 요구한다. 하지만 공적 영역에 있어서 기회의 평등, 종교의 자유, 표현의 자유 등의 가치는 불변함을 인정하는데, 이에 해당하는 나라로는 앵글로색슨, 웨일스, 스코틀랜드, 북아일랜드로 구성된 영국이 있다. 하지만 2005년 무슬림계 이민 2세들에 의해 주도된 런던 지하철 테러 이후 강경론이 대두하여 그 의미가 퇴색되었다.

자유방임적 다문화주의 유형은 이민자들이 자신의 문화적 독특성을 포기하지 않으면서 사회의 모든 영역에서 주류 집단과 동등한 기회를 보유하도록 보장하는 유형이다. 이는 차별이 없는 기회의 평등과 개인의 자유로운 선택의 권리를 강조하는 유형인데, 과거의 차별적 이민에서 교육수준, 전문성, 언어능력 위주의 "안보와 개인능력" 위주로 이민정책이 변화하는 추세를 반영한다. 급진적 다문화주의 유형은 차별이 없는 기회의 평등을 보장하려는 자유방임을 넘어서, 결과의 평등까지 보장하려는 조합주의적 다문화주의의 입장을 취한다. 이는 소수집단이 국가와 비공식적 회의와 타협을 통해 정책결정 과정에 참여할 수 있다는 이상론이며, 주류 집단의 문화, 언어, 가치, 생활양식을 따르기를 거부하고 독자적인 고유의 문화나 생활

양식을 추구하는 급진적 다문화주의에 해당한다. 미국 인디언의 분리주의 운동, 일본 아이누족의 문화독립운동, 아프리카 소수민족의 독립운동 등이 급진적 다문화주의에 기반하고 있다. 상호문화주의 유형은 집단보다 개인을 우선시하는 입장으로서, 중요한 것은 "타자"이지 집단문화가 아니며, 핵심적인 것은 상호작용 그 자체라고 본다. 따라서 다문화사회의 이질성은 정상적인 것이며, 동질성을 강제적인 것으로 부정하는데, 이는 다수 유럽 국가의 이상론적 입장에 해당한다.

4 다문화목회

이주민들은 한국사회에서 언어와 문화의 장벽, 경제적 빈곤, 편견과 차별, 가정생활과 자녀양육, 정체성의 혼란, 정서적 갈등, 체류 신분 등의 다양한 어려움을 겪고 있다. 그 같은 어려움은 과거 미국 하와이 농장 이주, 중동 근로자 파견, 서독 광부와 간호사 파견, 아메리칸 드림을 가지고 미국으로 떠난 이민 등을 통해 우리나라 사람들이 겪었던 것과 동일한 것이다. 불법체류와 결혼이민을 위한 사기 등의 사례는 제외해야겠지만 합법적인 체류 신분을 가진 이주민에 대한 선입견을 제거하고, 이주민 대상의 목회와 다문화목회를 지원하는 것은 한국교회의 중요한 시대적 사명 중에 하나이다.[11] 특히 지역교회를 중심으로 지역적 특성과 이주민의 분포를 고려하여 정부 정책의 사각지대에서 불안정한 신분으로 인해 발생하는 인권침해와 정서적 불안의 해소, 이주민 노동자의 지원 및 인식 제고, 유학생과 다문화 가정의 돌봄 등을 위하여 전문 사역자의 육성, 다문화교회와 선교단체의 연대 및 의료, 상담, 한글 등의 서비스를 제공해야 한다. 이는 교단, 지역교회와 선교단체, 관련기관 간의 적절한 네트워크 형성을 통해 촘촘히 구성해야 하는 사역이다.

---

11 일반적으로 비자 만기일을 넘겨 국내에 체류하는 이를 불법체류자라고 지칭하지만, 이는 잠재적인 범죄자로 낙인을 찍을 수 있기 때문에 비자 만기일을 초과하여 체류한 "초과 체류자"로 순화하여 부르는 것이 타당하다. 하지만 국내 입국 당시부터 의도적으로 법적 기준을 초과하여 국내에 체류하고자 하는 의도가 있었다면 당연히 불법 체류자로 불러야 마땅할 것이다.

1) 다문화교회의 유형

　다문화교회의 유형은 교회 멤버십, 구조, 문화이론, 교회의 형성방법 등을 중심으로 분류할 수 있다. 교회 멤버십으로 구분하면12 한 교회 안에 여러 민족 중 다수를 차지하는 한 민족이 다른 민족을 동화하는 동화된 다민족교회(Assimilated Multiracial Congregation), 여러 민족의 교인들이 한 교회 안에서 연합을 이루는 복수의 다민족교회(Pluralist Multiracial Congregation), 다양한 민족이 하나의 교회 안에서 하나된 모습을 보이는 통합된 다민족교회(Integrated Multiracial Congregation)의 유형으로 나뉜다.13 교회구조를 통해 구분하면 기존 교회의 장소를 대여하여 사용하는 공유교회(Space-Sharing Church), 여러 언어의 예배를 제공하는 독립된 다중언어교회(Multilingual Church), 민족에 따른 별도의 예배나 프로그램이 부재한 범민족교회(Pan-Ethnic Church)로 나눌 수 있다.14 이주자 문화유형으로 나누면 구별된 예배 장소와 교회 및 교파를 추구하는 분리 모델(Ghetto Model), 이민자들이 기존의 문화에 동화되도록 유도하는 멜팅 팟 모델(Melting Pot Model), 여러 민족의 문화를 그대로 유지할 것을 장려하는 샐러드 볼 모델(Salad Bowl Model), 서로 다른 문화들 사이의 상호작용과 대화를 중시하는 문화상호교류주의 모델(Interculturalism Model)이 있다.15 교회의 형성방법에 따라 다문화교회의 유형을 제시하면 목회자나 교회의 지도자들이 다문화교회에 대한 비전을 가지고 교회를 이끌어가는 리더십 다문화교회(Leadership Multiracial Churches), 전도프로그램을 통해 다른 민족의 구성원들을 전도하여 통합하는 복음주의 다문화교회(Evangelism Multiracial Churches), 교회가 위치한 지

---

12 Curtiss Paul DeYoung, Michael O. Emerson, George Yancey, Karen Chai Kim, *United by Faith: The Multiracial Congregation As an Answer to the Problem of Race* (New York, NY: Oxford University Press, 2003), 165-169.
13 다민족교회는 특정한 민족 그룹이 교회 전체 출석교인의 80%를 넘지 않는 교회를 뜻한다. George A. Yancey, *One Body, One Spirit: Principles of Successful Multiracial Churches* (Downers Grove, IL: IVP, 2003), 15.
14 Kathleen Garces-Foley, *Crossing the Ethnic Divide: The Multiethnic Church on a Mission* (New York, NY: Oxford University Press, 2007), 155-158.
15 마지막 문화 상호교류주의 모델이 가장 바람직한 다문화교회의 유형으로 수용된다. 노영상, 『미래교회와 미래신학』 (서울: 장로교신학대학교출판부, 2009), 341-350.

역의 인구통계학적 변화로 인해 자연스럽게 형성되는 인구통계학적 다문화교회 (Demographic Multiracial Churches), 교회 내 구성원들의 사회적 관계 확장에 의해 형성되는 네트워크 다문화교회(Network Multiracial Churches)가 있는데,[16] 오늘날 우리나라에서 이주민 사역을 전개하는 대부분의 교회는 네트워크 다문화교회에 속한다.

2) 다문화목회

서구 사회의 다문화 상황 속에서 형성된 다문화목회의 패러다임을 한국교회에 그대로 적용하는 것은 부적절하다. 또한 문화적 차이가 가치관과 행동양식의 차이를 유발하기 때문에 단순히 이주민을 교회 예배당에 데려다 놓는 것으로 다문화목회 구조가 완성된 것은 아니라는 사실을 유념해야 한다. 그럼에도 불구하고 인류 구원을 위한 예수 그리스도의 성육신을 본받아 다문화목회 사역을 전개해야 한다는 복음의 원리는 불변의 기반으로 기능한다. 따라서 한국교회는 예수 그리스도의 섬김과 사랑이라는 복음의 원리에 근거하여 기본적으로 외국인 이주자에 대한 선교와 다문화목회적 접근이 단회적인 선심성 시혜가 아닌 목회 차원의 종합적 돌봄과 양육, 이주민을 통한 동족 선교로 확장될 수 있도록 체계화할 필요가 있고, 동일집단 원리를 적용하여 이주민 공동체 내에 한국교회를 이식하려는 시도가 아니라 이주민 스스로의 공동체적 교회를 이루어가도록 지원해야 하며, 다양한 문화를 존중하되 모든 문화의 근원이자 기준인 하나님 말씀과 복음 안에서 하나를 이루어가는 자세를 견지해야 한다.[17]

국내 정착한 이주민을 대상으로 하는 다문화목회는 이주민 선교를 위한 이주민 사역자의 육성이 필요한데, 이를 위하여 기존 사역자를 지원하는 것과 병행하여 장기적 관점에서 1.5세 또는 2세 이주민 자녀를 사역자로 육성하기 위하여 이주민 가정에 대한 주거비와 생활비 지원 및 이주민 자녀를 대상으로 하는 장학금 지원이

---

16 George A. Yancey, *One Body, One Spirit: Principles of Successful Multiracial Churches*, 52-64.
17 이광희, "한국적 다문화 상황에서의 목회 패러다임 전환에 관한 연구,"「성경과 신학」60 (2011), 99.

요구된다. 복음을 전하기 전에 그들의 마음을 열 수 있도록 이주민들이 한국사회에서 겪는 경제적 빈곤, 언어장벽, 편견과 차별, 자기 정체성의 혼란 및 한국인과의 갈등 등의 고충에 대하여 보다 종합적인 차원의 지원책을 마련해야 한다. 예를 들어 다문화 가족을 지원하기 위한 한국문화 적응 프로그램, 가족지원 프로그램, 영유아 보육지원, 아동 및 청소년 교육지원, 법률상담 및 보건의료 서비스 제공, 취업훈련 및 고용지원, 교인들을 대상으로 하는 다문화 가족의 이해도 제고 및 문화적 감수성 교육 등을 실행해야 한다. 일회성 지원보다는 장기적 차원에서 이주민들이 한국사회에 정착하고 경제적인 측면은 물론 영적인 차원의 자생력을 갖출 수 있도록 돕는 사역이 될 수 있도록 다문화목회의 과정적 점검이 지속되어야 복음의 결실을 맺을 수 있을 것이다.

참고문헌

구성모. "다문화사회로 진전에 따른 한국교회의 선교적 방향 모색."「다문화와 평화」 9 (2015), 87 – 117.

김정호. 『한국의 귀화성씨』. 서울: 지식산업사, 2003.

노영상. 『미래교회와 미래신학』. 서울: 장로교신학대학교출판부, 2009.

박선미. "교사의 다문화 역량": 32 – 48. 『다문화교육연구의 이론과 적용』. 김영순 외. 파주: 한국학술정보, 2014.

손소연, 이륜. 『살아있는 다문화교육 이야기』. 서울: 테크빌닷컴, 2013.

안영혁. "실천신학의 관점으로 본 한국다문화선교의 어제와 오늘 그리고 내일."「성경과 신학」 89 (2019), 87 – 129.

이광희. "한국적 다문화 상황에서의 목회 패러다임 전환에 관한 연구."「성경과 신학」 60 (2011), 85 – 108.

이형하, 박상희, 손선화, 김정오, 김훈희, 권충훈, 최희철. 『다문화사회와 다문화교육의 이해』. 서울: 도서출판 공동체, 2015.

이희근. 『백정, 외면당한 역사의 진실』. 서울: 책밭, 2013.

Bennett, Janet M., and Bennett, Milton J. "Developing Intercultural Sensitivity: An Integrative Approach to Global and Domestic Diversity." In *Handbook of Intercultural Training*. Edited by. Dan Landis, Janet M. Bennett, and Milton J. Bennett: 147 – 165. London, UK: Sage Publications, 2004.

Bennett, Milton J. Toward Ethnorelativism: A Developmental Model of Intercultural Sensitivity. In *Education for the Intercultural Experience*, Edited by R. Michael Paige: 21 – 71. Yarmouth, ME: Intercultural Press, 1993.

DeYoung, Curtiss Paul, Emerson, Michael O., Yancey, George, Kim, Karen Chai. *United by Faith: The Multiracial Congregation As an Answer to the Problem of Race*. New York, NY: Oxford University Press, 2003.

Garces—Foley, Kathleen. *Crossing the Ethnic Divide: The Multiethnic Church on a Mission*. New York, NY: Oxford University Press, 2007.

Sue, Derald W. "Multidimensional Facets of Cultural Competence." *The Counseling Psychologist* 29 (2001), 790—821.

Yancey, George A. *One Body, One Spirit: Principles of Successful Multiracial Churches*. Downers Grove, IL: IVP, 2003.

13

통일목회[1]

분단의 세월이 길어지면서 우리 사회의 통일에 대한 의지가 감소하고 있으며, 특히 다음 세대에서는 통일의 정당성에 대한 인식이 급격히 떨어지고 있다. 그러나 단순히 통일을 무조건 긍정하거나 부정하는 것은 바람직한 자세가 아니다. 통일에 대하여 "필요하다," "필요하지 않다"라는 의견을 내는 것 자체보다 왜 그러한 의견을 갖게 되었는지, 그러한 의견은 얼마나 타당한 근거를 가지고 있는지를 조명하는 것이 중요한데, 잘못된 정보나 자료, 지식은 잘못된 의사결정을 내리게 하기 때문이다. 또한 남한과 북한 사회에 대한 이해, 통일을 둘러싼 한반도 내, 외의 정세에 대한 이해를 바탕으로 통일의 필요성에 대하여 객관적인 정보를 바탕으로 정리한 나름대로의 의견을 보유하는 것은 민주주의 국가의 시민으로서 기본적으로 갖추어야 할 소양이기도 하다.

더욱이 사회에서 빛과 소금의 역할을 감당하며 영적인 중심을 잡아야 하는 것이 교회의 사명이라는 점을 고려한다면 성경적 진리를 중심으로 객관적인 사실과 정보에 입각하여 평화와 화합을 이루는 통일의 방향성을 제시하는 것이 한국교회의

---

1 본 장의 내용은 최성훈, 『통일을 대비하는 한국교회』 (서울: CLC, 2017)를 수정 및 보완한 것이다.

과제이다. 그러한 과제를 수행하기 위한 첫 걸음은 통일과 관련한 한반도의 역사를 이해하고, 북한의 실상 파악 및 통일을 위한 남한의 통일역량을 점검하는 것이며, 분열의 폐해와 통일의 가치를 조명하는 성경적 검증이 뒤를 이어야 할 것이다. 이를 바탕으로 통일 이전에 필요한 부분을 준비하고, 또한 통일 이후를 대비하는 데에 필요한 한국교회의 과제를 정리함으로써 통일을 둘러싼 목회적 사명을 원만히 수행할 수 있을 것이다.

1 남북관계와 통일의 개념

1) 남북의 분열과 갈등

통일은 분열과 갈등, 분단을 전제로 하는 개념이다. 분단은 대립과 경쟁의 결과물이다. 해방 이후 신탁통치를 놓고 분열된 남한과 북한은 1950년 6월 25일부터 1953년 7월 27일까지 3년여를 끌어온 한국전쟁 동안, 한국군 사망자는 약 13만 8천 명, 부상자 45만여 명, 실종자 약 3만 3천 명을 포함하여 총 62만 1천여 명의 인명피해를 냈고, 북한은 사망자와 부상자, 그리고 실종자를 포함하여 약 60만여 명, 유엔군은 사망자 4만여 명, 부상자 10만 4천여 명, 실종 약 1만 명 등, 총 15만 5천 명, 중공군 사망자도 13만 6천여 명, 부상자 20만 8천여 명에 이르렀다.[2] 민간의 피해도 컸는데, 남한은 사망자 24만 5천여 명, 학살된 민간인 13만여 명, 부상 23만여 명, 납치 8만 5천여 명, 행방불명자 30만 3천여 명 등, 총 100만 명의 피해를 입었고, 북한 역시 사망자 28만 2천여 명, 실종자 79만 6천여 명 등의 큰 인명피해를 입었다.[3] 한국전쟁의 총 인명 피해규모는 약 450만 명 규모였고, 이 가운데 2/3 가량의 피해는 민간인의 몫이었다.[4] 또한 남한의 일반공업시설의 40% 가량, 북한은 농지의 78%

2 국방부 국방군사연구소, 『한국전쟁 피해통계집』 (서울: 국방군사연구소, 1996), 33~34.
3 정진석, 서정석, 한기호, 이인규, 이상해, 이선민, 김종원, 박성경, 조현범, 『한국의 문화 70년』 (성남: 한국학중앙연구원출판부, 2015), 108.
4 Bernd Stöver, *Geschichte des Koreakriegs: Schlachtfeld der Supermächte und ungelöster*

를 비롯하여 전력 74%, 연료 공업 89%, 화학 공업의 70%가 손상되었다.[5]

이렇게 극심한 피해를 야기한 한국전쟁 이후, 남한과 북한 사이에는 뿌리깊은 적대감정과 반목이 자리 잡게 되었다. 한국전쟁의 배경이 이념 갈등에서 기인한 것처럼, 전쟁 이후에 북한에 대한 인식과 대북정책 관련하여 남한 내부에서도 각기 다른 목소리가 맞서게 되었다. 보수적인 진영은 북한에 대하여 주적으로 간주하고 단호한 대처를 해야 함을 강조하였고, 진보진영은 북한을 대화의 상대로 여기고 포용해야 함을 주장하였다. 민주주의 사회에서 의견의 다양성은 존중받아야 마땅하며, 따라서 남한 내에서 통일 관련 입장의 차이에 따라 발생한 남남갈등은 분열과 대립의 주제가 아니라 대화와 소통을 통해 처리하여야 할 문제이다. 그러나 한국 사회에서의 남남갈등은 자유민주주의 이념보다는 해방 이후 근대화 과정에서의 체제, 계층, 계급갈등과 연계된 측면이 강하고, 분단 이후의 남, 북한의 관계는 국가의 정통성이라는 문제를 둘러싸고 있기 때문에 이념적 대립은 첨예할 수밖에 없다.[6]

남남갈등을 해소하기 위한 가장 기본적인 과제는 남북관계의 과거를 객관적으로 조명하고, 남한 내부에서 흘러나오는 다양한 목소리의 기저에 자리 잡은 인식을 살펴보는 한편, 남한 및 북한에 대한 객관적인 사실과 정보에 대한 치밀한 분석을 통해 소통함으로써 의식 공유의 저변을 확대하는 것이다. 그러한 사명을 위해 한국 교회는 우선 하나님과의 올바른 관계를 정립함으로써 교회다움을 회복해야 하며, 통일인재를 양성하여 남한의 통일관련 인식과 역량을 조명하고, 북한의 실상을 점검함을 통해 남남갈등을 해소하고 미래의 통일 한반도를 향한 일치된 의식을 보유하는 데에 공헌해야 한다. 또한 남북한교회 지도자의 교류는 물론, 민간인 교류를 위하여 만남의 장을 지속적으로 개설해야 한다. 자주 만나 대화를 나누어야 서로를 이해할 수 있고, 이는 화해를 이루는 토대가 되기 때문이다.

교회는 특정 이념에 편향되어서는 안 되는데 특정 체제에 우호적인 태도를 보

Konflikt (München, Germany: C.H.Beck, 2021), 10.

5 정진석, 서경석, 한기호, 이인규, 이상해, 이선민, 김종원, 박성경, 조현범, 『한국의 문화 70년』, 108–109.

6 강량, "대북정책을 둘러싼 한국사회 남남갈등 해소를 위한 정치학적 이해," 「대한정치학회보」 23 (2015), 2.

이거나 특정 계층의 입장을 대변하게 되면 대립과 갈등을 해소하지 못하며, 화해와 평화를 제시해도 공신력을 얻지 못하기 때문이다.[7] 이는 무조건 북한에 대하여 측은지심의 자세를 보이는 것뿐만 아니라 남한의 정책에 대하여 일방적인 비판만을 쏟아내는 것 역시 지양해야 함을 의미한다. 남한 정부의 대북정책은 비판하면서 북한의 대남정책에 대하여 침묵하거나, 남한 내부의 인권문제는 지적하며 북한의 인권문제에 대하여는 입을 다물고 있는 것은 교회가 선지자적인 사명을 감당하지 못하고 편향된 모습을 보이고 있다는 증거이다. 교회는 성경의 가르침을 통해 개인의 삶에 하나님의 의와 거룩함이 나타나고, 그것이 희생적 사랑과 십자가 정신으로 이어져서 사회에 구현되도록 지속적으로 권면해야 남한 내부의 분열과 갈등의 해소는 물론 통일을 구현할 수 있을 것이다.

2) 통일의 개념과 기대효과

통일을 찬성하는 진영은 남북 대립의 해소로 인한 국방비 감소와 정치적 긴장 완화, 남북한의 경제적 통합 효과, 인구증가 및 삶의 터전 확대, 그리고 북한 인권 개선의 인도적 가치를 들어 통일의 필요성을 강조한다. 그러나 통일에 대한 반대논리를 펼치는 측에서는 막대한 통일비용 부담으로 인한 경제 붕괴, 남한 주민의 우월의식과 북한 주민의 2등 시민화로 인한 갈등, 그리고 남한지역 대도시로의 인구 집중의 문제 등을 거론한다. 통일을 반대하는 측은 통일 찬성의 논리를 조목조목 반박하기도 하는데, 일례로 단순히 국방비 감소만을 주장할 것이 아니라 국방비 감소와 통일비용의 규모를 비교할 필요가 있고, 남북 간의 정치적 긴장 완화를 넘어선 경제, 문화 차이 등에 따른 갈등으로 인하여 새로운 긴장이 대두될 수 있으며, 남북한 통합의 경제적 시너지 효과는 북한지역의 지하자원 채취 및 인프라 확충 비용으로 곧 사라질 것이라고 지적한다.[8] 또한 인구증가 및 삶의 터전 확대 역시 북

---

7 조은식, "샬롬과 북한선교," 『성경으로 읽는 북한선교』, 한국기독교통일연구소 편 (고양: 올리브나무, 2013), 122.
8 최성훈, 『통일을 대비하는 한국교회』, 55-56.

한, 중국, 러시아 등의 관광을 위해 국가 대 국가의 협약으로 충분한 것이 아니냐고 반발한다. 하지만 이에 맞서서 통일의 필요성을 주장하는 측 역시 통일 반대의 논리를 반박하는데, 막대한 통일비용 부담으로 인한 남북한 공멸이라는 논리에 대하여 통일비용은 한시적이나 분단비용은 영구적임을 지적하고, 통일비용의 근거는 북한이 미개발 상태이므로 향후 북한의 발전 가능성을 통한 비용의 상쇄 효과를 기대할 수 있으며, 남한의 자본, 기술과 북한의 자원, 노동력의 시너지를 고려한다면 통일은 필수 불가결한 과업이라고 강조한다.[9]

통일에 있어서 가장 지대한 효과는 경제에서 기대할 수 있다. 남북한을 가로막는 휴전선의 장벽이 철폐되면 국토 면적이 확대되고 8천만 명 이상의 인구 통합으로 세계 경제 7대국의 경제 규모와 내수시장이 확보되어 자생력을 갖출 것이다. 통일이 되면 한반도의 시장 규모는 만주와 연해주까지 확장될 수 있고, 남북한이 보유하고 있는 군사력을 대폭 줄여서 잉여 노동력과 군사비를 생산 부문으로 옮길 수 있으며, 지정학적 위험이 해소되어 국가 신임도가 상승한다. 또한 시베리아 횡단철도를 통해 한반도, 북경, 모스크바, 유럽을 연결하는 물류 실크로드가 확보되며, 동북 3성, 연해주, 일본을 연결하는 산업벨트도 형성할 수 있다. 그러나 통일비용에 대하여 안일하게 생각하여 핑크빛 환상에만 젖어서는 절대로 안 된다. 통일비용은 통일 즉시 나타나는 경제 충격과 혼란 상황을 극복하기 위한 위기관리 비용과, 정치, 경제(화폐), 행정, 군사, 교육, 사회, 문화 등 제반 제도의 통합비용, 그리고 북한 지역의 인프라 확충 및 교육비용 등, 현격한 격차를 보이는 남북 간의 소득을 조정하는 데에 필요한 경제적 투자비용을 포함하여 엄청난 규모에 이르기 때문이다.

한편 통일은 당장 눈앞에 드러나는 경제적 편익만 제공하는 것이 아니다. 통일과 관련한 비경제적 편익으로서 이산가족 문제 해결과 북한지역 주민의 인권 신장을 통해 한반도의 민주화를 촉진하는 인도적 편익도 기대할 수 있다. 전쟁위험의 해소 및 분단으로 인한 사회적 갈등과 이념 대립의 해소로 인한 사회적 안정감을 확보하는 정치적 편익과 생활 변경의 확산과 자율성 확보를 통한 사회적 편익, 그

---

9 Ibid., 58-59.

리고 학술교류 및 문화 발전, 관광 및 여가, 문화 서비스(문화재) 제고를 통한 문화적 편익도 통일의 열매가 될 것이다. 남한 사회에 있어서는 저출생과 고령화로 인한 경제활동인구의 부족으로 인한 노동력 문제가 심각한 실정인데, 의무병 제도 개선으로 인한 청년층의 삶의 질 개선과 취업 기간의 확대는 물론, 경제개발과 더불어 청년 실업의 문제도 해결할 수 있는 기회를 부여한다. 출생률 저하로 인한 인구감소는 내수시장의 위축과 경기침체의 원인으로 작용하므로 통일은 생존을 위한 유일한 희망이요, 대안으로 떠오르고 있지만 북한의 출생률 역시 저하되고 있기 때문에 보다 거시적이고 포괄적인 차원에서 대책을 마련할 필요가 있다. 또한 국가의 위험해소 및 신용등급의 상승으로 국민의 국제사회 진출이 용이하고 외교 무대에서의 발언권 확보를 통해 통일한국으로서 국제적 위상을 제고할 수 있다. 7백만 해외동포들의 위상도 상승하여 그들의 자녀 세대가 한반도와 연계하여 세계시민으로서 자리매김할 수 있도록 하는 든든한 연결고리가 될 것이다.

2 독일 통일의 교훈

1) 동서독의 분단

얄타회담(1945.2.4.–2.11.)에 모인 영국의 윈스턴 처칠(Winston L. Spencer-Churchill) 총리, 미국 프랭클린 루즈벨트(Franklin D. Roosevelt) 대통령, 소련 이오시프 스탈린(Joseph Stalin) 서기장은 독일의 3＋1(미, 영, 프, 소) 분할점령, 무장해제, 탈군사화 등을 합의하였고, 3개월 뒤인 5월 8일에 나치독일이 무조건 항복을 선언하였다. 이어서 영국 클레멘트 애틀리(Clement R. Attlee) 총리, 미국 해리 트루먼(Harry S. Truman) 대통령, 소련 스탈린 서기장이 포츠담회담(1945.7.17.–8.22.)을 통해 독일의 4D, 즉 탈나치화(Denazification), 탈군사화(Demilitarization), 산업잠재력 해체(Decartelization), 민주화(Democratization) 등 전후 독일 관리에 관한 기본원칙에 합의하였다. 그러나 소련이 독일을 자기 세력권으로 편입시키기 위한 교두보를 마련하는 데에 총력을 기울임에 따라 미국과 영국은 소련 세력의 팽창을 경계하기 위한 방법으로서 독일의 분할 의도를 재정비하였다. 이에 따라 영국, 미국, 프랑스 점령지역은 서독 영토가 되고, 소련 점령지역은 동독, 나머지 영토는 폴란드와 소련으로 편입되어 패전국 독일의 영토는 축소되었다. 베를린(Berlin)은 독일을 주도해왔던 프로이센의 전통적인 수도였기 때문에 동독지역에 소재한 베를린은 동과 서로 분할하였다.

1947년 12월, 미국이 독일을 2차 세계대전 이후 황폐화된 동맹국 유럽국가들에 대한 재건 및 원조계획인 "마셜플랜"(Marshall Plan) 대상에 포함하였고, 1948년 2월에 런던에서 개최된, 미국, 영국, 프랑스, 벨기에, 네덜란드, 룩셈부르크 6개국 외무장관회의는 서방 3개국 점령지역에서 자치정부를 수립하기로 합의하였다. 이에 1948년 3월, 소련 주둔관 사령관은 독일 관리이사회 탈퇴를 선언함으로써 맞대응하였고, 미국, 영국, 프랑스가 장악한 서베를린의 관할권을 포기하도록 하기 위해서 1948년 6월 24일부터 1949년 5월 12일까지 베를린을 봉쇄하였다. 이는 미, 영, 프의 관할구역의 통합과 단일 경제단위 조성에 대한 소련의 반발에 의한 것이었다. 소련의 베를린 봉쇄에 대응하여 미군과 영국군은 공중 가교를 설치하여, 하루 최고 4,000여 회, 총 277,728회를 비행, 하루 평균 6천 톤, 총 211만 톤의 물자를 항공편으로 서베를린으로 수송하였다.

이후 1961년 8월 13일 동독 정부는 동독 시민의 탈출을 막기 위해 세계적 비난을 무릅쓰고 동베를린과 서베를린 사이를 막는 베를린 장벽을 설치하였다. 그러나 동베를린 주민의 베를린 장벽을 통한 서베를린으로의 탈출이 줄을 이었고, 탈출을 위한 터널의 수만 60개가 넘었다. 1961년 당시 동독 경찰이던 19세 한스 콘라드 슈만(Hans Conrad Schumann)을 시작으로 1989년까지 5천여 명이 탈출하였는데, 1961년부터 1985년까지로 범위를 좁히면 탈출의 성공률은 20%에 불과하여 이 기간에 탈출한 사람은 약 300여 명에 불과했다. 1989년 5월부터 1990년 6월까지 1년여 동안 621,000여 명이 동독을 탈출하여 서독으로 넘어갔고, 1949년부터 1990년 6월까지 서독으로 넘어온 이주민의 수는 520만 명에 달했다. 서독은 동독 이주민을 적극적으로 수용하는 정책을 펼쳤는데, 이는 동독 주민의 인권개선에 기여하고 서독이 자신의 체제 우월성을 과시하는 수단으로 활용되었으며, 우수한 인력이 탈출했던 탓에 동독 이주민은 서독에 고급인력을 공급하여 라인강의 기적을 이루는 원동력으로 작용하였다. 한편 우수인력의 유출로 인해 동독경제는 더욱 약화되었고, 동독 주민들 사이에서 서독에 대한 동경심이 고취되는 계기가 되었다.

2) 동서독의 교류

서독의 사민당 소속 빌리 브란트(Willy Brandt) 총리는 동유럽에 대한 사죄와 배상을 약속하며 1969년 12월 7일 바르샤바 게토(Warsaw Ghetto)의 유대인 반 나치 봉기 희생자 추념비 앞에서 무릎을 꿇고 헌화하였고, 신 동방정책을 펼치며 동독과의 관계 회복을 추구하였다. 그 결과 서독 브란트 총리와 동독 빌리 슈토프(Willi Stoph) 총리 간의 1차 정상회담이 1970년 3월 19일에 동독 에어푸르트(Erfurt)에서 개최되었고, 2차 정상회담도 1970년 5월 21일 서독의 카셀(Kassel)에서 열렸으나 서로의 입장 차이만을 확인하고 별다른 성과 없이 끝났다. 이후 1972년 12월 21일에 동베를린에서 열린 회담에서 서독 에곤 바르(Egon Karl-Heinz Bahr) 수상실 장관과 미카엘 콜(Michael Kohl) 동독 각료회의 국무차관 간에 관계 정상화와 무력 사용의 포기를 골자로 하는 동서독 기본조약이 체결되며 관계는 다시 개선되기 시작했다. 동, 서독의 관계를 외국이 아닌, 특수관계로 규정하는 것이 기본조약의 핵심인데, 이후 1970년에 약 44억 마르크에 불과하던 동서독 간의 교역액이 1987년에는 약 140억 마르크로 증가하였다. 동서독의 인적교류도 활성화되어 1970년에 서독 주민의 동독 방문은 110만 명, 동독 주민의 서독 방문은 100만 명 가량에 머물렀지만 1986년 서독 주민의 동독 방문은 약 640만 명, 그리고 동독 주민의 서독 방문은 200만 명 선으로 증가하였다.

에리히 호네커(Erich E. P. Honecker) 동독 서기장이 1987년 9월 7-11일에 서독을 방문함으로써 4차 회담이 열렸는데, 회담 결과 양측은 원자력 안전을 위한 정보와 경험교환 협정 등 3개의 협정에 서명했고, 방사능 및 환경오염에의 공동대처, 동독 주민의 여행규제 완화, 동독 내 반체제 인사들의 인권개선, 청소년 및 도시 간 자매결연 추진 등에 합의함으로써 동서독 관계가 실질적으로 확대될 수 있는 계기를 마련하였다. 1989년 5월 2일 헝가리 정부가 개혁 의지의 표시로 오스트리아와의 국경선 철조망을 제거하자, 헝가리는 정치적 억압과 빈곤으로 고통받던 동독인들의 탈출로가 되었다. 1989년 10월에는 동독에 남은 시민들이 거리로 쏟아져 나와 개혁과 여행 자유화를 요구하는 시위를 벌였고, 10월 18일에는 동독 시민들의 시위가 거세지며 호네커 동독 서기장이 사임하여 19년의 권좌에서 물러나게 되었다. 11월 9일에는 베를린 장벽이 무너지면서 1989년 12월 19-20일에 동독의 드레스덴(Dresden)에서 5차 정상회담이 열려 서독의 헬무트 콜(Helmut J. M. Kohl) 총리와 동독의 새로운 수상 한스 모드로우(Hans Modrow)가 만나 베를린 장벽의 붕괴에 따른 동서독 통합 문제를 논의하였다.

1990년 2월 13-14일에 양국 정상은 서독의 본(Bonn)에서 다시 만나 경제지원과 화폐경제의 통합을 논의하였고, 같은 해 5월 18일에는 서독의 콜 총리와 동독 로타 드메지어(Lothar de Maizière) 총리가 지켜보는 가운데 서독 데오데어 바이겔(Theodore Waigel) 재무장관과 동독 발터 롬베르크(Walter Romberg) 재무장관이 화폐, 경제, 사회통합조약에 서명하였다. 1990년 8월 30일 독일통일조약이 서독 볼프강 쇼이블레(Wolfgang Schäuble) 내무장관과 동독 귄터 크라우제(Günther Krause) 국무차관 사이에 서명됨으로써 체결되었고, 9월 12일에는 서독, 동독, 미국, 영국, 프랑스, 소련이 참가한 일명 "2+4조약"인 "독일관련 최종해결에 관한 조약"이 체결됨으로써 통일독일은 공식적으로 주권을 인정받았다.

3) 한반도를 향한 교훈

동서독의 통합을 이룬 독일과 우리나라의 결정적인 차이는 독일이 제1, 2차 세계대전을 일으켰던 전범국으로서 연합국의 통제를 받아야 했던 반면에, 우리나라는 일제 식민치하를 경험한 피해국이라는 사실이다. 또한 주변국과의 관계, 통일국가의 연륜, 상호 간의 적대감 수준 및 분단의 수준, 주민통제 수준, 집권층의 체제수호 의지, 문화적 교류 등에서 큰 차이를 보이고 있다. 독일의 경우 통합 이전에 이미 동독에서 서독으로 넘어간 주민의 수가 520만 명에 달하였지만 통합 이후에 급격한 정치통합으로 시작된 통일이 사회통합의 지체를 초래함으로써 다시 정치통합의 균열이 야기되는 부메랑 효과를 경험하였고, 구 동독지역과 구 서독지역을 가르는 이념적, 물질적 장벽이 심화되는 한편, 구 동독 지역의 경제적 낙후성이 개선되지 못한 상태에서 동독지역을 중심으로 하는 산업폐수로 인한 엘베강과 북해의 오염 문제도 대두되었다.

독일 통일에 있어서 동, 서독의 교회가 협력하고 교류하며 통일을 위한 기반을 마련함으로써 기독교는 핵심적인 역할을 담당하였다. 동, 서독교회는 동독교회의 신앙 유지를 위한 노력과 서독교회의 전폭적인 지원으로 친밀한 관계를 유지했고, 유대관계 지속을 위해 자문단(교회문제), 협의단(사회참여와 화해 문제)을 구성하는 한편, 1975년에는 디아코니아 재단(Diakonishces Werk)을 설립하여 이를 통해 봉사활동을 지원하였다. 서독교회는 기독교 복음에 입각하여 동독과 서독교회의 유대관계를 맺으려 하였고, 성경적 통일신학에 바탕을 둔 실천적 대화를 지속하며 철저한 형제 의식에 기반한 지속적인 섬김의 사역을 펼쳤다. 디아코니아 재단은 그러한 실천적 사랑의 통로가 되어 동독교회를 지원하였고, 서독교회는 동, 서독교회의 공동행사를 개최함으로써 사회주의 속의 교회를 수립하였다.

독일 통일을 통해 이념적 기반은 다를지라도 지속적인 소통을 통해 교류하며 상호 이해의 지평을 넓혀가는 것이 얼마나 중요한지를 배울 수 있다. 그러나 대화와 소통은 무조건적 수용을 의미하는 것은 아니다. 정신적 기반으로서 민주시민교육을 강조하여 정의, 평등, 권위, 참여, 공공선 등의 민주주의 원리 및 자유, 다양성, 인권 등의 개인주의 또는 다원주의를 존중하는 것에는 양보란 있을 수 없기 때문이다. 서독이 국력을 기반으로 동독을 통합할 수 있었던 사례를 비추어 볼 때, 우선 남한의 국력을 기반으로 평화적인 관계를 이루어 점진적이고 단계적인 통일을 이루어야 할 것이다. 통일의 기회가 찾아왔을 때 통일비용을 감당할 수 있도록 국가 경제와 재정 기반을 튼튼히 해 놓는 것이 필요하며, 특히 남북한의 실정에 대하여 객관적으로 냉철히 판단하여 이에 기반한 통일정책을 확고히 세워 놓아야 혼란과 부담 없이 통일을 이룰 수 있음을 명심해야 할 것이다. 또한 한반도를 둘러싼 민족 및 국제적 환경 등의 복합성을 고려하여 분단 60여 년의 적대감을 해소하는 한편,

주변국과 전략적인 관계를 수립하여 통일을 준비하여야 한다. 무엇보다도 물리적 통일의 개념에 너무 얽매여서 한반도의 하나됨을 지상목표로 삼을 것이 아니라 교회를 중심으로 정서적이고 신앙적인 통일을 이루는 것 역시 매우 성경적이고 의미 있는 통일의 방식이라는 사실을 간과하지 말고 통일 논의를 전개해야 할 것이다.

3 남북의 이해와 화해

1) 북한사회와 주체사상

주체사상이란 자주, 독립, 자력갱생을 의미하는 북한의 정치철학으로서 김일성이 마르크스-레닌주의를 북한의 실정에 부합되도록 창의적으로 조정한 것이라고 주장하는 통치이념이다. 북한의 철학사전은 주체사상은 김일성 동지 혁명사상을 참조하라고 제시함으로써 주체사상이 김일성 혁명사상의 진수를 이루는 것으로 정의하고 있음을 밝히고 있다.[10] 김일성은 1970년 제5차 당대회에서 마르크스-레닌주의와 함께 주체사상을 당의 공식 지도이념으로 채택하였다. 1972년 개정된 사회주의헌법에서 주체사상을 공식적인 통치이념으로 천명하였고, 1980년 노동당 제6차 대회에서 김정일이 공식적인 후계자로 등장한 이후에는 주체사상을 마르크스-레닌주의보다 우월한 사상으로 격상시켜, 당의 유일적 지도사상으로 규정하였다.

주체사상은 인간의 자주성, 창조성, 의식성 개념을 발전시켰는데, 혁명적 수령관이 가미되며 종교적인 색채를 띠기 시작했다. 수령론의 핵심은 김일성 수령의 통치를 받는 인간의 존엄성을 강조하는 것으로서 인민대중이 역사의 주체로서 역할을 완수하려면 반드시 수령의 올바른 영도를 받아야 한다는 것이다.[11] 주체사상의 종교성은 기독교와의 비교를 통해 잘 드러난다. 김일성과 김정일의 부자관계는 신격

---

10 Seong-Hun Choi, "Christian Unification Education of Pentecostal Theology and Juche Ideology: Viewed through Political Thought by Luther, Calvin, and Machiavelli," *Journal of Youngsan Theology* 37 (2016), 187.

11 김영하, 『새터민을 통해 본 남북한 사회 그리고 통일』 (대구: 경북대학교 출판부, 2010), 123.

화된 아버지 김일성의 아들인 김정일의 신성과 정통성을 강조함으로써, 하나님과 예수 그리스도의 관계를 유비하였다. 식민통치에서 구원과 영생을 가져오는 수령의 존재는 기독교의 그리스도의 존재와 유사하며, 김일성 유일사상의 10대 원칙은 기독교의 십계명과 비슷하다.12 그러나 주체사상은 객관적 현실을 외면하는 주관성과 관념론, 인민을 공산주의적 인간으로 개조하려는 인간 집단 중심주의, 조선노동당 중심의 편협한 사고, 수령의 무오류성의 문제, 독재와 권위주의로 점철된 반민주성 등의 면에서 비판을 받는다.

2) 북한교회

북한에는 해방 전까지 3천여 개의 교회가 존재했었고, 신자 수는 약 30만에 달했으나 한국전쟁 이후에는 성도의 수가 20만으로 줄어들었다.13 오늘날 북한의 공식 교회는 2개로 평양에 있는 봉수교회와 칠골교회뿐이다. 그러나 이 두 교회는 대외 선전용 교회에 가까우며, 당국의 허가 없는 예배는 불가능한 실정이다. 봉수교회의 주일 출석 인원은 당국이 허가한 300여 명이며, 출석인원의 60%가 여성이다. 교인의 조건으로는 김일성종합대학 출신 또는 당에서 인정받거나 당 기관에서 봉사하는 가족이 있어야 한다는 것이다. 칠골교회는 1989년 김일성의 어머니 강반석 권사

---

12 이는 1974년 4월 14일에 제정된 "당의 유일사상 체계 확립의 10대 원칙"으로 시작하여 2013년 6월 19일 수정된 "당의 유일적령도 체계 확립의 10대 원칙"을 거쳐 2021년 9월에 "당의 유일적령도 체계 확립의 10대 원칙"으로 개정되었다. 이의 내용은 "1. 온 사회를 김일성-김정일주의화하기위하여 몸바쳐 투쟁하여야 한다, 2. 위대한 김일성동지와 김정일동지를 우리 당과 인민의 영원한 수령으로, 주체의 태양으로 높이 받들어 모셔야 한다, 3. 위대한 김일성동지와 김정일동지의 권위, 당의 권위를 절대화하며 결사옹위 하여야 한다, 4. 위대한 김일성동지와 김정일동지의 혁명사상과 그 구현인 당의 로선과 정책으로 철저히 무장하여야 한다, 5. 위대한 김일성동지와 김정일동지의 유훈, 당의 로선과 방침관철에서 무조건성의 원칙을 철저히 지켜야 한다, 6. 령도자를 중심으로 하는 전당의 사상의 지적통일과 혁명적 단결을 백방으로 강화하여야 한다, 7. 위대한 김일성동지와 김정일동지를 따라 배워 고상한 정신도덕적 풍모와 혁명적 사업방법, 인민적 사업작풍을 지녀야 한다, 8. 당과 수령이 안겨준 정치적 생명을 귀중히 간직하며 당의 신임과 배려에 높은 정치적 자각과 사업실적으로 보답하여야 한다, 9. 당중앙의 유일적령도 밑에 전당, 전국, 전군이 하나와 같이 움직이는 강한 조직규률을 세워야 한다, 10. 위대한 김일성동지께서 개척하시고 김일성동지와 김정일동지께서 이끌어오신 주체혁명 위업을 대를 이어 끝까지 계승완성하여야 한다"로 구성되어 있다.

13 한국기독교 통일포럼, 『통일한국포럼』 (인천: 도서출판 바울, 2006), 19.

를 기념하여 평양시 만경대 구역 칠골동에 설립한 교회로서 출석 교인수는 약 100 명 가량이다.

　지하교회와 달리 공개되어 있는 가정교회는 10-15명 단위로 가정에서 모이는 교회로서 평양에 33곳을 포함하여 북한 전역에 800여 개가 분포해 있다.14 북한 당국의 추정에 의하면 약 1만 3천 명의 신자들이 가정교회를 통해 모인다. 가정교회 교인의 조건은 사회주의 체제의 우월성을 확신하여야 하는 것이고, 공개적으로 드리는 자유 예배는 허용하지 않는다. 지하교회는 은밀한 장소에서 숨어서 예배를 드리는 비밀 신앙공동체로서 개 교회당 출석 교인수는 8명 미만이다. 신뢰할 수 있는 가장 최근 통계인 1997년 통계에 의하면 북한에는 약 14만 명의 지하 교인들이 있으며, 서울대 통일평화연구원은 2012년 현재 북한의 지하교회 교인 수를 20만 명으로 추정하고 있다.15 정치범 수용소에서 탈북한 이의 증언에 의하면 북한 전역의 정치범 수용소에는 약 20만 명 이상이 수용되어 있는데, 그 가운데 20% 가량이 신앙이 발각되어 잡혀온 지하교회의 교인들이기 때문에 북한 전역의 지하교회의 교인 수는 알려진 것보다 더 많을 것으로 추정된다.16

3) 북한이탈주민

　통일부(www.unikorea.go.kr)의 정의에 의하면 북한이탈주민이란 군사 분계선 이북지역(북한)에 주소, 직계가족, 배우자, 직장 등을 두고 있는 사람으로서 북한을 벗어난 후 외국국적을 취득하지 아니한 사람을 의미한다(북한이탈주민의 보호 및 정착지원에 관한 법률 제2조 제1호).17 북한이탈주민의 수는 1990년대 중반, 북한의 식량사정 악

---

14 주도홍, 『통일로 향하는 교회의 길』 (서울: CLC, 2015), 266.
15 최성훈, 『통일을 대비하는 한국교회』 (서울: CLC, 2017), 212.
16 손윤탁, "선교 역사와 북한 지역 선교 방안," 『통일을 앞당겨 주소서』 (서울: 예영커뮤니케이션, 2016), 197.
17 우리나라에서 북한이탈주민을 가리키는 용어는 해방 후 한국전쟁 때까지만 해도 "실향민"으로 불리다가, 남북한의 체제경쟁이 치열하던 냉전시대에는 (월남) "귀순용사," (월남) "귀순자"로, 그리고 북한의 식량난으로 대량 탈북 사태가 발생하던 1990년대 중반부터 "탈북자"와 "북한이탈주민"이라는 용어를 병행하여 사용하였다. 탈북과 북한이탈이라는 용어가 밝은 느낌을 주지 못한다는 지적이 있자, 2005-2008년에는 "새터민"이라는 표현을 사용하였다. 그러나 2007년에 북한민주화

화를 계기로 꾸준히 증가하기 시작하여, 1999년 한 해에 100명, 2002년 1,000명을 넘어선 이래, 2006년에는 2,000명을 초과함에 따라, 2007년 2월부로 북한이탈주민 총 입국자 수는 1만 명을 돌파하였고, 2010년 11월에는 2만 명을 넘어섰다. 이처럼 1998년 이후로 매년 북한이탈주민의 입국자 수는 지속적으로 증가 추세를 유지하였고, 2009년에는 2,914명이 입국하였지만 2012년 이후 연간 1,500명대로 입국인원이 줄어들었다가 2014년에 1,397명, 2015년에는 1,275명으로 입국 규모가 축소되었다. 2016년에는 1,418명이 입국하여 2016년 11월부로 북한이탈주민 입국자의 수는 3만 명을 돌파하였고, 2019년까지 매년 1천 명 이상의 수준을 유지하다가 2020년 이후 코로나 19로 인한 국제적 이동의 제한 때문에 북한이탈주민의 수가 급감하였다. 코로나 19 기간 동안에는 2020년 229명, 2021년 63명, 2022년 67명 등 북한이탈주민의 수가 대폭 감소하였는데, 2023년 196명으로 다소 반등하였고, 2024년 9월까지 181명이 탈북하여 비슷한 수준을 보였으며 누적 탈북민의 수는 34,259명에 달하였다.

　　1990년 이전에는 극소수의 북한 주민이 남한으로 입국했는데, 1990년대 중반 이후로 그 숫자가 증가하였다. 김일성의 사망 이후에 체제의 위기감을 느꼈고, 대규모 홍수와 심각한 식량난이 발생한 데다가 소련 및 동구권이 몰락하며 경제원조를 받을 수 없게 되자, 생존을 위해 국경을 넘어 중국으로 가는 사람들이 늘어났다. 정부를 비롯하여 국내외의 수많은 비정부기구(NGO)들과 종교계, 해외교포 등이 북한이탈주민에 대하여 지원을 하였고, 중국과의 교류를 통해 남한의 TV 드라마와 영화 등이 DVD를 통해 북한에 유입됨에 따라 남한 사회를 동경하는 분위기가 형성된 것도 탈북에 한몫을 하였다. 2000년대 이후 북한이탈주민의 국내 입국은 급증하였는데, 주된 원인은 그들이 평균 4-5년의 해외 체류 중 북송 위험 등 정착에 한계를 느끼는 상황에서 보다 나은 삶을 찾아 한국으로 눈을 돌리게 되었고, 제3국에 소재한 남한의 공관에 들어간 탈북자들에 대한 남한 정부의 지원 및 남한에 먼저 입국

위원회로부터 새터민이라는 용어는 정치적 색채를 무시하고 탈북자들이 식량을 찾아 새 땅을 찾는 화전민을 연상케 한다는 항의를 받고 "북한이탈주민"이라는 표현을 공식용어로 사용하고 있다. 김영하, 『새터민을 통해 본 남북한 사회 그리고 통일』, 15-17.

한 가족들이 중국의 브로커를 통해 북한에 있는 가족들에게 송금을 하거나 가족들의 탈북을 돕는 활동이 증가하였기 때문이다. 또한 과거에는 생계를 위해 이탈한 주민들의 비율이 높았으나 2000년대에 들어서는 자녀들을 보다 우호적인 환경에서 양육하기 위해 가족 단위로 입국하는 경향이 많아졌다. 따라서 남한이 아닌 제3국으로 가고자 하는 북한이탈주민이 늘어나고 있는데, 그들은 남한을 거치거나 바로 미국, 캐나다, 영국 등의 다른 나라로 가는 사례가 늘었다. 하지만 코로나 19 이후 탈북의 숫자가 눈에 띄게 줄어들었고, 북한 내 정책이 탈북을 강력히 규제하고 있기 때문에 북한이탈주민의 수는 크게 낮아진 상태에서 정체하는 모습을 보인다.

북한이탈주민이 남한에서 겪는 어려움과 문제를 통해 통일을 준비하는 것은 매우 중요한 작업이다. 통일 이후 새로운 변화 앞에서 북한 주민들은 정서적, 심리적인 혼란을 경험하게 될 것이며, 구체적으로 가족 역할의 변화, 결혼과 성 역할 등의 생활 면에서 다양한 위기에 직면할 것이기 때문에 미리 남한에 정착한 북한이탈주민들의 문제진단 및 정착 도움을 통해 통일 이후 북한 주민들이 남한 사회와 사회심리적으로 건강한 통합을 이루는 방법을 마련해 놓아야 한다.[18] 북한이탈주민들이 남한 사회에 적응하는 데에는 사전 의식 단계, 자각 단계, 적응 단계, 정착 단계의 네 단계를 거친다.[19] 사전 의식 단계에서는 자유와 물질적 풍요라는 기대와 낯선 곳에 왔다는 두려움과 불안감이 공존하며, 이 단계는 수 주에서 수개월 동안 지속된다. 자각 단계에서는 남과 북의 가치관의 차이를 인식하고, 상대적 빈곤감으로 인한 경제적 불안, 사회, 문화적 이질감, 심리, 정서적 불안감을 경험하는데 대개 처음 1-2년 동안은 남한 사회의 모든 것이 낯설고, 2-3년은 지나야 익숙해지며, 5-6년이 지나면 비로소 남한 체제를 이해할 수 있다. 적응 단계에서는 자신의 문화나 정체성을 포기하고 새로운 남한의 문화만을 추구하는 동화형과 자신의 고유한 정체성을 유지하면서 남한의 새로운 사회에 적응하는 통합형으로 구분되는데, 스스로의 힘으로 정착하는 통합적인 적응을 위해 남한 사회는 그들이 자생력을 갖추도록 도와야 한다. 정착 단계에서는 북한이탈주민이 이제 스스로를 남한 사회의 새로운 구

---

18 선우숙, "문화와 통일비전,"『통일을 앞당겨 주소서』(서울: 예영커뮤니케이션, 2016), 146.

19 조은식,『선교와 통일』(서울: 숭실대학교 출판부, 2014), 163-171.

성원으로 인지하는 사회의 인적 자산으로 기능하므로 초기 3개 단계를 통해 남한교회는 서로 간의 이해의 지평을 넓히고 북한이탈주민이 남한 사회의 민주시민으로서 자리 잡을 수 있도록 지원함으로써 그들의 적응과 자립을 도와야 한다.

4 하나됨의 성경적 가치

1) 출애굽과 인권

하나님은 아브라함에게 큰 민족을 이루게 하시겠다는 약속(창 12:1-3)을 기억하시고 430년 만에 큰 민족을 이루게 하셨다(출 12:40). 이후 애굽에서 고된 노동으로 말미암아 탄식하며 부르짖는 이스라엘 백성들의 소리를 들으시고(출 2:23-25), 모세를 통해 이스라엘 민족을 구원하게 하셨다(출 3:7-10, 6:5-8). 열 가지 재앙을 애굽에 내려서 이스라엘 백성들을 종살이로부터 구원하신 하나님은 이스라엘 백성들이 출애굽 초기에 전쟁을 피할 수 없는 상황에 놓이게 되면 두려워하여 다시 애굽 땅으로 돌아갈 것을 우려하여 다른 민족들을 만날 필요가 없는 사막길로 그들을 인도하셨다(출 13:17). 또한 이스라엘 백성들이 이미 광야 끝 에담에 장막을 치고 시내 반도에 진입했음에도 불구하고 모세에게 다시 뒤로 돌아가 믹돌과 바다 사이에 장막을 치라고 명령하셨다(출 14:2).

이와 동시에 바로의 마음을 완악하게 하셔서 선발된 병거 육백 대와 애굽의 모든 지휘관들과 병거를 동원하여 이스라엘 민족을 추격하게 하셨는데(출 14:7), 그들이 홍해를 건넌 이스라엘 백성들 앞에서 몰살하는 광경을 통해 이스라엘 백성들에게 하나님을 경외하며 여호와의 종 모세를 믿고 의지하도록 하셨으며(출 14:31), 다시는 애굽이 이스라엘 진영의 뒤를 치지 못하도록 후환의 싹을 아예 잘라내셨다. 그러나 여기에서 간과해서는 안 될 것은 세계가 다 하나님께 속하였기 때문에(출 19:5), 하나님의 말씀과 언약을 지켜서 제사장 나라와 거룩한 백성이 되어 열방을 품어야 할 책임이 이스라엘에게 있다는 점이다(출 19:6).

하나님께서 자유와 해방을 허락하신 이유는 자신들의 압제당하던 과거를 기억함을 통해 오늘날 고난 가운데 있는 이웃을 섬기도록 하기 위함이기 때문이다. 그러므로 이스라엘 백성들의 출애굽 사건은 선지자들을 통해 고아와 과부, 이방인들을 압제하지 말라는 명령을 선포하는 기본적인 인권보장에 있어서 중요한 근거를 제공한다. 우선 히브리 종은 6년 동안 봉사한 후에는 자유를 선택할 수 있는 권한, 즉 노예의 신분으로부터 "출애굽"할 수 있는 권한을 얻었다(출 21:2). 히브리 종이란 인종적인 배경을 의미하는 것이 아니라 고대 근동에서 땅이 없이 사는 취약계층에 속한 사람을 의미하는 것일 가능성이 높기 때문에 이스라엘 백성이 자신들이 경험한 출애굽의 해방을 다른 이들에게도 나누어야 한다는 하나님의 뜻을 시사한다.20 그러므로 한국교회는 북한 인권에 대하여도 좌시하여서는 안 된다.

한국교회의 북한인권운동 전개는 1989년부터 2012년까지 네 시기로 구분할 수 있다. 첫째, 1989년부터 1995년까지의 시기는 진보적 개신교인들이 주도하는 평화와 통일운동 차원의 민간부문이 직접 교류하기 시작한 시기이며 북한인권운동의 초창기로서 이 시기에는 진보적 교회가 남북교회 교류를 통한 통일운동에 앞장섰고, 보수적 교회는 이에 합류하는 형태를 보였다. 둘째, 1996-1999년은 북한인권운동의 확산기로서 이 시기에 북한은 극심한 식량난을 겪으며 국제사회뿐만 아니라 한국교회에도 적극적으로 지원을 요청하였다. 이에 따라 진보적 단체인 한기교(한국기독교교회협의회, NCCK: The National Council of Churches in Korea)와 보수적 단체인 한기총(한국기독교총연합회, CCK: The Christian Council of Korea) 양측 모두가 참여하는 북한지원이 이루어졌다. 셋째, 2000-2007년은 북한인권운동의 분화기로서 대북지원은 긴급구호에서부터 개발협력까지 다양한 형태를 통해 전개되었고, 국내 탈북민들의 정착지원활동도 활발하게 진행되었다. 특히 북한인권에 있어서 가장 기본적인 생존권과 자유권을 추구하는 운동이 자연재해와 재난발생 시 긴급구호 형식의 인도적 차원의 지원과 연계되어 진행되었고, 북한이탈주민의 급증으로 인해 그들에 대한 정착을 돕는 교육과 취업지원이 이루어졌다. 넷째, 2008-2012년은 북한인권운동의

20 Christopher J. H. Wright, *The Story of God Bible Commentary: Exodus* (Grand Rapids, MI: Zondervan Academic, 2021), 384-404.

정체기로서 이명박 정부에 들어서며 상호주의에 입각한 대북정책을 표방함에 따라 대북지원활동이 크게 위축되었다. 특히 2008년 7월의 금강산 관광객 피살사건, 2009년 5월 북한의 2차 핵실험, 2010년 3월의 천안함 사건과 11월의 연평도 포격사건 등은 남북관계를 급속히 악화시켰으며, 이는 박근혜 정부에 들어서도 계속되는 북한의 핵실험과 남북 간 긴장으로 인해 경색의 국면을 지속하였다.

이후 김정은이 집권한 이후 남북관계는 문재인 정부에서 다소 관계 개선이 이루어지는 듯 했으나 이후 코로나 19를 겪으며 급속히 냉랭한 국면에 접어들었고 북한의 인권 문제는 다시 베일에 쌓이게 되었다. 윤석열 정부에 들어서 다시 북한의 인권 문제를 거론하였으나 북한의 오물풍선 살포와 경의선과 동해선 도로 폭파 등 지속적인 도발과 우크라이나 파병 등으로 인해 남북 관계는 경색 국면을 지속하였다. 인권은 저절로 지켜지는 것이 아니다. 출애굽의 하나님을 상기하며 독재 권력을 감시하고 개선을 촉구하는 작업을 통해 확보되는 것이다. 한국교회는 북한의 인권 회복을 위해 끊임없이 노력을 경주하는 동시에 인권운동을 하다가 북한에 납치되거나 억류된 이들의 생환을 위해 최선을 다해야 한다. 한국교회가 통일을 위해 펼치는 작업들은 북한의 독재정권 하에서 인권을 박탈당하고 고통받는 2천 5백만 주민들을 출애굽시키는 사명인 것이다.

2) 희년개념과 복음

레위기 25장에 나타난 희년 정신 실현의 목적은 이 땅 위에 하나님의 나라가 임하게 하기 위함이다. 레위기 25장은 안식년(2-7절)과 희년(8-55절)에 관한 부분으로 나눌 수 있다. 우선 안식년은 6년 동안 땅을 사용한 후, 7년 째에 경작하지 않고 휴경해야 함을 지시하며, 이 기간 동안 자라난 것은 남종과 여종, 품꾼과 거류하는 자들, 가축과 들짐승들을 위해 사용하도록 규정하고 있다. 이는 출애굽기 23장 11절에서도 동일하게 규정된 것으로서 백성 중 가난한 사람들이 먹게 하고, 그 남은 것은 들짐승들이 차지하도록 하였다. 따라서 가난한 자들을 위한 배려와 동시에 인간관계에서 약자의 위치에 있는 종들이 6년 동안 일하고 7년째에는 쉴 수 있는 근거를 제공하고 있는 것이다. 레위기 25장 8-12절은 희년의 준수에 대하여 설명하고, 이어지는 구절은 재산에 대한 지침(13-34절)과 사람에 대한 지침(35-55절)을 담고 있다. 특히 9절은 희년을 맞이하는 해의 7월 10일은 대속죄일이므로 뿔 나팔을 크게 불어 희년을 선포해야 함을 지시한다. 이는 대속죄일의 목적, 즉 죄와 부정함으로 얼룩진 제사장들의 죄를 대속하고 성소를 정화하여 하나님과 사람, 그리고 사람 사이에서 화해를 이루어야 한다는 사실을 시사하고 있다. 하나님과 이룬 거룩한 관계가 인간관계에서도 동일하게 이루어져야 한다는 것이다.

희년법은 거류민과 가난한 이들의 생존권과 인권을 보장하려는 하나님의 사랑과 자비에 기반하고 있다. 그러므로 희년의 정신은 시간과 자연에 대한 하나님의 주권을 선포하는 데에서 시작한다. 이스라엘 백성은 자신들이 거류민이요 동거하는 자로서 하나님과 함께 있었던 시절을 기억하고(레 25:23), 하나님의 백성으로서 자신의 영토 안에 함께 거주하는 이들에게 사랑과 정의를 실천하여야 하는 것이다. 이를 북한선교와 통일과업에 대하여 적용하면 희년이 대속죄일에 선포된 사실을 통해 북한이 체제로 인해 남한에 진 유형, 무형의 빚을 탕감하고 용서함으로 그들을 끌어안아야 한다는 결론으로 연결된다. 또한 남한교회는 하나님의 백성으로서 북한의 빈곤 문제에도 적극 개입해야 함을 희년 개념은 시사한다. 가난의 근원은 인간의 죄에서 기인한 이기심이며, 인류학자들 역시 농경사회 진입과 동시에 잉여 생산물 축적이 가능해진 시점으로 계층 분화의 시점을 지적한다.[21] 그러므로 희년 개념은 인간의 죄악으로 얼룩진 이 땅의 구조를 하나님의 시각에 의해 되돌리는 것을 목표로 하며, 이는 곧 북한이탈주민의 인권보호와 정착지원은 물론, 하나님 나라를 북한에서도 이루는 시대적 사명을 남한교회에게 요구하고 있는 것이다. 한반도를 우리에게 주신 이는 하나님이므로 우리의 것으로 착각하지 말고 하나님의 사랑으로 자유와 해방을 선포하며 이 땅에서 하나님 나라, 그리스도의 공동체를 이루어야 할 것이다.

---

21 최성훈, 『리더 † 십: 리더십 이론의 성경적 적용』 (서울: CLC, 2016), 14.

3) 통일왕국의 희망

인자야 너는 막대기 하나를 가져다가 그 위에 유다와 그 짝 이스라엘 자손이라 쓰고 또 다른 막대기 하나를 가지고 그 위에 에브라임의 막대 곧 요셉과 그 짝 이스라엘 온 족속이라 쓰고 그 막대기들을 서로 합하여 하나가 되게 하라 네 손에서 둘이 하나가 되리라(겔 37:16-17).

에스겔 선지자를 통해 유다와 이스라엘에게 주신 하나님의 말씀은 분단된 우리 민족의 하나 됨에도 시사하는 바가 크다. 역사를 주관하시는 하나님의 손에 한반도의 통일이 달려있기 때문이다. 이스라엘 백성들이 70년간의 바벨론 포로생활을 마치고 귀환했던 것처럼 남과 북의 통일도 하나님의 손에 달려있다. 특히 메시아로 이 땅에 오신 하나님의 독생자 예수 그리스도는 성별과 인종, 계층의 차이를 뛰어넘는 구세주였다. 예수 그리스도의 탄생 앞에 동일하게 부르심을 받은 동방박사들과 목자들은 가장 존귀한 신분과 가장 비천한 신분의 양측을 대표하였다. 왕에게나 드려질만한 황금, 유향, 몰약을 동방박사들은 아기 예수께 예물로 가져왔고, 드릴만한 것은 몸밖에 없었던 가난한 목자들은 자신들의 시간과 정성을 드렸다. 빈부의 차이와 존귀, 비천함의 신분을 뛰어넘어 양쪽 모두가 부르심을 받았다는 사실은 예수께서 인류 구원의 사역을 이루시는 데에는 어떠한 차이도 두지 않으셨다는 사실을 강조한다. 물론 인본주의적 공산주의는 반대하고 경계해야 하지만 한국교회는 먼저 하나님 나라와 메시아 신학으로 기본 토대를 정비하고 복음으로 조명한 민주주의 정신에 입각하여 화해와 포용의 가교가 되어 통일의 문을 열어나가야 할 것이다. 또한 뱀처럼 지혜롭게 비둘기처럼 순결하게(마 10:16) 통일목회의 사역을 수행하기 위해서는 남북관계의 경우의 수를 토대로 하는 예측 시스템을 구축하고 남한교회의 하나됨을 통한 통일 컨트롤 타워의 수립이 요구된다.

참고문헌

강량. "대북정책을 둘러싼 한국사회 남남갈등 해소를 위한 정치학적 이해."「대한정치학회보」 23 (2015), 1−26.

국방부 국방군사연구소. 『한국전쟁 피해통계집』. 서울: 국방군사연구소, 1996.

김영하. 『새터민을 통해 본 남북한 사회 그리고 통일』. 대구: 경북대학교 출판부, 2010.

선우숙. "문화와 통일비전": 124−149. 『통일을 앞당겨 주소서』. 서울: 예영커뮤니케이션, 2016.

손윤탁. "선교 역사와 북한 지역 선교 방안": 178−205. 『통일을 앞당겨 주소서』. 서울: 예영커뮤니케이션, 2016.

정진석, 서경석, 한기호, 이인규, 이상해, 이선민, 김종원, 박성경, 조현범. 『한국의 문화 70년』. 성남: 한국학중앙연구원출판부, 2015.

조은식. 『선교와 통일』. 서울: 숭실대학교 출판부, 2014.

_____. "샬롬과 북한선교": 105−129. 『성경으로 읽는 북한선교』. 한국기독교통일연구소 편. 고양: 올리브나무, 2013.

주도홍. 『통일로 향하는 교회의 길』. 서울: CLC, 2015.

최성훈. 『통일을 대비하는 한국교회』. 서울: CLC, 2017.

_____. 『리더✝십: 리더십 이론의 성경적 적용』. 서울: CLC, 2016.

한국기독교 통일포럼. 『통일한국포럼』. 인천: 도서출판 바울, 2006.

Choi, Seong−Hun. "Christian Unification Education of Pentecostal Theology and Juche Ideology: Viewed through Political Thought by Luther, Calvin, and Machiavelli." *Journal of Youngsan Theology* 37 (2016), 183−214.

Stöver, Bernd. *Geschichte des Koreakriegs: Schlachtfeld der Supermächte und un−gelöster Konflikt*. München, Germany: C.H.Beck, 2021.

Wright, Christopher J. H. *The Story of God Bible Commentary: Exodus*. Grand Rapids, MI: Zondervan Academic, 2021.

저자 약력

최성훈 교수

성경의 가르침(the Text)과 삶의 현장(the Context) 그리고 신학(Theology)과 목회(Ministry) 간의 균형과 통합을 지향하는 신학자요 목회자이다. 장로로서 재산을 헌금하여 대한예수교장로회(통합) 교단의 교회를 설립한 증조부와 조부 및 순복음동아교회를 거쳐 개척한 순복음동성교회를 후배 목회자에게 헌납하고(현 서울 송파구 순복음세광교회) 순복음신학교의 교수로 섬긴 고(故) 최동환 목사의 아들로서 4대째 기독교 가문에서 태어났다. 서강대학교 경제학과(B.A.), 미네소타 대학교(University of Minnesota) 비즈니스 스쿨(Carlson School of Management, M.B.A.), 한세대학교 신학대학원(M. Div.), 시카고 대학교(University of Chicago) 종교학 석사(M.A. in Religious Studies)를 거쳐 트리니티 복음주의 신학대학원(Trinity Evangelical Divinity School)에서 실천신학 철학 박사(Ph. D.) 학위를 받았다. 신학 학업 이전에 삼성증권과 Citibank N.A. 등 금융사에서 근무하였고, 강남교회 교회학교 교장목사, 강남금식기도원 주강사, 순복음시카고교회, 여의도순복음광명교회 협동목사로 사역하였으며, 시카고신학교(Chicago School of Theology) 교수를 거쳐 현재 한세대학교 신학과 및 신학대학원의 실천신학 교수, 영산글로벌신학연구소장으로 섬기고 있다.

21세기 실천신학

초판발행	2025년 3월 4일
지은이	최성훈
펴낸이	노 현
편 집	박송이
기획/마케팅	허승훈
표지디자인	이영경
제 작	고철민·김원표
펴낸곳	㈜ 피와이메이트
	서울특별시 금천구 가산디지털2로 53, 210호(가산동, 한라시그마밸리)
	등록 2014. 2. 12. 제2018-000080호
전 화	02)733-6771
f a x	02)736-4818
e-mail	pys@pybook.co.kr
homepage	www.pybook.co.kr
ISBN	979-11-7279-069-1　93370

정 가　　　22,000원

박영스토리는 박영사와 함께하는 브랜드입니다.